Sintaxis transformacional del español

Francesco D'Introno

Sintaxis transformacional del español

TERCERA EDICION

CÁTEDRA
CRÍTICA Y ESTUDIOS LITERARIOS

© Francesco D'Introno
Ediciones Cátedra, S. A., 1990
Josefa Valcárcel, 27. 28027-Madrid
Depósito legal: M. 13.437-1990
ISBN: 84-376-0207-6
Printed in Spain
Impreso en Lavel
Los Llanos, nave 6. Humanes (Madrid)

Índice

PRESENTACIÓN	9
PREFACIO	11
INTRODUCCIÓN	13
1. UN MODELO GRAMATICAL	17
2. PRONOMBRES PERSONALES	22
3. PRONOMBRES SUJETOS	32
4. LA GRAMÁTICA GENERATIVO-TRANSFORMACIONAL	35
5. REFLEXIVIZACIÓN	52
6. PRONOMINALIZACIÓN	67
7. ACTIVO Y PASIVO	84
8. ELISIÓN DE LOS SINTAGMAS NOMINALES EQUIVALENTES	96
9. ELEVACIÓN DE SV	120
10. EXTRAPOSICIÓN	131
11. ELEVACIÓN DEL OBJETO Y ELEVACIÓN DEL SUJETO	135
12. DISLOCACIÓN Y TOPICALIZACIÓN	146
13. CAUSATIVOS	171
14. CLÁUSULAS SUBORDINADAS NO INFINITIVAS	192
15. RELATIVIZACIÓN	211
16. ORACIONES PSEUDO-HENDIDAS Y ORACIONES INTERROGATIVAS	240
17. OTROS PROCESOS TRANSFORMACIONALES	261
18. CONDICIONES Y TRANSFORMACIONES EN LA SINTAXIS DEL ESPAÑOL	283
CONCLUSIONES	294
REFERENCIAS BIBLIOGRÁFICAS	299
INDICE DE TRANSFORMACIONES	303
INDICE DE MATERIAS	305

Presentación

La contribución de Chomsky a la teoría lingüística ha sido indiscutiblemente revolucionaria. Gracias a su trabajo y al de sus seguidores, podemos plantearnos hoy problemas relativos a la estructura de las lenguas y a la facultad del lenguaje con una claridad que no era posible en paradigmas anteriores. El verdadero torrente de publicaciones en inglés referentes a estas áreas, que llevan directa o indirectamente la marca del influjo chomskiano, es testimonio claro del tremendo impacto de su obra.

Es lamentable, dado este hecho, que la literatura lingüística castellana sea tan pobre en contribuciones que expliquen o apliquen la gramática generativo-transformacional.

En cuanto a la teoría misma, si bien es cierto que algunas de las obras básicas de Chomsky han sido vertidas al castellano [por ejemplo, *Estructuras sintácticas* (México, Siglo XXI, 1974) y *Aspectos de la teoría de la sintaxis* (Madrid, Aguilar, 1970)], es de lamentar que la falta de publicaciones más recientes dificulte para el lector hispano el contacto directo con las nuevas direcciones teóricas que han surgido en la última década.

Lamentable es también la falta de estudios en castellano referentes a la estructura del español que reflejen estas nuevas tendencias teóricas.

En este contexto, la obra del profesor D'Introno no puede ser más oportuna. Por una parte, es un excelente ejemplo de cuidadosa argumentación sintáctica, en que los análisis propuestos no dependen del arbitrio del autor, sino que están sustentados por la exposición explícita de sus ventajas frente a otras alternativas. Por otra parte, la obra refleja adecuadamente el pensamiento lingüístico actual de una importante corriente teórica contemporánea.

Es posible, por supuesto, discrepar con el autor en cuanto a muchos detalles del análisis, pero esto no desmerece en absoluto la principal virtud del trabajo, su explicitud.

La obra del profesor D'Introno es una contribución señera al estudio de la estructura del español, y me honra altamente presentarla al público de habla hispana.

Heles Contreras
Seattle, enero de 1979

Prefacio

El presente estudio de algunos aspectos de la sintaxis española ha sido elaborado dentro del marco de la gramática generativo-transformacional. Las ideas fundamentales de esa teoría gramatical son hoy día bastante conocidas en el campo de la Lingüística y de otras ciencias humanísticas, y han sido el origen de muchas controversias. Mi posición en este trabajo no es la de defender los postulados teóricos —lingüísticos, filosóficos y sicológicos— de Chomsky, sino la de comprobar hasta qué punto la gramática generativo-transformacional es descriptiva y explicativamente adecuada para el análisis del español.

El análisis sintáctico que presento aquí no es ni muy teórico ni muy exhaustivo y, en tal sentido, puede considerarse de un carácter introductorio. He preferido darle este carácter porque de otra manera no me hubiera sido posible abarcar todos los temas que me he propuesto presentar y tratar. Sin embargo, si bien muchos de los fenómenos que analizo merecen un estudio más profundo y detenido, creo que el trabajo tiene el aspecto positivo de ofrecer una visión global y coherente de la sintaxis española.

Esta monografía va dirigida a un lector ya familiarizado con la lingüística y, en particular, con el estructuralismo y el generativismo, por lo que en muchas ocasiones no me detengo a ofrecer una explicación de ciertas nociones y términos que empleo.

El análisis que presento ha recibido un aporte crítico, directo o indirecto, de mis alumnos y colegas venezolanos, de algunos colegas en Estados Unidos, en especial de Heles Contreras y Jorge Nelson Rojas, de mi colega español Ángel Manteca, y de los profesores del M.I.T., David Perlmutter, John Robert Ross y, muy en particular, Noam Chomsky, de quien aprendí a preguntarme sobre el porqué y el cómo de la lingüística. Naturalmente, ellos no tienen la culpa de mis errores.

Francesco D'Introno
Caracas, octubre de 1978

Prólogo

Introducción

El objetivo fundamental de la lingüística es el estudio de las lenguas naturales. Por estudio de las lenguas naturales entiendo lo siguiente:

1.º Elaborar una teoría lingüística que defina en términos universales cuáles son los elementos y reglas susceptibles de aparecer en las lenguas naturales. Una teoría lingüística es, por tanto, una hipótesis acerca de los universales tipológicos (tipos de sonidos, tipos de categorías gramaticales, etc.) y formales (tipos de reglas, tipos de condiciones sobre la aplicación de las reglas, etc.) que caracterizan a las lenguas naturales. De allí que elaborar una teoría lingüística equivalga a elaborar una teoría fonológica universal, una teoría semántica universal y una teoría sintáctica universal que permitan definir qué es una gramática y, consecuentemente, qué es una lengua natural.

2.º Elaborar la gramática, es decir, la fonología, la semántica y la sintaxis de cada lengua natural dentro del marco de una teoría lingüística.

De acuerdo con lo que he dicho, hablar de sintaxis de una lengua particular implica desarrollar un marco teórico de referencia: un análisis sintáctico que prescindiera de una teoría lingüística coherente y bien elaborada podría constituir un conjunto de buenas observaciones, pero no una hipótesis acerca de la estructura de la lengua y de las lenguas en general.

Este libro trata de sintaxis del español, pero no de teoría lingüística. Sin embargo, esto no contradice lo antes expuesto, porque el análisis sintáctico que aquí se presenta va enmarcado dentro de la teoría que Chomsky desarrolló a partir de 1957: se adopta la teoría chomskyana y se analizan algunos aspectos de la sintaxis del español de acuerdo a los postulados de dicha teoría. De hecho, el propósito de este trabajo no es contestar a las preguntas implícitas en los puntos (1.º) y (2.º), sino partir de una teoría ya establecida, y verificar hasta qué punto dicha teoría es empíricamente adecuada para el análisis del español. Lo cual no excluye que, en algunas ocasiones, se sugieran algunas modificaciones a la teoría tomando en cuenta los resultados que se obtienen al realizar el análisis de algunos fenómenos particulares.

Es, por tanto, evidente que este trabajo no tiene un carácter teórico, sino eminentemente práctico. Sin embargo, no debe creerse que aquí yo me limite a aplicar una determinada teoría a una lengua particular. Mi intención es también la de ofrecer una introducción a la sintaxis transformacional. En consecuencia, a lo largo del libro, a menudo, me aboco a la tarea de plantear —o replantear— algunas cuestiones teóricas. Lo importante, en todo caso, es que desde el punto de vista metodológico de la exposición, los postulados teóricos que menciono no son vistos como premisas necesarias para hacer el análisis, sino como consecuencias necesarias para explicar los hechos. De allí que este libro no deba verse como una exposición acerca de una teoría —o como una defensa de esa teoría—, sino como una comprobación de que los postulados teóricos de Chomsky son correctos y empíricamente adecuados: en términos generales, no parto de ciertas premisas teóricas, sino que llego a éstas a posteriori, a manera de corolarios, después de un análisis lo más exhaustivo posible dentro de ciertos límites de tiempo y espacio.

Por estas razones es importante que el lector esté familiarizado con la teoría propuesta por Chomsky, por ejemplo, en *Aspectos de la teoría de la sintaxis* (1965), también porque muchas de las cuestiones teóricas que expongo se plantearon después de *Aspectos,* y son, por lo general, poco conocidas o mal interpretadas. A pesar de ello, me parece conveniente resumir en pocas palabras la noción general de gramática que Chomsky plantea en sus trabajos. La gramática de una lengua debe ser capaz de dar cuenta de todas las oraciones gramaticales posibles de esa lengua, y debe explicar qué sonidos están contenidos en cada oración, qué significa cada oración y cuál es la estructura sintáctica que relaciona los sonidos con el significado de cada oración. Así entendida, una gramática es un sistema de reglas capaces de generar las oraciones, asignando a cada una de éstas una descripción sintáctica, una interpretación fonológica y una interpretación semántica. En consecuencia, la gramática de una lengua es un mecanismo generativo constituido por tres componentes, o niveles de análisis: el sintáctico, el fonológico y el semántico. Cada uno de estos niveles debe, por un lado, describir en sus propios términos los elementos de cada oración y las relaciones entre esos elementos y, por otro lado, debe estar relacionado con los otros niveles para permitir que los elementos por él descritos sean proyectados, o «traducidos», en los elementos de otros niveles.

Para leer este libro también es aconsejable tener ciertos conocimientos sobre estructuralismo. Esto, por dos razones: primero, porque la gramática transformacional es una evolución de la estructural y, como tal, incorpora varios aspectos del estructuralismo; segundo, porque para realizar mi análisis parto de una definición, un tanto esquemática, de gramática estructural, a fin de poder, por un lado, demostrar su inadecuación para el estudio del español y, por otro lado, llegar, por contraste, a una definición de gramática transformacional. Lo cual no significa que mi definición de gramática estructural deba considerarse apropiada, o imprescindible, para probar la corrección del análisis transformacional que propongo.

Huelga, además, decir que este libro no trata de todos los problemas sintácticos del español. Me limito al español hablado en Venezuela y analizo aquellos aspectos que considero más relevantes y fundamentales para proseguir una investigación sobre las características sintácticas de dicha lengua. Sin embargo, a pesar de que algunas de mis conclusiones no sean definitivas y puedan inclusive parecer discutibles, me parece que esta introducción a la sintaxis transformacional del español es una buena guía para el estudio de esta y otras lenguas, sobre todo porque ofrece una visión bastante general y coherente de este intrincado y complejo mundo que es la sintaxis.

Los temas más importantes que se tratan en este libro, aparte de las cuestiones teóricas, son los siguientes: los pronombres personales (capítulos 2 y 6), las oraciones sin sujeto (capítulo 3), los pronombres reflexivos (capítulos 5 y 6), el pasivo (capítulo 7), perífrasis verbales (capítulos 8, 9, 11 y 13), oraciones con un orden de elementos distinto de SVO —sujeto-verbo-objeto— (capítulos 10, 12 y 16), oraciones complejas (capítulo 14), relativas (capítulos 15 y 16), interrogativas (capítulo 16), impersonales con *se* (capítulo 17), negativas (capítulo 17) y unos cuantos temas más tratados en el capítulo 17. Un tema que ha provocado mucha discusión en los últimos años, el de las condiciones sobre la aplicación de las transformaciones, se discute en el capítulo 18, donde también se da una lista de transformaciones. En el último capítulo se hace un resumen de los resultados del análisis propuesto.

Gran parte del material presentado en este libro es fruto de una investigación que inicié durante mi estadía en el M.I.T. en los años 1973-74. El análisis sintáctico que presento sigue de cerca los postulados teóricos vigentes en los años setenta, y por esta razón puede considerarse un estudio 'estándar extendido'[1] de la sintaxis del español. En los años posteriores a 1974, cuando me dediqué a la docencia en Venezuela, seguí elaborando mi investigación, incorporando aspectos más recientes de la teoría generativo-transformacional. Pero estas modificaciones, aunque se mencionen en algunas ocasiones, no han sido incluidas en este libro, por la simple razón de que me ha parecido más conveniente ofrecer una 'introducción' a la sintaxis transformacional, de un carácter bastante general —y quizá más accesible a un público más amplio—, que un estudio detallado de ciertos fenómenos para los cuales hubiera sido necesario acudir a ciertas proposiciones

---

[1] La gramática chomskyana descrita en *Aspectos* (1965) ha sido llamada estándar. La gramática que surge después de *Aspectos* ha sido llamada estándar extendida.

Cabe señalar que, aunque este trabajo se ciñe a los postulados teóricos de *Aspectos* en los primeros capítulos, así como vaya precediendo en la exposición iré incorporando nociones y principios que Chomsky y otros lingüistas propusieron en trabajos después de 1965.

recientes —tales como la teoría de la 'huella' (trace theory)[2]—, cuyas consecuencias teóricas y empíricas aún no tienen una respuesta definitiva.

A propósito de estas modificaciones, quería recordarle al lector que la teoría generativo-transformacional ha sufrido muchos cambios en sus veinte años de existencia. Este hecho, que a varias personas puede suscitarles 'sospechas' acerca de la validez de esta teoría, es en realidad uno de sus aspectos más positivos. Una verdadera teoría lingüística debe ser empíricamente adecuada, y debe ser verificada con hechos concretos. Éstos pueden llevar a confirmar o a desconfirmar la teoría, y en este último caso se puede llegar a modificar o a rechazar la teoría. Hasta el presente, los hechos han mostrado que la teoría generativo-transformacional necesitaba modificaciones, y las varias proposiciones se dirigen hacia ese fin. No queda descartada la posibilidad de que a la larga esta teoría resulte inadecuada para el análisis de las lenguas naturales, pero aun en este caso, la teoría generativo-transformacional habrá cumplido con el importantísimo papel de permitir un avance indiscutible en el estudio serio y científico de las lenguas. Ahora bien, si lo que he dicho es cierto, este libro se ubica en la perspectiva de una definitiva gramática transformacional del español o en la perspectiva de un mejor entendimiento de esta lengua.

---

[2] A propósito de la «trace theory», cfr., por ejemplo, Chomsky (1976) y D'Introno (1979).

Capítulo 1

Un modelo gramatical

1.1. Poner debajo del rótulo 'estructuralismo' corrientes lingüísticas como la de Bloomfield, Hockett, Harris, Hjelmslev, Martinet, Pottier, etcétera, es un error, sobre todo si se atiende a las diferencias en los objetivos del análisis. Sin embargo, no hay duda de que todas esas corrientes guardan entre sí un común denominador. Éste, en mi opinión, es la noción de 'metodología de la investigación'. En efecto, en todas esas corrientes el análisis lingüístico es entendido como la aplicación de unos procedimientos de descubrimiento a un corpus determinado, con el fin de 'descubrir el sistema subyacente' a ese corpus. Para las mismas escuelas lingüísticas, sistema es un conjunto de elementos ligados entre sí por las relaciones de oposición y asociación. Esas relaciones se manifiestan en el discurso a través de las relaciones paradigmáticas y sintagmáticas.

Teniendo en cuenta ese factor común, trataré de elaborar una noción de gramática, más exactamente de procedimientos de descubrimiento, que en principio no corresponde con la de ninguna escuela en particular, y que, sin embargo, llamaré 'estructural'.

1.2. *Procedimiento de clasificación*

Si por gramática de un lenguaje L se entiende una clasificación de los elementos en L, el objetivo de la investigación es definir un procedimiento de clasificación que, aplicado a L, permita obtener las clases de elementos en L.

Intentaré definir un procedimiento de clasificación.

Definición 1. Lenguaje es un conjunto de frases, constituidas por elementos concatenados entre sí.

Sea L un lenguaje cuyas frases son:

    I.   t x a j c
   II.   r a b c f
  III.   z j a h c

>   IV.   a y c x d
>   V.   x d a j f
>   VI.   d y z f
>   VII. x d a z f

Los elementos de L serán: a, b, c, d, f, j, h, x, r, t, y, z.

Definición 2. 'Contexto' de un elemento x es el conjunto de elementos que preceden y siguen inmediatamente a x en las frases de L.

Definición 3. Los elementos que aparecen en un mismo contexto tienen una misma 'distribución'.

En las frases de L algunos elementos aparecen en un mismo contexto. Por ejemplo, j, b, h, y aparecen en el contexto a_c, por lo que tienen una misma distribución.

Si dos o más elementos aparecen, en las frases de L, siempre en los mismos contextos, diremos que tienen distribución absoluta; si comparten algunos contextos, pero no todos, diremos que tienen distribución relativa.

En las frases de L, I-VII, los elementos a, d, por ejemplo, tienen distribución relativa, y ninguno tiene distribución absoluta.

En las frases de L, I-VII, los elementos t, h, por ejemplo, no tienen una misma distribución.

La frase V de L es igual a la frase VII, excepto que en V j sustituye a z de VII, y viceversa.

Definición 4. Si dos o más elementos tienen la misma distribución y/o pueden ser sustituidos los unos por los otros en algunas frases de L, diremos que estos elementos pertenecen a la misma clase o categoría gramatical.

En las frases I-VII los elementos j, b, h, y pertenecen a la misma clase X, los elementos j, z pertenecen a la misma clase Y.

El elemento j pertenece a las clases X, Y.

Definición 5. Si entre dos clases X e Y hay intersección, los elementos de X e Y pertenecen a una misma clase W, que es el conjunto de las clases X e Y, y éstas son subcategorías de W.

Consecuentemente, la relación 'pertenece a la misma clase que' es una relación transitiva, reflexiva y simétrica.

En L, b y z pertenecen a una misma clase o categoría.

1.3. *Procedimiento de segmentación*

Si L es una lengua natural, y la gramática de L es la clasificación de los elementos de L contenidos en un corpus C de L, y si el corpus C de L es una cadena hablada (o escrita), y si los elementos de L no están dados a priori, tenemos que aplicar a C un procedimiento de segmentación que nos permita identificar los elementos de L contenidos en C.

Dada una definición cualquiera de lengua natural y dada una definición de tipos de elementos susceptibles de aparecer en las lenguas naturales, por ejemplo, 'distintivos', 'significativos', etc., el procedimiento de segmentación puede operar para identificar uno cualquiera o todos esos tipos de elementos.

Si los elementos que se quieren identificar en C son los elementos significativos, podemos definir el procedimiento de segmentación de la manera siguiente:

Definición 6. Dado un corpus C constituido por una cadena hablada, ésta será subdividida en segmentos sucesivos que llamaremos elementos significativos si las condiciones siguientes son satisfechas:

1.º En cualquiera de esos segmentos hay una relación bi-unívoca entre una expresión y un contenido; es decir, todo segmento tiene un significante y un significado[1].

2.º El significado de cualquiera de esos segmentos es un componente de (está incluido en) el significado de toda la cadena[2].

El procedimiento de segmentación permite identificar los elementos de C, desde la misma cadena hablada hasta los elementos mínimos significativos contenidos en C; es decir, los morfemas.

1.4. *Procedimiento de sustitución*

Dados los elementos significativos de C, obtenidos por el procedimiento de segmentación, y dados los contextos de esos elementos, estableceremos las clases o categorías de elementos contenidos en C aplicando el procedimiento de clasificación.

El número de clases de elementos así obtenidas es proporcional a la extensión de C, por lo que éste debe ser 'representativo'; es decir, debe permitir determinar el mayor número de clases posibles. Este requerimiento, de todas maneras, no permite asegurar la identificación de todas las clases de elementos. Por otro lado, el procedimiento de clasificación definido más arriba, basado esencialmente sobre la definición de contexto y distribución, no asegura la recuperabilidad de todas las clases. Por ende, es necesario desarrollar otro procedimiento, ya mencionado en la Definición 4. Este procedimiento se definirá de maneras distintas según el tipo de elemento que se analice. En el caso que nos concierne, lo definiremos de la manera siguiente:

---

[1] El 'morfema cero', del cual se hace uso a menudo en los análisis estructurales, no podría satisfacer esta condición ni podría deducirse de un corpus apelando únicamente a los procedimientos de análisis que presento aquí.

[2] Las expresiones idiomáticas, o 'lexías', según la terminología de Portier (1969), no podrían satisfacer esta condición porque su significado no es de carácter componencial. Por ejemplo, 'darse cuenta de' debería considerarse una unidad significativa en la que *cuenta* y los otros elementos no tienen un significado propio que pueda deducirse del significado del todo.

Definición 7. Dado un corpus C y los elementos significativos en C, cualquier elemento x en el contexto A__B será sustituido por todos los otros elementos significativos en C. El elemento sustituido x y el elemento sustituyente y pertenecen a una misma clase si las condiciones siguientes son satisfechas:

1.º El elemento sustituyente y guarda en el contexto A__B el mismo significado que tiene en el contexto original C__D, en el que aparece en el corpus.

2.º La cadena hablada, o la oración, resultante de la sustitución de x por y, es una cadena, u oración, bien formada.

El procedimiento de sustitución aquí definido permite no sólo clasificar los elementos, sino que permite también identificarlos; es decir:

Definición 8. Un segmento x de una cadena hablada es un elemento significativo si una de las dos condiciones siguientes es satisfecha:

1.º En todos los contextos donde x ha sido insertado, como también en el original, x tiene el mismo significado y la misma expresión.

2.º En todos los contextos donde x ha sido insertado, incluyendo el original, x tiene el mismo significado, pero distintas expresiones, que pueden explicarse por reglas morfo-fonológicas, sincrónica y/o diacrónicamente.

1.5. Los tres procedimientos señalados, segmentación, sustitución y clasificación, permiten definir una gramática, y en particular, una sintaxis. Indudablemente, pueden ser ampliados y refinados, como a menudo en efecto se ha hecho, y pueden ser aplicados con cierto éxito al estudio de las lenguas naturales. En este trabajo no voy a explicar cómo estos procedimientos podrían ser refinados para dar cuenta de algunos aspectos sintácticos del español, pues considero que la noción de investigación lingüística sobre la cual se basan es fundamentalmente errónea. Por el momento, me limito a citarlos. En el próximo capítulo trataré de demostrar su inadecuación para explicar inclusive, problemas bastante simples de sintaxis española.

Sin embargo, quisiera agregar que estos métodos de análisis lingüístico son inadecuados si uno se fija para su investigación unos objetivos mucho más ambiciosos y generales, como, por ejemplo, los que se fija la gramática generativo-transformacional. No es el caso ahora de discutir esa cuestión, pero es evidente que si uno quiere hacer una sintaxis estructural de una lengua partiendo de un corpus, los procedimientos señalados ofrecen un buen camino a seguir. El problema es que uno no puede, en el estado actual del conocimiento científico y lingüístico, seguir limitándose a una tarea tan poco interesante y tan poco útil como es la clasificación de los elementos de un corpus.

El trabajo que presento no es teórico, sino práctico en principio; sin embargo, me parece que una pequeña aclaratoria sobre mi posición puede servir de guía para la lectura del trabajo.

Si un lingüista quiere explicar cuál es el conocimiento lingüístico de un hablante de una lengua, no puede limitarse a un corpus, ni puede concentrar su esfuerzo en la definición de las categorías gramaticales. Mi objeción a la limitación del corpus no merece comentario ulterior. En cuanto a la segunda objeción, quisiera agregar que así como se ha tenido que definir los tres procedimientos de análisis mencionados anteriormente, recurriendo a nociones semánticas, sin haberlas explicado, así sucederá en los casos en que deban definirse las categorías sintácticas. El camino emprendido es entonces falseado. En efecto, en principio no hace falta definir nociones como verbo, nombre, etc. Éstas pueden ser nociones primitivas establecidas en la teoría lingüística general. Y con esa última idea en la mente las emplearé.

En conclusión, lo que me propongo hacer en este trabajo no es analizar corpus ni definir categorías, tales como verbo, adjetivo, pronombre, etc. Lo que me propongo hacer es, por el contrario, explicar, en términos transformacionales, cuáles son los mecanismos sintácticos que le permiten a un hablante del español construir y entender las infinitas oraciones de su lengua, y a qué obedece esa intuición que todo hablante tiene acerca de la gramaticalidad y agramaticalidad de las oraciones de su lengua. Para lograr este objetivo parto de la definición de gramática estructural aquí arriba elaborada, demuestro su inadecuación para el análisis del español y luego elaboro una sintaxis transformacional.

Capítulo 2
Pronombres personales

2.1. Supongamos que los procedimientos de análisis descritos muy brevemente en el capítulo anterior nos hayan permitido obtener, a partir de un determinado corpus del español, una serie de clases, que de ahora en adelante llamaré categorías gramaticales o simplemente categorías. Cada categoría recibirá un nombre: Sintagma Nominal, Sintagma Verbal, Oración, Verbo, Pronombre, etc.

En la categoría de los pronombres (Pr) va incluida una categoría particular, la de los Pronombres Personales (Pr Per): yo, tú... me, te... mí, ti..., que aparecen, por ejemplo, en las oraciones siguientes:

1. Luis me compró un libro.
2. Yo lo vi.
3. Yo lo vi a él.
4. Yo bostecé.
5. Luis habló de ellos.
6. Luis les habló.
7. Luis les habló a ellos.
8. Luis envió una carta para mí.
9. Luis me envió una carta.
10. Luis me envió una carta a mí.
11. Luis me envió una carta para Juan.
12. Tú hablaste con nosotros por teléfono.

No todos los pronombres personales se comportan de la misma manera, ya que oraciones como las que siguen no son gramaticales (por lo que van precedidas de un asterisco)[1]:

13. *Luis yo compró un libro.

14. *Yo vi a él.

15. *Yo él vi.

16. *Mí bostecé.

17. *Luis los habló.

18. *Luis envió una carta para yo.

19. *Luis envió una carta para me.

20. *Tú hablaste con nos por teléfono.

Notemos que las oraciones de (13) a (20) son agramaticales porque los pronombres que he subrayado en ellas no tienen la forma que les corresponde. Por ejemplo, (13) resultaría gramatical si en lugar de *yo* tuviéramos *me* como en la oración (1).

Dados estos hechos, si queremos explicarlos tenemos que tratar de contestar a las siguientes preguntas:

21. *a*) ¿Cuántas clases de Pr Per hay?
    b) ¿Cuál es la generalización que podemos establecer acerca de cada grupo?
    c) ¿Cómo podemos dar cuenta de la relación entre los varios grupos?

Para contestar a esas preguntas podemos elaborar varias hipótesis que traten de explicar los problemas señalados. Limitémonos a dos hipótesis que llamaremos HA y HB.

HA. Asumamos en esta hipótesis que hemos definido de antemano nociones como sujeto, objeto, complemento, predicado. Entonces, los pronombres personales podrán agruparse en cuatro clases:

---

[1] El trabajo está basado sobre el español estándar de Venezuela, por lo que en algunas ocasiones una oración gramatical para mí puede ser agramatical para un hablante de otro país, y viceversa.

22. | I | II | III | IV |
|---|---|---|---|
| yo | me | me | mí |
| tú | te | te | ti |
| él | lo | le | él |
| ella | la | le | ella |
| nosotros | nos | nos | nosotros |
| . | . | . | . |
| . | . | . | . |
| . | . | . | . |

(I) corresponde a la función de sujeto; (II), a la de objeto directo; (III), a la de objeto indirecto, y (IV), a la de otros tipos de objetos, o complementos. En esta hipótesis, la función determinará la clase a la cual pertenecerá el Pr Per.

Hb. En esta hipótesis, las clases de los Pr Per se definen por el contexto, por lo que habrá tres clases:

23. | I | II | III |
|---|---|---|
| yo | me | mí |
| tú | te | ti |
| él, ella | lo, la, le | él, ella |
| nosotros | nos | nosotros |
| . | . | . |
| . | . | . |
| . | . | . |

(I) corresponde a Pr Per no precedidos de Preposición (Pre) que pueden aparecer cerca o lejos del verbo; es decir, Pr Per que aparecen en el contexto X__Y V, donde V es verbo, X y Y son variables, __ es el lugar del Pr Per y X es distinta de Pre; es decir, X ≠ Pre.

(II) corresponde a Pr Per no precedidos de Pre que pueden aparecer únicamente inmediatamente antes o después del verbo; es decir, Pr Per que aparecen en el contexto X__V, donde X ≠ Pre, o en el contexto V__. En ambos casos, entre el pronombre y el verbo puede haber otro(s) pronombre(s) del mismo grupo.

(III) corresponde a Pr Per precedidos de preposición; es decir, Pr Per que aparecen en el contexto Pre__.

Así formuladas, las HA y HB dan cuenta, aparentemente, de los problemas planteados en las preguntas (21*a*) y (21*b*). Ambas por ejemplo, darían cuenta de la gramaticalidad de las oraciones (1)-(12) y de la gramaticalidad de las oraciones (13)-(20). Por ejemplo, HA diría que (13) es agramatical porque el Pronombre de primera persona tiene función de objeto indirecto y ha sido incorrectamente extraído del primer grupo. HB daría cuenta de la agramaticalidad de (13) diciendo que el pronombre a escogerse debe ser del grupo (23 II), ya que entre el pronombre y el verbo no pueden intervenir otros elementos. Sin embargo, si estudiamos detenidamente los hechos, notamos cierta incoherencia en la HA. En efecto, esta hipótesis nos dice que un pronombre como *mí* es complemento y forma parte del IV grupo de (22). Pero si tomamos la oración (10), notamos que allí tanto *me* como *mí* tienen una misma función, por lo que, o bien reformulamos la hipótesis distinguiendo sólo dos grupos de Pr Per, digamos sujeto y no-sujeto, o bien descartamos la hipótesis por incorrecta. Si adoptamos la primera solución no podremos entonces explicar la diferencia formal entre *me* y *mí;* por ejemplo, porque ambas formarían parte del grupo no-sujeto. De ser así, deberíamos concluir que la hipótesis es incorrecta. En realidad es así, porque la HA toma como noción de base para la clasificación la de función. Sin duda alguna, ése es un error, ya que cualquiera que sea la definición que demos de sujeto, objeto, etc., dicha definición dependerá de la relación que el Pr Per, o el Sintagma Nominal (SN) en general, mantiene, en una determinada oración, con el resto de los elementos de la misma oración. Es decir, la función de un elemento x no es inherente al mismo elemento, sino que depende de la estructura de la oración en que x se encuentre. En consecuencia, la función de un elemento x se puede definir sólo dentro de una oración y de acuerdo con las relaciones entre x y los otros elementos de la oración. Una clasificación basada sobre esas nociones es, por tanto, errónea.

Volvamos ahora a la HB, y preguntémonos si esta hipótesis puede contestar a la pregunta (21c). Lo que está implícito en esa pregunta es, por ejemplo, que *yo, me* y *mí* son distintos, pero todos son pronombres de primera persona singular, cosa que cualquier gramática del español debería explicar.

Si la HB está contenida en una gramática del tipo descrito en el capítulo anterior, HB no puede contestar esa pregunta. No hay manera, pues, de relacionar, recurriendo a los procedimientos de análisis señalados en el capítulo anterior, las formas *yo, me* y *mí,* por ejemplo.

Supongamos ahora que adoptamos la clasificación de los Pr Per propuesta por HB y que, además, para resolver los problemas planteados, decimos lo siguiente:

24. Las distintas formas I, II y III de un Pr Per se obtienen a partir de una misma forma, por ejemplo, I, por medio de reglas que convierten I en II ó III, de acuerdo al contexto en el que aparece el Pr Per. Es decir, las tres formas *yo, me* y *mí* se derivarían a partir de *yo*: si éste es precedido de Pre se convierte en *mí,* si precede (o sigue) inmediatamente al verbo se convierte en *me.*

La solución propuesta en (24) parece resolver el problema, pues permite decir que *yo, me* y *mí* son formas distintas de un mismo pronombre, ya que todas se derivan de *yo,* que se cambiará o no en *me* y *mí* dependiendo del contexto donde aparezca el pronombre. Si aceptamos esta solución como correcta, nos enfrentamos al problema de incluirla en el marco de la gramática estructural descrita en el capítulo anterior. Dentro de ese marco, el problema es irresoluble por las razones siguientes:

1.º Ninguno de los procedimientos propuestos prevé la posibilidad de derivar una forma pronominal de otra.

2.º Una solución como (24) sobrepasa los límites de un corpus. Esto es, no hay manera de inferir (24) a partir de los hechos observados en un corpus. Se puede llegar a (24) sólo por un proceso de abstracción que apele a la intuición que el hablante tiene acerca de la relación entre *yo*, *me* y *mí*, por ejemplo.

Según esto (24), que capta cierta intuición que tenemos acerca del español —intuición que se debe al conocimiento, a menudo inconsciente, que poseemos de nuestra lengua— no puede formalizarse dentro de una gramática estructural.

Notemos ahora que (24) no quiere dar cuenta de los datos de un corpus, sino que quiere ser una explicación del conocimiento lingüístico al cual me he referido en el párrafo anterior. Ahora bien, una gramática en la que se incorpore (24) no será una clasificación de los elementos contenidos en un corpus, sino un mecanismo de producción de oraciones, es decir, una gramática generativa.

En una gramática generativa, entendida como un sistema de reglas capaces de generar todas las oraciones gramaticales de la lengua[2], el análisis sintáctico de las oraciones se hará en dos etapas: en la primera, que llamamos estructura profunda, se generará una secuencia de morfemas, muchos de ellos en una forma bastante abstracta; en la segunda, que llamaremos estructura superficial, esta secuencia de morfemas será convertida en la oración correspondiente.

Siguiendo estas líneas de razonamiento, podríamos decir que en la estructura profunda todos los Pr Per son del grupo (23 I), y que éstos se convierten en los Pr Per de los grupos (23 II) y (23 III) si ciertas condiciones contextuales son satisfechas. De esta manera, *me* y *mí* serían producidos a partir de *yo*.

Veamos ahora cuáles son las reglas que podrían producir los Pr Per (23 II) y (23 III). Notemos, en primer lugar, que las oraciones siguientes:

---

[2] El término 'generativismo' ha sido a veces interpretado como sinónimo de 'proceso de emisión', pero esto es incorrecto. La gramática generativa no pretende simular el proceso por medio del cual el hablante emite sus oraciones, sino que pretende ser una hipótesis acerca de la competencia lingüística de un hablante-oyente ideal. La gramática generativa trata de explicar qué es lo que sabemos, no lo que hacemos como hablantes o como oyentes. En tal sentido, generativismo es un término técnico, matemático, sinónimo de enumeración.

2. Yo lo vi.
9. Luis me envió una carta

van relacionadas con las oraciones

3. Yo lo vi a él.
10. Luis me envió una carta a mí

en el sentido de que (2) y (3), por ejemplo, tienen un mismo valor de verdad y las mismas presuposiciones, y constituyen una misma afirmación.

Por ello, si bien en (3) y (10) hay un matiz de énfasis que no aparece en (2) y (9), podemos decir que (2) tiene esencialmente el mismo significado que (3), y (9), el mismo significado que (10). En consecuencia, entre (2) y (3), y entre (9) y (10) hay una relación de sinonimia.

Notemos ahora que en (2) y (9) hay pronombres del grupo (23 II) y que en (3) y (10) se dan los mismos pronombres, más los correspondientes del grupo (23 III), precedidos de la preposición *a*. Generalizando, diremos entonces:

25. Si existe una oración O_1 con pronombres del grupo (23 II), también existe una oración sinónima O_2 constituida por O_1 más la Pre *a* seguida de los correspondientes pronombres del grupo (23 III).

De (25) se deduce que la presencia en una determinada oración de pronombres del grupo (23 III) precedidos por *a* está condicionada a la presencia en la misma oración de los correspondientes pronombres del grupo (23 II), y no viceversa, ya que la siguiente oración, por ejemplo, es agramatical:

14. *Yo vi a él.

Para dar cuenta de todos los fenómenos señalados, podríamos decir:

26. *a*) En la estructura profunda, todos los Pr Per son del grupo (23 I).
    b) En la estructura profunda no hay Pr Per en la posición que en la estructura superficial corresponde a los Pr Per del grupo (23 II).
    c) Los Pr Per precedidos por una preposición son convertidos en Pr Per del grupo (23 III).
    d) Los Pr Per del grupo (23 III) precedidos por la Pre *a* son copiados delante del verbo bajo la forma de Pr Per del grupo (23 II).
    e) Los Pr Per del grupo (23 III) precedidos por la Pre *a* pueden ser elididos junto con la preposición.

(26) puede considerarse un procedimiento de derivación, del cual (26*a*) y (26*b*) son los axiomas. (26*c*), (26*d*) y (26*e*) son entonces reglas de derivación que generan una (o más) estructura(s) superficial(es) a partir de una estructura profunda. Agreguemos que (26*c*) y (26*d*) tienen un carácter distinto de (26*e*): las primeras deben aplicarse en la derivación de las oraciones, la segunda puede o no aplicarse. Por ello decimos:

27. Las reglas son de dos tipos: obligatorias y facultativas.

Si adoptamos un análisis del tipo descrito informalmente en (26) para oraciones como (9) y (10), diremos que la derivación de esas oraciones es la siguiente:

28. *a*) Estructura profunda: Luis envió una carta a yo.
    b) Aplicamos (26*c*): Luis envió una carta a mí.
    c) Aplicamos (26*d*): Luis me envió una carta a mí (10).
    d) Aplicamos (26*e*): Luis me envió una carta (9).

(28) permite derivar dos estructuras superficiales (9) y (10), a partir de una misma estructura profunda, (28*a*). En consecuencia, podemos decir:

29. Si dos o más oraciones, es decir, dos o más estructuras superficiales son distintas, pero sinónimas, es decir, si tienen un mismo valor de verdad, las mismas presuposiciones y constituyen una misma afirmación, tienen una misma estructura profunda.

30. Dos o más estructuras superficiales tienen una misma estructura profunda EP si y sólo si: (*a*) hay un procedimiento de derivación que permite derivar cada una de las estructuras superficiales a partir de EP; (*b*) ese procedimiento de derivación es parcialmente igual para cada derivación, y (*c*) la diferencia mínima entre una derivación y otra, corresponde a la aplicación en un caso y a la no aplicación en otro caso de una regla facultativa.

Volvamos ahora a las reglas (26*c*)-(26*e*) y notemos que así como las he presentado, esas reglas deben aplicarse en el orden siguiente: en primer lugar (26*c*), luego (26*d*) y finalmente (26*e*). Si ese orden no se respetara, la derivación (28) sería imposible. Por ejemplo, en (28) no habría manera de aplicar (26*d*) antes de (26*c*), pues la primera se aplica al educto de la segunda. Es decir, la aplicación de (26*c*) crea las condiciones necesarias para la aplicación de (26*d*), y ésta, a su vez, crea las condiciones necesarias para la aplicación de (26*e*). En consecuencia, decimos:

31. La aplicación de las reglas se hace según un orden lineal.

2.2. El análisis propuesto en 3.1 resuelve la mayoría de los problemas referentes a distribución y forma de los pronombres personales, pero no explica por qué en una oración como (32) el Pr Per se encuentra detrás del verbo.

32. Antonio quiere verlo.

La presencia de un infinitivo es, evidentemente, la razón por la cual *lo* aparece detrás del verbo.

El mismo fenómeno se repite en los casos de verbos en gerundio o en imperativo afirmativo, como en las siguientes oraciones:

33. Está viéndolo.

34. ¡Véalo!

Según el análisis descrito en (26), las estructuras profundas de (32), (33) y (34) serían (35), (36) y (37), respectivamente (donde omito detalles que no nos conciernen por el momento):

35. Antonio quiere ver a él.

36. Está viendo a él.

37. Vea a él.

A estas estructuras se aplicaría (26c), que, dicho sea de paso, en esos casos se aplica sin efecto ninguno, esto es, vacuamente, ya que el educto es igual al aducto. Pero la aplicación de (26d) no daría los resultados esperados, es decir, no produciría las oraciones (32)-(34).

Para resolver este problema podemos modificar (26), agregando una nueva regla y reformulando (26d) de la manera siguiente:

38. (= 26d reformulada). Los Pr Per del grupo (23 III) precedidos por la Pre *a* son copiados detrás del verbo bajo la forma correspondiente de Pr Per del grupo (23 II).

La nueva regla sería entonces:

39. Los Pr Per del grupo (23 II) pasan delante del verbo excepto en el caso en que éste sea imperativo afirmativo o no personal, es decir, infinitivo o gerundio.

Las derivaciones de oraciones como (2) y (32) serían, de acuerdo al nuevo análisis, las siguientes:

40. Estructura profunda de (2):   Yo veo a él.
     26 c: Yo veo a él.
     38 = 26 d reformulada: Yo veólo a él.
     39:                                 Yo lo veo a él.
     26 e: Yo lo veo.

41. Estructura profunda de (32): Antonio quiere ver a él.
    26 c: Antonio quiere ver a él.
    38 = 26 d: Antonio quiere verlo a él.
    39:                              inaplicable.
    26 e: Antonio quiere verlo.

Notemos ahora que por un lado (38) es inaplicable en (41), porque la regla tiene una condición que no es satisfecha en (41), y por otro lado, que el orden de aplicación de las reglas debe ser con (38) y (39) entre (26c) y (26d).

Para resumir, el análisis que proponemos hace uso de las siguientes reglas, a las que hemos asignado un nombre para mejor reconocerlas en lo sucesivo:

26c. Cambio de forma pronominal: Obligatoria.
38. Formación de clíticos: Obligatoria.
39. Movimiento de clíticos: Obligatoria.
26e. Elisión del pronombre fuerte: Facultativa.

2.3. Quisiera agregar algunas observaciones al análisis propuesto. La primera de esas observaciones es que las reglas descritas en (26), (38) y (39) deberían ser formuladas explícitamente dentro de un marco teórico preciso. Por el momento no voy a abocarme a esta tarea, pues aún no he presentado la gramática en la que esas reglas se inscriben, ni he propuesto ningún formalismo. Así que volveré a hablar de esas reglas más tarde.

En segundo lugar, no he dicho todavía que, paralela a la clasificación sintáctica (23) de los pronombres, existe otra, fonética, que la corrobora. Los Pr Per del grupo (23 III) siempre tienen acento propio; éstos son los llamados pronombres fuertes. Los del grupo (23 II) nunca tienen acento propio, y forman una sola unidad acentual con el verbo; ésos son los llamados pronombres débiles, clíticos. Los Pr Per del grupo (23 I) pueden o no tener acento propio.

Otra observación que quería hacer es que si bien he definido la regla de *movimiento de clíticos* como una regla obligatoria, en algunos estilos puede considerarse facultativa. Esto es cierto también para el español de hace algunos siglos, en el que frases como (42) eran bastante frecuentes:

42. Llamólo y díjole...

Vale la pena señalar que en oraciones como (43), que se deriva de (32),

43. Lo quería ver,

lo ha sido desplazado antes del verbo *quería* por medio de una regla que llamaré *Monta de Clíticos*. Es posible, sin embargo, que *Movimiento de clíticos* y *Monta de clíticos* sean la misma regla; por el momento no trataré de resolver esa cuestión y la volveré a discutir cuando analice los infinitivos en los capítulos 8 y siguientes.

2.4. Además de la regla de *Formación de clíticos* ya mencionada, existe otra en español que afecta SN no pronominales. En el español de Venezuela, esta regla afecta únicamente un SN con función de objeto indirecto; convirtiendo la estructura profunda (44), por ejemplo, en la estructura (45), que pasa a (46) por *Movimiento de clíticos:*

 44. El niño entregó el cuaderno al maestro.

 45. El niño entrególe el cuaderno al maestro.

 46. El niño le entregó el cuaderno al maestro.

Por el momento no diré nada más sobre esta regla, y volveré a hablar de ella en el capítulo 4.

CAPÍTULO 3

Pronombres sujetos

Un fenómeno muy conocido de la sintaxis española es el de la concordancia. Hay varios tipos de concordancia, pero por el momento me limitaré a citar dos: concordancia de número y persona entre sujeto —más adelante daré una definición de función gramatical— y verbo como en (1), y concordancia de género y número entre el sujeto y el adjetivo como en (2):

1. El niño comió.

2. El niño es hermoso.

También es bien sabido que en español existen oraciones como (3) y (4) que no tienen sujeto:

3. Comió.

4. Es hermoso.

La pregunta que nos hacemos es cómo dar cuenta del número y persona del verbo en (3), y del género y número del adjetivo en (4).

Si tratáramos de resolver este problema recurriendo a una gramática estructural del tipo descrito en el cap. 1, la tarea resultaría imposible. En efecto, esa gramática no puede ni siquiera resolver el problema de la concordancia en oraciones como (1) y (2). Esto se comprenderá fácilmente si se toma en cuenta que la concordancia afecta elementos discontinuos, y escapa a todo procedimiento de clasificación. En una gramática estructural, la concordancia deberá ser explicada por una regla *ad hoc;* es decir, una regla que no se derive de los procedimientos propuestos. El problema se haría más agudo cuando se quisieran explicar las oraciones (3) y (4). Huelga decir que una gramática que no puede resolver esos problemas sintácticos del español no puede considerarse adecuada para el análisis de las lenguas naturales.

Veamos ahora cómo podrían explicarse esos fenómenos en el marco de la gramática generativa esbozada en el capítulo anterior. Podríamos asumir que en la estructura profunda los verbos no están conjugados (digamos que están en infinitivo)[1], y los adjetivos no están marcados con los rasgos de número y persona. Posteriormente, las reglas de concordancia antes mencionadas se aplicarían para generar las estructuras superficiales correspondientes. El problema ahora es cómo generar (3) y (4).

Notemos en primer lugar que los pronombres personales, como en las oraciones (5) y (6), no tienen un referente específico y no designan a una persona o una cosa en particular —excepto cuando (5) y (6) son pronunciadas en un contexto situacional específico:

5. Él comió.

6. Él es muy hermoso.

Lo que quiero decir es que los pronombres forman parte del proceso más general de la anáfora, por el cual una referencia directa es sustituida por una referencia indirecta o presupuesta. El mismo razonamiento es válido para oraciones como (3) y (4), que tienen una interpretación esencialmente igual a la de (5) y (6). Esto es lo que las gramáticas clásicas asumían cuando decían que en oraciones como (3) y (4) el sujeto era tácito o sobreentendido. Lo que hay que agregar es que oraciones como (3) y (4) no remiten a ninguna persona o cosa en particular, sino que tienen una referencia inespecificada como las oraciones (5) y (6). Es decir, si nos enfrentamos —fuera de un contexto específico— a oraciones como (5) y (6) no sabemos si el sujeto es Pedro, Antonio, mi vecino, o cualquier otra cosa, y lo mismo es cierto para las oraciones (3) y (4).

Asumamos entonces que las reglas de concordancia se aplican en la derivación de las oraciones (5) y (6), y que (3) y (4) tienen esencialmente el mismo significado que (5) y (6) —hago abstracción del énfasis presente en estas últimas oraciones—; entonces diremos que (3) y (4) se derivan de la misma estructura profunda de (5) y (6) (cfr. 29 y 30 del cap. 2).

Para derivar (3) y (4) de la misma estructura profunda de (5) y (6) tenemos que proponer una regla, llamémosla *Elisión del sujeto pronominal*, cuyo efecto es elidir un sujeto pronominal, de manera que la derivación de las oraciones (3) y (5), por ejemplo, sería la siguiente:

---

[1] En este trabajo asumiré que los verbos aparecen en la estructura profunda en infinitivo, aunque sea más correcto asumir que los verbos en la estructura profunda, simplemente, no tienen marcas de número y persona.

7. Estructura profunda de (3) y (5):   El comer[2].
   Regla de concordancia: Él comió.
   Regla de elisión del sujeto   Comió.
   pronominal:

Es evidente que las reglas de concordancia son obligatorias, pero la regla de *Elisión del sujeto pronominal* es facultativa. Por otro lado, el orden de aplicación de esas reglas es el que he dado en (7); si invirtiéramos ese orden, la aplicación de *Elisión del sujeto pronominal* bloquearía la aplicación de concordancia, pues ya no habría sujeto del cual copiar los rasgos de número y persona.

La solución que he ofrecido resuelve los problemas planteados y es simple en el sentido de que hace uso de un número muy reducido de reglas. Lo importante es que esta solución tiene cabida en una gramática generativa, pero no en una gramática estructural como la que he descrito en el cap. 1.

---

[2] El hecho de que *comer* pase a ser un perfecto, y no un presente, por ejemplo, puede explicarse diciendo que en la estructura profunda hay una marca de tiempo y modo para cada verbo. Esa marca permite conjugar el verbo en el tiempo y modo que le corresponden. En este trabajo no voy a resolver esas cuestiones, que sí he desarrollado en D'Introno (1973). Cfr. también Chomsky (1957).

CAPÍTULO 4

La gramática generativo-transformacional[1]

4.1. La gramática que he venido desarrollando en los capítulos 2 y 3 debe entenderse como un sistema de reglas que generan —en el sentido de enumerar— todas las oraciones gramaticales de una lengua, del español en este caso.

Ese sistema contiene un vocabulario de símbolos y unas reglas. Por lo que respecta a la sintaxis, los símbolos son de dos tipos: los símbolos correspondientes a las categorías gramaticales y los símbolos correspondientes a los elementos léxicos de la lengua. Los primeros tienen un carácter universal, forman parte de la teoría lingüística y son las nociones primitivas. Los segundos son propios de la lengua.

Las reglas se aplican sobre los símbolos de manera tal que, dado un símbolo inicial O, se hará una derivación cuyo resultado es una secuencia de símbolos terminales, los elementos léxicos, correspondientes a una oración de la lengua.

Las reglas son de dos tipos: sintagmáticas y transformacionales. Las primeras generan la estructura profunda (EP), las segundas generan la estructura superficial (ES). Mi objetivo ahora es formalizar esas reglas. Para ello es necesario que se entienda lo siguiente: la EP describe en términos formales la estructura sintáctica de cada oración (da cuenta, pues, de los elementos contenidos en ella, de las clases de elementos, de las relaciones entre elementos y entre clases de elementos), de manera que ésta sirva de base a la interpretación semántica; la ES se deriva de la EP y sirve de base a la interpretación fonológica.

Si se quieren formular las reglas sintagmáticas se debe preguntar cuál es la descripción estructural (DE) más adecuada para la EP. Un análisis sintáctico de tipo estructural como el de Bloomfield (1933) o como el de Hockett (1958), es decir, un análisis de constituyentes inmediatos, es bastante adecuado para describir la EP, sobre todo si se le imponen ciertas restricciones, se formaliza y se hace más abstracto. Tomemos, por ejemplo, una oración como (1),

---

[1] La presentación que hago de la gramática generativo-transformacional en las secciones (4.2) y (4.3) es un resumen de los principios y postulados teóricos expuestos en varios trabajos, sobre todo en Chomsky (1957 y 1965).

1. Pedro comió una manzana

y hagamos un análisis sintáctico en constituyentes inmediatos, como en (2) (omito detalles):

2.

Pedro	comió	una	manzana
Pedro	comió	una	manzana
Pedro	comió	una	manzana
Pedro	comió	una	manzana

Este análisis, en el que no he subdividido las palabras en morfemas, se logra por medio de una gramática estructural y refleja la estructura interna de la oración. En (2) cada casilla contiene un constituyente, cuyos constituyentes inmediatos están en las casillas inmediatamente arriba. Si a cada casilla le asignamos un nombre, correspondiente a la categoría del constituyente contenido en ella, y si representamos (2) en forma de diagrama arbóreo, empezando por el constituyente mayor, obtenemos (3):

3.

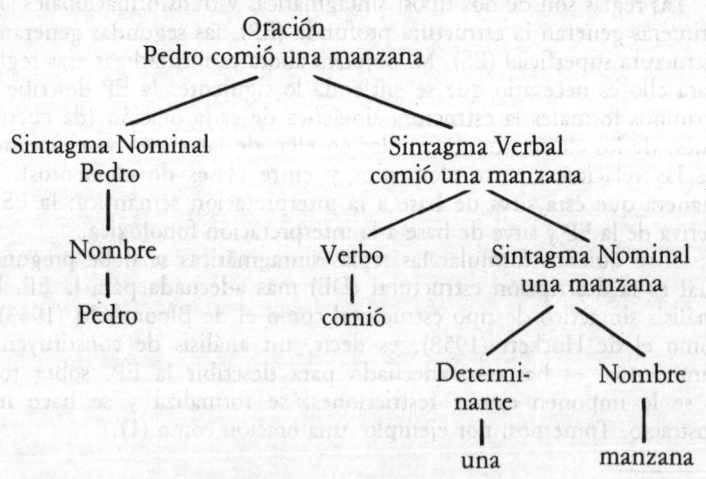

(3) contiene una serie de informaciones del tipo (4):

4. *a)* Oración (= Pedro comió una manzana) está constituida por Sintagma Nominal (Pedro) y Sintagma Verbal (comió una manzana).

   b) Sintagma Verbal (comió una manzana) está constituida por Verbo (comió) y Sintagma Nominal (una manzana).
   Etcétera.

Cada una de esas informaciones puede ser convertida en una regla de sustitución del tipo X → Y, que se lee "X se reescribe Y", donde X es un símbolo único no nulo e Y es una secuencia de símbolos no nulos. De esa manera (3) puede ser vista como una derivación que empieza por el símbolo O (= Oración) y en la cual se aplican las siguientes reglas (los símbolos son las letras iniciales de las categorías):

5. *a)* O → SN SV
   b) SN → N
   c) SV → V SN
   d) SN → Det N
   e) N → Pedro
   f) V → comió
   g) Det → una
   h) N → manzana

La derivación sería entonces la siguiente:

6. O
   SN   SV   5 *a.*
   N   SV   5 *b.*
   N   V   SN   5 *c.*
   N   V   Det   N   5 *d.*
   Pedro V   Det   N   5 *e.*
   Pedro comió Det   N   5 *f.*
   Pedro comió una   N   5 *g.*
   Pedro comió una   manzana   5 *h.*

La derivación (6) se hace partiendo de un símbolo inicial y obteniendo una línea a partir de la anterior por aplicación de una regla. La línea final corresponde a la oración.

Si representamos la derivación (6) en forma de diagrama arbóreo, obtenemos (7):

7.

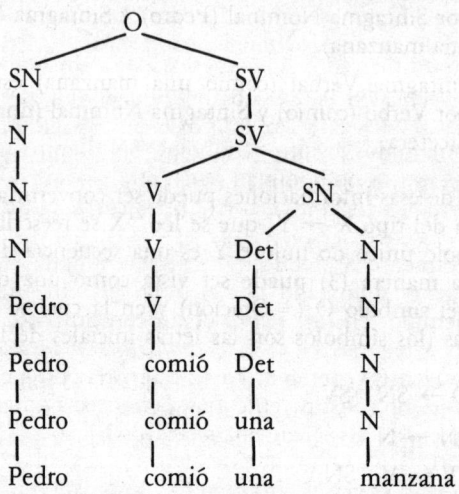

Si no imponemos ningún orden en la aplicación de las reglas, excepto el que toda derivación empiece por el símbolo inicial O, además de la derivación (6) y del diagrama (7), obtendremos una serie de derivaciones equivalentes a (6) y una serie de diagramas equivalentes a (7) aplicando las reglas (5) en un orden distinto al de la derivación (6). La clase de todas las derivaciones equivalentes de una oración, que no difieren sino por el orden como se han aplicado las reglas, puede representarse con un solo diagrama arbóreo, si en todo diagrama eliminamos los elementos repetidos. Es decir, (7) y todos los otros diagramas correspondientes a las otras derivaciones de (1) quedarían reducidos a (8):

8.

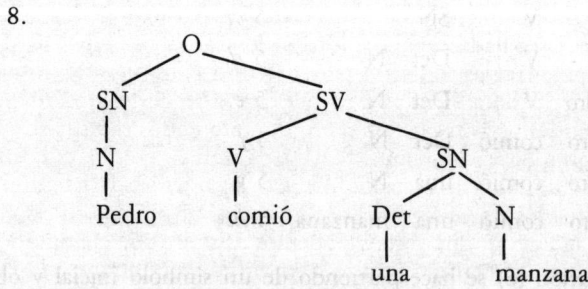

Diagramas como (8), que llamaré marcadores sintagmáticos, son engendrados por reglas como (5) y representan las estructuras sintácticas de las oraciones. Dado un marcador sintagmático, las nociones de elementos y funciones de elementos se definirán de la manera siguiente:

9. *a*) En un marcador sintagmático (MS), un símbolo A domina un símbolo B, si hay un camino trazado entre A y B, y A es más alto que B en el MS. Por ejemplo, en (8) O domina todos los otros símbolos, SN domina N, los elementos léxicos no dominan nada, etc.
   b) Una secuencia de elementos léxicos X es un constituyente y pertenece a la categoría A —es A— si A domina exhaustivamente X. Es decir, si no hay ningún elemento léxico que es dominado por A y no está incluido en X. Por ejemplo, en (8), *Pedro* es un constituyente y pertenece a las categorías N y SN; *comió una manzana* es un constituyente y pertenece a la categoría SV; pero *comió una* no es un constituyente y no pertenece a ninguna categoría.
   c) Sujeto es el SN directamente dominado por O. Es decir, entre SN y O no intervienen otros símbolos.
   d) Objeto es el SN directamente dominado por SV.
   e) Predicado es el SV directamente dominado por O.

Por ejemplo, en (8) el SN directamente dominado por O es el de la izquierda, que según la definición (9*b*) es *Pedro;* por tanto, *Pedro* es el sujeto de la oración.

Naturalmente, las definiciones (9) pueden hacerse directamente sobre las reglas (5); por ejemplo, *Sujeto* se definiría como el SN que se obtiene por aplicación de la regla O → SN SV.

De ello podemos deducir que un sistema de reglas reescriturales del tipo X → Y es adecuado para describir los elementos, las categorías de los elementos y las funciones de los elementos de una oración. Una gramática que hiciera uso sólo de este tipo de reglas sería una gramática estructural y se llamaría reestructural o sintagmática. Pero en realidad, un sistema reescritural es inadecuado para resolver los problemas sintácticos señalados en los últimos dos capítulos. Sin embargo, podemos adoptar reglas como (5) para describir la estructura profunda de las oraciones. Ahora bien, es evidente que la regla de concordancia, como también las otras reglas que he propuesto en los capítulos 2 y 3, no puede formularse como una regla reescritural, por lo que en la estructura profunda de las oraciones los verbos, adjetivos y determinantes tendrán una forma no afectada por los rasgos de Número, Persona y Género. En el caso de los verbos podemos asumir, por ejemplo, que éstos aparecen en la escritura profunda en infinitivo, aunque a lo largo del trabajo, por razones de simplicidad en la exposición, pondré a veces en la estructura profunda el verbo en su forma conjugada.

Antes de pasar a las reglas transformacionales quisiera agregar que un sistema de reglas reescriturales, o sintagmáticas, como (5), puede simplificarse. Considérese, por ejemplo, el caso de las reglas (5 *b*) y (5 *d*).

5. *b*) SN → N
   d) SN → Det N

que se aplican sobre el mismo símbolo y tienen una expansión que incluye una constante (N). Esas dos reglas pueden ser sustituidas por un esquema reglar del tipo

10. SN → (Det) N

que incluye en su expansión un elemento facultativo entre paréntesis y el elemento constante. Es decir, (10) tiene dos expansiones posibles, una con el elemento facultativo y otra sin ese elemento.

Si a las reglas (5) y (10) agregamos otras, por ejemplo, las siguientes:

11. *a*) SV → V SN SP
    b) SN → O
    c) SP → P SN

donde SP es Sintagma Preposicional y P es Preposición, podemos obtener estructuras del tipo (12):

12.

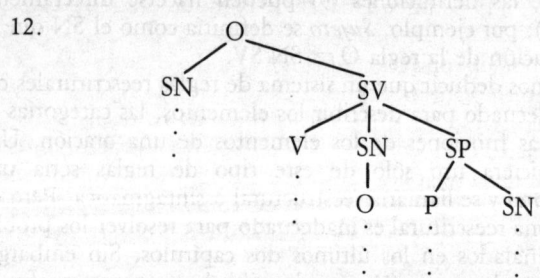

(12) formaría parte de la estructura profunda de oraciones como (13) o su equivalente (14):

13. Luis dijo que no vendría a sus amigos.

14. Luis dijo a sus amigos que no vendría.

Lo importante, por el momento, es que las reglas (5*c*) y (11*a*) pueden ser sustituidas por (15):

15. SV → V SN (SP)

Nótese ahora que (11b) se aplica sobre SN, al igual que (10). Si quisiéramos combinar estas dos reglas, ya no podríamos hacerlo recurriendo a los paréntesis, sino que deberíamos emplear un nuevo formalismo. Por ejemplo, podríamos formular la nueva regla de la manera siguiente:

16. $SN \rightarrow \begin{Bmatrix} (Det) \ N \\ O \end{Bmatrix}$

donde las dos expansiones incluidas en las llaves, es decir, (Det) N por un lado y O por otro lado, son disyuntivamente ordenadas; es decir, al reescribir SN podrá escogerse cualquiera de las dos, pero no las dos al mismo tiempo.

4.2. Volvamos ahora a la cuestión de cómo formular las transformaciones. Se recordará que las reglas reescriturales tienen la forma general X → Y, que representa la expansión del símbolo X en la secuencia de símbolos Y. Las reglas reescriturales, aunque pueden formularse como reglas dependientes del contexto, es decir, como reglas que toman en cuenta los símbolos que preceden y siguen a X —las reglas que he dado son todas independientes del contexto—, no toman en cuenta, para su aplicación, la estructura de la oración. Me explico. Si se toma la regla (11c) SP → P SN, por ejemplo, se verá fácilmente que esta regla se aplica a todo SP, independientemente de la estructura en la que éste se encuentre.

Si tomamos, por el contrario, una regla como *Elisión del sujeto pronominal* del capítulo anterior, podemos ver que esta regla se aplica a un pronombre sólo si éste es sujeto de la oración. Es decir, para que pueda aplicarse hace falta conocer la descripción estructural de la oración a la cual la regla se aplica. En consecuencia, reglas como *Elisión del sujeto pronominal* no pueden formularse como reglas reescriturales que sustituyen un símbolo por una secuencia de símbolos, sino que deberán formularse como reglas que convierten una estructura en otra. Por ejemplo, *Elisión del sujeto pronominal* convertirá la estructura (17a) en la estructura (17b):

17.

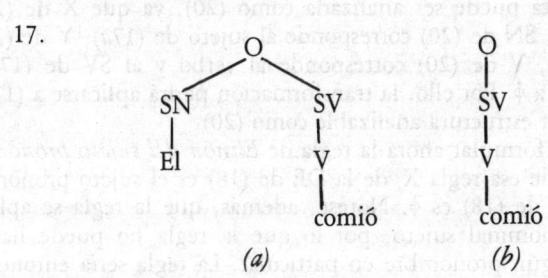

Es en ese sentido cuando decimos que la estructura profunda es convertida en estructura superficial por las reglas transformacionales. Éstas se formularán entonces haciendo referencia, por un lado, a la estructura o marcador sintagmático al cual se aplican, y, por otro lado, a la estructura o marcador sintagmático resultante. Si llamamos a esas estructuras Descripción Estructural (DE) y Cambio Estructural (CE), respectivamente, la forma general de las transformaciones será la siguiente:

18. DE: $X_1...X_i...X_n$ $\Rightarrow$
    CE: $X_1...Y_i...X_n$

donde $X_1...X_i...X_n$ y $X_1...Y_i...X_n$, son secuencias de símbolos, X_i es un símbolo único no nulo e Y_i es un símbolo, inclusive el símbolo nulo, o una secuencia de símbolos, y donde para cada X_i en DE hay un Y_i en CE.

Para que la DE y el CE de las transformaciones llenen los requisitos exigidos, en particular el requisito de que sean estructuras y no parte de estructuras, y para que se formulen de la manera más general posible, agregaremos a (18) la condición siguiente:

19. La DE de una transformación debe cubrir cualquier indicador sintagmático al cual la regla se aplique.

Es decir, en (18) todo X_i es una constante, eso es, una categoría gramatical o un elemento léxico particular; para todo $X_j \neq X_i$, X_j es una variable que refiere a cualquier símbolo, inclusive ϕ; y la secuencia $X_1...X_i...X_n = X_j...X_i...X_j...X_i...X_j$ es una representación de una estructura que puede ser analizada como $X_j...X_i...X_j...X_j$.

Por ejemplo, supongamos que exista una regla que se aplique de manera que afecte un SN que se encuentre delante de un V, la DE de la transformación será:

20. X   SN   Y   V   Z,

donde X, Y y Z son variables. Ahora, si tomamos la estructura (17a) notamos que ésta puede ser analizada como (20), ya que X de (20) corresponde a ϕ, SN de (20) corresponde al sujeto de (17a), Y de (20) corresponde a ϕ, V de (20) corresponde al verbo y al SV de (17a), y Z corresponde a ϕ. Por ello, la transformación podrá aplicarse a (17a) como a cualquier estructura analizable como (20).

Tratemos de formular ahora la regla de *Elisión del sujeto pronominal*. En el caso de esa regla X_i de la DE de (18) es el sujeto pronominal e Y_i del CE de (18) es ϕ. Nótese, además, que la regla se aplica a todo SN pronominal sujeto, por lo que la regla no puede hacer referencia a ningún pronombre en particular. La regla sería entonces:

21. DE: SN SV ⇒
    CE: φ SV

Esta regla puede formularse también asignando a cada X_i un numero, y especificando que la regla es facultativa:

22. DE: SN SV fac
        1 2   ⇒
    CE: φ 2

Agreguemos que la DE de (22) no especifica que el SN que se elide es un pronombre. Por ello es necesario agregar a (22) la condición siguiente:

23. 1 es Pr Per[2].

Condiciones como (23) deben ser positivas, es decir, deben expresar algunos rasgos que no están especificados en la DE y que la estructura debe tener para que la regla se aplique.

Nótese, además, que no es necesario explicar que 1 de (22) debe ser sujeto, pues el orden lineal de los símbolos permite inferir que 1 es sujeto, ya que todo SN inmediatamente delante de SV en la estructura profunda es sujeto.

(22) podría formularse también de la manera siguiente:

24. DE: SN V X fac
        1 2 3 ⇒
    CE: φ 2 3

En principio (22) y (24) son equivalentes, en el sentido de que toda oración que puede ser analizada según la DE de (22) puede ser analizada según la DE de (24).

Es evidente que (22), o (24), no podrá aplicarse a una estructura que tenga, por ejemplo, un elemento delante del SN, como en la oración siguiente:

25. Seguramente él comió.

puesto que, si la DE de (22), o (24), se hizo obedeciendo a la condición (19), no puede haber nada delante del SN. Sin embargo, (25) puede ser convertido en (26):

26. Seguramente comió

---

[2] En principio, la regla (22) puede formularse con la siguiente DE: Pr Per SV. En este caso, (23) no sería necesaria. Pero, por el momento, adoptaré la formulación que he propuesto.

y si queremos explicar ese cambio tenemos que optar por una de las siguientes soluciones:

27. *a*) Guardar la formulación (22) ó (24) y suponer que el adverbio *seguramente,* o cualquier otro elemento que podría aparecer delante del sujeto, se encuentra detrás del verbo en el momento en que *Elisión del sujeto pronominal* va a aplicarse. Una regla posterior se encargará de mover el adverbio delante del sujeto. Sin lugar a dudas, es una cuestión empírica saber si *Elisión del sujeto pronominal* es anterior a esa regla o no. Por el momento, sólo quiero señalar que esta solución hace una predicción que la siguiente solución no hace.
    b) Cambiar la DE de la regla, modificando, por ejemplo, (24) de la manera siguiente:

28. DE: X   SN   V   Y   fac
         1   2   3   4 $\Rightarrow$
    CE: 1 ϕ 3   4

    Así formulada la regla, podrá aplicarse tanto a (25) como a las oraciones antes estudiadas. (28) es entonces más general que (24) y no hace predicciones acerca del orden de aplicación de las reglas.

En resumen, *Elisión del sujeto pronominal* puede formularse como (22), (24) o (28), todas ellas variantes notacionales, aunque, como lo he dicho, las primeras dos formulaciones predicen algo que (28) no predice. Ahora bien, aquí no puedo demostrar cuál es la formulación correcta —pues esto implicaría el análisis de fenómenos sintácticos que estudiaré en capítulos posteriores—, pero asumiré que ésta es (24), puesto que, en términos generales, es siempre preferible seleccionar a priori una solución que hace las predicciones más fuertes. La razón es que si consideramos que las reglas son una especie de condiciones sobre la forma de la gramática, mientras más fuertes sean las condiciones más seguros estaremos de llegar a la gramática óptima de la lengua. Por otro lado, toda solución que conlleve ciertas previsiones empíricas puede ser desconfirmada y, consecuentemente, puede ser modificada.

Antes de seguir quisiera agregar que una gramática que contiene reglas reescriturales y transformaciones se llamará gramática generativo-transformacional, o simplemente transformacional.

4.3. Ahora quisiera volver a las reglas que generan los Pr Per fuertes y débiles, para ver cómo pueden formularse en el marco de una gramática transformacional.

Al hablar de esas reglas en el capítulo 2 no he distinguido entre dos fenómenos: la inserción, movimiento y elisión de los pronombres por un lado, y la forma superficial de los pronombres por otro lado. La regla de *Cambio de forma pronominal* tiene que ver exclusivamente con el segundo fenómeno, mientras que las otras reglas tienen que ver con el primero.

Las cosas son un tanto más complejas de como las presenté, y es mejor que alcare algunos puntos. Si resumimos el análisis presentado en el capítulo 2, podemos decir que los Pr Per ocupan ciertas posiciones en la estructura profunda, o bien son insertados en ciertas posiciones a lo largo de la derivación, y además que, de acuerdo a la posición que ocupan en la estructura superficial, se pronunciarán de tal o cual manera. Al decir esto, estamos asumiendo que los Pr Per son afectados por dos procesos, uno típicamente sintáctico y otro morfofonológico. Ahora bien, las reglas que determinan la posición y presencia de los Pr Per serán reglas sintácticas, mientras que las reglas que determinan la forma superficial de los Pr Per serán reglas morfofonológicas.

De las reglas sintácticas que afectan los Pr Per, las que introducen los Pr Per en la estructura profunda son reglas reescriturales, pero las reglas que he llamado *Formación de clíticos* y *Movimiento de clíticos* son reglas transformacionales. Naturalmente, *Elisión del pronombre fuerte* también es una transformación, pero *Cambio de forma pronominal* no es una transformación, sino más bien una regla morfofonológica.

Asumamos entonces que la estructura profunda de una oración como (29),

(29) Pedro me envió una carta a mí,

es la siguiente (omito detalles no relevantes):

29.
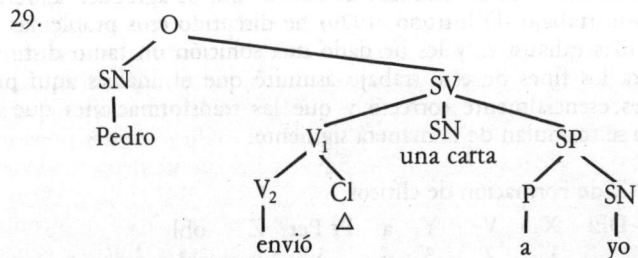

En (30), △ debajo del nudo Cl (= Clítico) es un nudo vacío que será llenado a lo largo de la derivación. Entonces, *Formación de clíticos* se aplicará para insertar *yo* en el lugar de △. Posteriormente, *Movimiento de clíticos* desplazará el nudo Cl, con todo lo que éste domina, a la izquierda de V_2. Finalmente, *Elisión del pronombre fuerte* podrá (o no) aplicarse elidiendo el SP. Si esta última regla no se ha aplicado, la estructura superficial será la siguiente:

31. Pedro yo + envió una carta a yo.

(31) es una estructura superficial a la que hay que aplicar una regla morfo-fonológica que especifique la forma de los pronombres, y ésta es *Cambio de forma pronominal,* que convierte el primer *yo* en *me* y el segundo *yo* en *mí.*

Salta a la vista que éste es un análisis distinto del anterior, pero más adecuado, ya que en este análisis los fenómenos sintácticos son tratados antes e independientemente de los fenómenos morfológicos[3].

Volviendo a la estructura (30), es necesario que explique dos cosas. La primera es que esta estructura es casi una variante notacional de la estructura propuesta en el capítulo 2, la diferencia está en que en (30) va incluido un nuevo símbolo Δ, cuya función es la de especificar el lugar que ocupará un elemento insertado por una transformación obligatoria. La segunda es que en (30) el nudo V_1 contiene los dos nudos V_2 y Cl. Este procedimiento puede justificarse de la manera siguiente: si asumimos que la estructura sintáctica de una oración sirve de base a su interpretación fonológica, entonces, cuando las reglas de acentuación se apliquen a una oración con la estructura (30) —o a su derivada con Cl delante de V_2—, se asignará un acento a la palabra dominada por el V más bajo y, por convención, no se asignará ningún acento a la palabra dominada por Cl. Ahora bien, como ya lo he dicho, el verbo y sus clíticos forman una sola unidad acentual; es decir, constituyen una sola palabra. Esto es explicado por el nudo V_1 que domina V_2 y Cl. Sin embargo, debido precisamente al hecho de que ese nudo más alto es V, las reglas de acentuación de V no volverán a aplicarse, y el acento permanecerá allí donde estaba, independientemente del número de clíticos que se agreguen al verbo.

En otro trabajo (D'Introno, 1979) he discutido esos problemas de manera más exhaustiva y les he dado una solución un tanto distinta, pero para los fines de este trabajo asumiré que el análisis aquí propuesto es esencialmente correcto y que las transformaciones que he señalado se formulan de la manera siguiente:

32. T de Formación de clíticos:
     DE: X   V   Y   a   Pr Per   Z   obl
         1   2   3   4   5   6   ⇒
     CE: 1   2+5   3   4   5   6

---

[3] A pesar de que este enfoque sea más adecuado, no distinguiré en lo que sigue las reglas sintácticas de las morfológicas. Por ejemplo, al hablar de una estructura superficial pondré los pronombres en su forma apropiada.

33. T de Movimiento de clíticos:

DE: X   V   + Pr Per   Y   obl
     1   2   3   4   ⇒
CE: 1   3 + 2   ϕ   4

34. T Elisión del pronombre fuerte:

DE: X   a   Pr Per   Y   fac
     1   2   3   4   ⇒
CE: 1   ϕ   ϕ   4

La aplicación de esas reglas es según el orden dado. Además, *Concordancia* se aplica entre la regla (32) y la regla (33). La regla de *Cambio de forma pronominal* es, como lo he dicho, una regla morfo-fonológica y, por tanto, no nos concierne directamente en este trabajo. Sin embargo, quiero señalar que esa regla puede formularse como una regla reescritural dependiente del contexto (cfr. D'Introno, 1978). Por ejemplo, (35) formaría parte de esa regla (/ se lee 'en el contexto'):

35.
$$\text{yo} \rightarrow \begin{cases} \text{mí}/\text{Pre}\underline{\quad} \\ \text{me} \begin{cases} /\underline{\quad} + V \\ /V + \underline{\quad} \end{cases} \end{cases}$$

(35) dice en su primera expansión, por ejemplo, que *yo* se convierte en *mí* en el contexto en que *yo* vaya precedido por una preposición (Pre___).

Un fenómeno de la sintaxis española, y de las lenguas romances en general, que vale la pena mencionar, es que cuando un SN contenido en un SP es elidido, o desplazado a otro lugar, la preposición que lo precede también es elidida o desplazada. Lo mismo no sucede necesariamente en lenguas como el inglés, donde oraciones como (36) son posibles:

36. The man I was Looking at...

En la estructura profunda de (36), *at* es seguido por un SN (the man) que es posteriormente elidido. Ese tipo de fenómenos no se da en español y en otras lenguas romances, por lo cual, si se adoptara para estas lenguas una convención que dijera que la Pre sigue la suerte del SN que la acompaña en el SP, la regla (34) podría formularse de otra manera; por ejemplo, sin hacer referencia a la elisión de la Pre, ya que ésta sería elidida automáticamente por medio de la convención.

Una última observación antes de pasar a hablar de la organización interna de la gramática. Al final del capítulo 2 hablaré de una regla de *Formación de clíticos* que genera un pronombre débil a partir de un SN no pronominal con función de objeto indirecto. Esa regla podría formularse de la manera siguiente:

37. T de Formación de clíticos a partir de SN no pronominal:

DE: X V SN a SN Y   obl
     1   2   3   4 5   6 $\Rightarrow$ 4
CE: 1 2+5 3 4 5 6
       [sc]

Condición: 5 contiene el rasgo [+ Animado][5]

En (37), [sc] es un símbolo complejo que contiene los rasgos de Número, Persona y Género de 5[6]. La condición que he agregado a la regla es necesaria para impedir que la regla se aplique en la derivación de oraciones como (38):

38. Luis llevó un libro a la biblioteca.

Pero (37) se aplicará en la derivación de oraciones como (39):

39. Luis le llevó un libro a la bibliotecaria.

4.4. La gramática que he presentado en este capítulo es una gramática generativo-transformacional, que genera las oraciones asignándole a cada una una descripción estructural sintáctica que determina su interpretación semántica y fonológica. La descripción estructural sintáctica es una derivación de las oraciones por medio de dos conjuntos de reglas: las reglas reescriturales que generan la estructura profunda y las reglas transformacionales que se aplican a la estructura profunda para generar la estructura superficial. La interpretación semántica de las oraciones se hace sobre la estructura profunda, excepto para algunos fenómenos, como, por ejemplo, el de 'énfasis', que ya he mencionado, que reciben una interpretación directamente en la estructu-

---

[4] En realidad, esta regla es a veces facultativa, y en este mismo trabajo doy algunos ejemplos con objetos indirectos sin clíticos. Sin embargo, Bentivoglio (1978), en un análisis que realizó sobre el español de Venezuela, prácticamente no encontró objetos indirectos sin clíticos.
[5] Sobre el uso de esos rasgos no diré casi nada en este trabajo. En D'Introno (1973), Chomsky (1965) y otros hay una extensa discusión acerca de esos problemas.
[6] Si adoptamos esta solución, entonces *Cambio de forma pronominal* deberá formularse de manera tal que podrá convertir [sc] en un pronombre. En realidad, la solución más correcta es la que propongo en D'Introno (1979), donde trato todo pronombre como un conjunto de rasgos que es luego convertido en el pronombre correspondiente por las reglas morfológicas.

ra superficial[7]. La interpretación fonológica se hace sobre la estructura superficial, por medio de varios tipos de reglas, algunas morfo-fonológicas y otras fonéticas. En este trabajo me limitaré a estudiar aspectos del componente sintáctico, y en particular del sub-componente transformacional. Solo esporádicamente me referiré a los otros componentes.

De la discusión sobre los problemas sintácticos analizados se deduce que las transformaciones, cuya forma general es (18), llenan las siguientes condiciones:

40. *a)* Se aplican según un orden lineal.
    b) Son obligatorias o facultativas.
    c) No cambian el significado de las oraciones[8].
    d) Se formulan sin hacer referencia al significado ni a la función de los elementos.
    e) Pueden tener condiciones particulares.
    f) Son de varios tipos: de movimiento (por ejemplo, Movimiento de clíticos), de inserción (por ejemplo, Formación de clíticos), de elisión (por ejemplo, Elisión del sujeto pronominal) y de sustitución (en los capítulos siguientes presentaré algunas transformaciones de sustitución).

Además de (40), podemos establecer condiciones sobre los varios tipos de transformaciones, y sobre el sub-componente transformacional en general. Por ejemplo, al hablar de la *Elisión del sujeto pronominal*, en el capítulo 3 dije que esta regla se aplica a un pronombre y no a un nombre. Este requerimiento puede generalizarse y puede formularse como un «Principio de recuperabilidad» que afecta toda transformación de elisión:

41. Principio de recuperabilidad:

Una transformación puede aplicarse de manera a elidir un elemento léxico si éste está especificado en la DE de la transformación o si es posible recuperarlo a partir de la estructura superficial.

Tomemos el caso de *Elisión del pronombre fuerte*. Los elementos que esa regla elide son la Pre *a*, que está especificada en la DE de la transformación, y el Pr Per, que es recuperable a partir de la estructura superficial porque en la misma estructura está presente el pro-

---

[7] En los capítulos siguientes hablaré de varios fenómenos cuya interpretación semántica se hace sobre la estructura superficial y no sobre la estructura profunda.

[8] Esta condición no debe tomarse en un sentido absoluto, puesto que, como lo he dicho en la nota anterior, hay aspectos de la estructura superficial que son pertinentes para la interpretación semántica. Para una discusión más amplia sobre el tema, cfr. Chomsky (1969).

nombre clítico correspondiente. Es decir, podemos saber cuál es el Pr Per que se ha elidido porque sabemos cuál es el clítico que ha originado. En el caso de *Elisión del sujeto pronominal,* a partir de la estructura superficial, sabemos cuál es el Pr Per que se ha elidido, ya que el verbo retiene en su forma conjugada los rasgos de Número y Persona del pronombre sujeto[9].

Las condiciones que imponemos sobre el sub-componente transformacional en general tienen que ver, por un lado, con la relación de éste con los otros componentes de la gramática, como queda especificado al comienzo de esta sección, y por otro lado, con ciertos principios de aplicación de las reglas, tales como el principio de orden o el principio de ciclicidad, del cual hablaré en el capítulo 8.

4.5. En (40d) se dice que las transformaciones deben formularse sin hacer referencia a la función o funciones de los SN. Esta condición, sobre la cual volveré a hablar en el capítulo siguiente, se mantiene en las formulaciones (32-34). Nótese en particular que, de acuerdo con esto, *Formación de clíticos* deberá poderse aplicar a un SP del tipo [a + SN], independientemente de la función que dicho SP tenga. Y esto es correcto, puesto que, además de los casos de objetos indirectos que he presentado hasta ahora, hay casos, como (42-44), donde el SP es complemento y la regla se aplica dando lugar a un clítico, *me:*

42. Me trajo un regalo.

43. Se me acercó.

44. Me vino con el cuento de que Pedro se había ido.

Una de las pocas excepciones a esta generalización es la oración (45), que en mi opinión no admite *Formación de clíticos* ni *Elisión de pronombre fuerte* (si esta regla se aplicara, la oración no significaría lo mismo) porque es una oración semi-fija.

45. Dejad que los niños vengan a mí.

4.6. Una pregunta que vale la pena hacerse es cómo se representa una estructura sintáctica derivada, y en particular una estructura posterior a la aplicación de una regla de movimiento o de inserción. Supongamos, por ejemplo, que un elemento A sea insertado al lado izquierdo de un elemento B dominado por el nudo C. ¿Cómo se representaría gráficamente la unión entre A y B? La respuesta que se ha

---

[9] Claro está, hay formas verbales idénticas para 1.ª y 3.ª persona, por ejemplo, *decía*, por lo que en estos casos el pronombre sujeto puede ser de 1.ª o 3.ª persona.

dado a este problema es que la configuración resultante puede ser
(46a) o (46b):

46.

```
      C                    C
     / \                  / \
    A   B                A   C
                             |
                             B
     (a)                    (b)
```

La configuración (46a) representa una 'unión fraternal' entre A y B, (46b) representa una 'unión tipo Chomsky' (cfr., por ejemplo, Contreras, 1971). La diferencia entre esas dos configuraciones es que en la primera A y B van más ligados que en la segunda, en el sentido de que los dos son directa y exhaustivamente dominados por el mismo símbolo. Por tanto, la unión fraternal, que se representa con el símbolo + (por ejemplo, A + B), es más adecuada que la unión tipo Chomsky que se representa con el símbolo # (por ejemplo, A # B), para aquellos casos en que A y B pasan a formar parte de una misma palabra o de una misma unidad fonética: podríamos, pues asumir que el componente fonológico le asigna una pausa al símbolo #, pero no al símbolo +.

Volviendo ahora a las reglas de *Formación de clíticos* y *Movimiento de clíticos,* se comprenderá que la razón por la cual he introducido el símbolo + entre el clítico y el verbo en las formulaciones (32) y (33) de estas reglas es que, de acuerdo con la estructura (30) que propuse para la inserción y movimiento de clíticos, entre éstos y el verbo hay unión fraternal, como se deduce del hecho que el verbo y el clítico formen una sola unidad acentual.

CAPÍTULO 5

Reflexivización

5.1. Después de haber justificado y descrito la gramática generativo-transformacional pasaré a estudiar otros problemas sintácticos del español, tanto para aportar más argumentos a favor del análisis transformacional que he adoptado, como para seleccionar el análisis más adecuado entre varios compatibles con los postulados teóricos a los que he llegado en el capítulo anterior.

El problema que quisiera discutir en este capítulo es el de los Pronombres Reflexivos (Pr Ref). Los Pr Ref son un caso particular de los Pr Per: se clasifican como estos últimos y se distinguen de ellos sólo en la tercera persona. Como se sabe, no hay Pr Ref con función de sujeto; por tanto, en el singular las formas de los Pr Ref son las siguientes:

1. | II | III |
    |----|-----|
    | me | mí |
    | te | ti |
    | se | sí |

Sean, entonces, las oraciones siguientes:

2. Luis entregó una carta al enemigo.

3. Luis entregó un grupo de prisioneros al enemigo.

4. *Luis$_i$ entregó a Luis$_i$ al enemigo.

5. Luis se entregó (a sí mismo) al enemigo.

6. *Luis se entregó una carta al enemigo.

7. *Luis se entregó a María al enemigo.

En la oraciones (2-7), los elementos entre paréntesis son facultativos, y los SN con el mismo índice (por ejemplo, i) son correferenciales; es decir, refieren a la misma persona. Las oraciones con asteriscos son agramaticales, es decir, sintácticamente mal formadas, aunque algunas, por ejemplo, (4), sean en cierta medida interpretables.

Las oraciones (2) y (3) tienen la siguiente estructura profunda:

8.

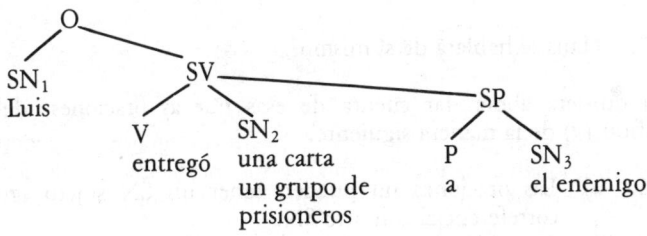

La oración (4) debería tener la misma estructura profunda (8), con *Luis* en el SN_2, pero es agramatical, y tiene una interpretación idéntica a la oración (5), que es gramatical. La diferencia superficial entre (4) y (5) es que la primera tiene dos nombres correferenciales e idénticos, y la segunda tiene un nombre, más la secuencia '*se... (a sí mismo)*'.

Si tratara de explicar esos fenómenos dentro del marco de una gramática sintagmática, debería establecer las siguientes condiciones y reglas:

9. *a*) Las oraciones no pueden tener un SN sujeto igual y correferencial con un SN objeto.
   b) Las reglas de la gramática son las siguientes:

   I.   O → SN SV
   II. SV → $\begin{cases} V \quad (SN) \quad (SP) \\ se \quad V \quad (a\ sí\ mismo)\ (SP) \end{cases}$
   III. SP → P SN

Las reglas (9*b*) permiten generar las oraciones (2-5), pero no las oraciones (6) y (7). La condición (9*a*) se encargaría luego de descartar la oración (4). Así que (9) parece ser empíricamente adecuada. Sin embargo, si analizamos otras oraciones con Pr Ref nos damos cuenta de que eso no es cierto. Tomemos las oraciones siguientes:

10. Luis dio una bofetada a Juan.

11. *$Luis_i$ dio una bofetada a $Luis_i$.

12. Luis se dio una bofetada (a sí mismo).

13. *Luis se dio una bofetada a Juan.

14. Luis hablará de Juan.

15. *Luis$_i$ hablará de Luis$_i$.

16. Luis hablará de sí mismo.

17. *Luis se hablará de sí mismo[1].

Si quisiera ahora dar cuenta de esas nuevas oraciones, debería modificar (9) de la manera siguiente:

18. *a)* Las oraciones no pueden tener un SN sujeto igual y correferencial con otro SN.
    b) Las reglas de la gramática son las siguientes:

    I.   O → SN SV

    II.   SV → $\begin{cases} \text{V} & \text{(SN)} & \text{(SP)} \\ \text{se} & \text{V} & \text{(a sí mismo)} & \text{(SP)} \\ \text{se} & \text{V} & \text{SN} & \text{(a sí mismo)} \\ \text{V} & \text{Pre} & \text{sí mismo} \end{cases}$

    III.   SP → P SN

Las reglas (18*b*) producirían las oraciones (2-5), (10-12) y (14-16), pero no las otras. La condición (18*a*) descartaría luego las otras oraciones marcadas con asterisco. Aparentemente, (18) es empíricamente adecuada, pero la verdad es que basta con analizar unos cuantos ejemplos más para ver que (18) deberá modificarse. Eso quiere decir que (18) no es suficientemente general para resolver y prever todos los casos posibles. También es verdad que (18) es metodológicamente incoherente, pues por un lado genera oraciones y por otro lado las descarta. Nótese, además, que (18*a*) es una condición sobre la forma de las oraciones que la gramática genera. Si bien es posible que ese tipo de condiciones existan, tenemos que tratar de hacer uso de ellas sólo en casos justificados. En efecto, el objetivo de una gramática es explicar los hechos lingüísticos y no legislar sobre ellos; y (18) no explica el por qué de la agramaticalidad de oraciones como (15), sino que, actuando como un filtro, legisla contra esa oración.

Es importante también comprender que el uso del Pr Ref no es caprichoso, sino que viene a llenar una falla sistemática en un para-

---

[1] (17) es gramatical cuando significa 'Luis hablará a Luis de Luis', pero no con el significado de (16).

digma. Me explico. Si tomamos una estructura como (8), notamos que podemos incluir en el lugar de SN_2 cualquier tipo de nombre, creando así un paradigma. Pero no podemos incluir el nombre *Luis*, entendido como correferencial con el sujeto. Lo mismo sucedería si el sujeto fuera *Pedro, el niño*, etc.: el SN_2 podría ser cualquier cosa menos el mismo nombre empleado en SN_1.

Otro error implícito en (18) es el siguiente: El conocimiento intuitivo que tenemos de nuestra lengua nos sugiere que si bien (15), por ejemplo, es agramatical y (16) es agramatical, las dos están relacionadas, pues las dos reciben una misma interpretación. Ahora bien, si queremos que la gramática no sea tan sólo observacionalmente adecuada —es decir, que se limite a constatar los hechos—, sino que sea descriptivamente adecuada —es decir, que explique los hechos y dé cuenta de nuestra intuición—, debemos elaborar una gramática que de alguna manera relacione (16) con (15). Pero en (18), es decir, dentro del marco de una gramática sintagmática, no hay manera de relacionar esas dos oraciones.

Dicho esto, pasemos a desarrollar un análisis de los Pr Ref en términos transformacionales. Asumamos, por un lado, que las reglas sintagmáticas que generan las estructuras profundas son esencialmente las que propuse en el capítulo anterior y, por otro lado, que los Pr Ref no aparecen en la estructura profunda. Las reglas sintagmáticas producirán entonces estructuras profundas como (19-21), entre otras:

19. $Luis_i$ entregó a $Luis_i$ al enemigo.

20. $Luis_i$ dio una bofetada a $Luis_i$.

21. $Luis_i$ hablará de $Luis_i$.

(19), (20) y (21) serán entonces convertidas en las estructuras superficiales (22), (23) y (24), respectivamente, por medio de reglas transformacionales:

22. Luis se entregó (a sí mismo) al enemigo.

23. Luis se dio una bofetada (a sí mismo).

24. Luis hablará de sí mismo.

Mi pregunta ahora es qué transformaciones convierten (19-21) en (22-24). Antes de contestar quisiera recordar que los dos grupos de Pr Ref (1II y 1III) son de hecho parte de los grupos (23 II) y (23 III) de los Pr Per señalados en el capítulo 2. Dicho esto, postularé dos transformaciones que, conjuntamente con las transformaciones postuladas en el capítulo anterior, explicarán todos los fenómenos discutidos. La primera regla, que llamaré *Reflexivización*, convierte el segundo *Luis* de las oraciones (19-21) en el Pr Rf *sí*. La segunda regla, que llamaré *Inserción de 'mismo'*, agrega al Pr Ref *sí* el elemento *mismo*. Para obtener las estructuras superficiales (22-24) será necesario aplicar también *Formación de clíticos, Movimiento de clíticos* y *Elisión del pronombre fuerte*, transformaciones que quedan así generalizadas de manera tal que dan cuenta tanto de los Pr Per como de los Pr Ref.

Para dar un ejemplo, he aquí la derivación de la oración (22):

25. *a*) Estructura profunda (=19): Luis$_i$ entregó a Luis$_i$ al enemigo.
 b) Reflexivización: Luis entregó a sí al enemigo.
 c) Formación de clíticos: Luis entregóse a sí al enemigo.
 d) Movimiento de clíticos: Luis se entregó a sí al enemigo.
 e) Elisión del pronombre fuerte: Luis se entregó al enemigo.
 f) Inserción de mismo: Luis se entregó a sí mismo al enemigo.

Nótese que de acuerdo con la derivación (25), (25*f*) se obtiene aplicando *Inserción de mismo* a (25*d*), así que *Inserción de mismo* se aplica después de las otras reglas y tiene *posibilidad* de aplicarse sólo si en la derivación no se aplicó *Elisión del pronombre fuerte*. Agregaré que, por el momento, asumiré que las dos reglas que he propuesto en este capítulo son obligatorias, pero volveré sobre este tema en el capítulo siguiente[2].

Veamos ahora de qué manera se justifica el análisis transformacional que he indicado. El primer argumento a favor de ese análisis es que en él no se hace uso de ninguna condición del tipo (18*a*). En efecto, dentro del análisis que he adoptado, oraciones como (4) nunca pueden ser producidas, pues éstas constituyen estructuras profundas que, como en (25*a*), son obligatoriamente convertidas por las transformaciones, y en particular por *Reflexivización*, en estructuras superficiales bien formadas, como (25*e*) y (25*f*).

Otro argumento es que mi análisis da cuenta de la falla sistemática a la que he aludido anteriormente, ya que las reglas sintagmáticas pueden producir el paradigma completo; es *Reflexivización* la regla

---

[2] De hecho, las reglas en cuestión son obligatorias en algunos casos y facultativas en otros. Por ejemplo, *Inserción de mismo* es obligatoria en el ejemplo (i) y facultativa en el ejemplo (ii); por lo menos para la mayoría de los hablantes:

 i. Luis se miró a sí mismo.
 ii. Luis hablará siempre de sí (mismo).

Inclusive hay casos donde *Inserción de mismo* es inaplicable, como en este ejemplo que me señaló J. N. Rojas (comunicación personal):

 iii. La atrajo hacia sí (*mismo).

que crea la falla, generando estructuras superficiales que contienen un reflexivo en lugar de un SN correferencial con un SN anterior.

Otro argumento es que el análisis transformacional explica la relación semántica entre oraciones como (15) y (16). Puesto que la primera es la estructura profunda de la segunda, ambas tienen una misma interpretación.

Pero el argumento más fuerte a favor de la solución propuesta es el siguiente. Las reglas que necesitamos son las que aparecen en la derivación (25). De esas reglas, algunas ya están en la gramática, pues en capítulos anteriores he demostrado que son necesarias y empíricamente adecuadas. Así que sólo he agregado dos reglas: *Reflexivización* e *Inserción de mismo*. Si en un análisis podemos explicar ciertos fenómenos recurriendo en parte a reglas ya establecidas, decimos que los argumentos esgrimidos a favor de éstas se extienden al nuevo análisis; de manera que los argumentos que he aportado a favor de *Formación de clíticos*, *Movimiento de clíticos* y *Elisión del pronombre fuerte* son válidos para el análisis de los reflexivos y lo confirman. Por otro lado, el hecho de que al explicar los reflexivos haga uso de esas transformaciones constituye un argumento más a favor de ellas. En otros términos, mi análisis de los reflexivos encaja perfectamente con lo dicho en los capítulos anteriores: hago recurso de reglas, procedimientos y postulados que han recibido ya confirmación empírica.

En definitiva, el análisis transformacional de los reflexivos resulta más simple y general que un análisis sintagmático. Más simple porque sólo se agregan dos reglas a las ya existentes, y más general porque explica los casos estudiados y prevé otros casos posibles. Ahora bien, una gramática capaz de explicar varios fenómenos recurriendo a un reducido y mismo conjunto de reglas refleja una generalización que escapa a una gramática que tratara los mismos fenómenos independientemente los unos de los otros. En este sentido podemos decir que la gramática transformacional es más económica o simple que otras.

5.2. Los ejemplos que he analizado hasta ahora contienen un reflexivo de tercera persona. Para dar cuenta de todos los Pr Ref bastaría con decir que *Reflexivización* se aplica de manera a convertir un SN o un Pr Per en un Pr Ref con los mismos rasgos de Número y Persona del SN que sustituye. Sin embargo, desde un punto de vista práctico, la regla tiene efecto sólo en el caso de que el SN o el Pr Per sea de tercera persona, pues en los otros casos, el Pr Ref será igual al Pr Per que reemplaza. Lo importante es que este fenómeno de 'concordancia' entre el Pr Ref y el SN o Pr Per que reemplaza no podría explicarse adecuadamente en un análisis sintagmático como (18). De hecho, (18) no puede generar Pr Ref de primera y segunda persona, y, consecuentemente, debería tener tantas reglas del tipo (18*a*II) cuantos son los Pr Ref existentes en la lengua.

5.3. Las oraciones siguientes contienen el elemento *se* que hemos encontrado en las oraciones de las secciones anteriores:

26. Se dice que volverá.

27. Pedro se fue.

28. Antonio se arrepintió.

El problema es saber si *se* de (26-28) es un Pr Ref. Si hacemos un análisis transformacional de estas oraciones, deberíamos proponer para ellas estructuras profundas en las que *se* no apareciera. Por ejemplo, la derivación de (27) sería la siguiente:

29. *a)* Estructura profunda de (27): Pedro fue a Pedro.
    b) Reflexivización: Pedro fue a sí.
    c) Formación de clíticos: Pedro fuese a sí.
    d) Movimiento de clíticos: Pedro se fue a sí.
    e) Elisión del pronombre fuerte: Pedro se fue.
    f) Inserción de mismo: Pedro se fue a sí mismo.

Lo que resalta de esta derivación es que si *Elisión del pronombre fuerte*, una transformación facultativa, no se aplica a (29*d*), entonces *Inserción de mismo* se aplicará y se obtendrá (29*f*), que es una oración agramatical.

La misma prueba podrá hacerse con las otras oraciones, y en todo caso podremos producir las oraciones gramaticales (26-28), pero también oraciones agramaticales como (29*f*). Para resolver este problema, o bien rechazamos o modificamos el análisis transformacional propuesto, o bien tenemos que considerar el *se* de (26-28) como una forma pronominal de un carácter particular.

En las secciones anteriores he aportado varios argumentos a favor del análisis transformacional, así que preferiría preguntarme antes si el *se* de (26-28) es realmente igual al *se* de oraciones como (30):

30. Luis se miró en el espejo.

Tomemos la oración (27), en la que está contenido el verbo *ir*. Si en (27) hay un verdadero reflexivo, entonces la relación entre *ir* e *irse* será paralela a la relación entre *mirar* y *mirarse*. Sin embargo, eso no es así. La interpretación que recibe una oración como (30) es que *Luis* está mirando a alguien, y ese alguien no es más que el mismo *Luis*. Este tipo de interpretación no puede ser asignada a una oración como (27). En efecto, si bien al anexar *se* al verbo *mirar* éste guarda el mismo significado, cuando se anexa *se* al verbo *ir* éste cambía de significado, pues *ir* expresa un movimiento hacia un lugar, e *irse* expresa un movimiento a partir de un lugar (cfr. D'Introno, 1975). Es decir, *ir* e *irse* constituyen dos elementos léxicos distintos, con distintos significados. Una prueba indirecta de ello es que, generalmente, esos verbos se traducen en inglés por dos verbos distintos, *go* y *leave*, respectivamente. En conclusión, cualquiera que sea el origen del *se* de *irse* no podrá ser el mismo que para el *se* de *mirarse*.

Pasemos ahora a la oración (28). El razonamiento que he hecho para el verbo *irse* podría hacerse para el verbo *arrepentirse*, con la diferencia de que no existe realmente en español un verbo *arrepentir*, sino sólo un verbo *arrepentirse*, de allí que no haya oraciones como (31):

    31.   *Luis arrepintió (a Juan).

Por ello, ni siquiera puede hablarse de una relación entre *arrepentir* y *arrepentise;* es decir, en este caso no hay dos elementos léxicos como en el caso de *ir* e *irse*, sino un solo elemento léxico, siempre acompañado por una forma pronominal. En definitiva, entonces, el *se* de (28) tendrá un origen distinto del *se* de (30).

En cuanto al *se* de (26), la explicación que podría dar es que ese *se* no tiene nada que ver con el *se* de (32):

    32.   Luis se dijo (a sí mismo) que no volvería a hacerlo.

El *se* de (32) es un Pr Ref y recibe la interpretación correspondiente, pero el *se* de (26) se interpreta como un sujeto humano no especificado, cosa por demás bien conocida en español. Así que en este caso tampoco podremos hablar de un verdadero reflexivo.

Si mi razonamiento es correcto, entonces podemos guardar el análisis de los Pr Ref así como lo formulé en la sección 6.1, y debemos encontrarle otra solución al *se* de (26-28).

La solución que propongo es la siguiente. Asumamos que, además de las reglas reescriturales y transformacionales, el componente sintáctico contiene un léxico, esto es, una lista de los elementos léxicos de la lengua, y una regla de inserción que se aplica después de las reglas reescriturales para insertar los elementos en los marcadores sintagmáticos, completando así la estructura profunda. Entonces podremos decir que en el léxico estarán los elementos léxicos: *mirar* (pero no *mirarse*), *ir* y también *irse*, *arrepentirse* (pero no *arrepentir*), *se* (el de la oración (26), pero no el de la oración (30), etc. La regla de inserción, cuya formulación no es ahora el caso tratar de desarrollar, se encargará entonces de colocar los elementos en las estructuras adecuadas. Los verbos como *irse*, *arrepentirse*, etc., que aparecen en el léxico con su forma pronominal, los llamaré inherentemente reflexivos.

De acuerdo con este análisis, la derivación de (27) sería aproximadamente la siguiente:

33. *a)* Estructura profunda de (27): Pedro irse.
    b) Concordancia: Pedro fuese.
    c) Movimiento de clíticos: Pedro se fue.

(28) tendría una derivación parecida, pero (26) tendría una derivación bastante distinta, sobre la cual volveré en el capítulo 17.

Es importante notar que el análisis que ofrezco para las oraciones (26-28) cae dentro del marco transformacional y se justifica de dos maneras: primero, en términos sintácticos (primera parte de esta sección), y segundo, en términos léxico-semánticos (segunda parte de esta sección). Es evidente, por otro lado, que para llegar a este análisis (como también para llegar a los análisis de los capítulos anteriores) he recurrido a mi intuición acerca del español, y en muchos casos he apelado a nociones semánticas. Sin embargo, este procedimiento no contradice mi definición de gramática transformacional, por las razones siguientes:

1.º Si queremos que la gramática no sea la descripción de un corpus, sino una explicación del conocimiento (en buena medida inconsciente) que el hablante tiene de su lengua —conocimiento que le permite entender y expresar un número infinito de oraciones—, la gramática debe ser un mecanismo generativo que dé cuenta de la competencia. La intuición del hablante acerca de los fenómenos lingüísticos es parte de su competencia, por lo cual recurrir a ella y explicarla es un proceso justificado —y a mi parecer necesario.

2.º Si queremos hacer un análisis formal de la sintaxis de una lengua tenemos que independizar la sintaxis de la semántica. Es decir, si queremos dar una definición de las categorías sintácticas, por ejemplo, no debemos basar esta definición sobre nociones semánticas. Éstas no deben ser incluidas en el análisis sintáctico. Ahora bien, el lingüista que adoptara esa posición podría en todo caso recurrir a nociones o principios semánticos para explicar su análisis sintáctico, siempre y cuando esas nociones y principios no fueran incluidos en el análisis mismo. Al contrario, debe proceder así si quiere que el análisis sintáctico sirva de base a la interpretación semántica. Y eso es exactamente lo que he hecho: he apelado a algunas nociones semánticas —vagamente definidas— para justificar mi análisis, pero no he incorporado esas nociones al análisis mismo. Cuando digo, por ejemplo, que dos estructuras superficiales distintas, pero sinónimas, tienen una misma estructura profunda, estoy tratando de justificar el análisis; pero cuando hago la derivación de las oraciones no recurro sino a elementos y reglas sintácticas, independientes de la semántica.

5.4. En esta sección quisiera hablar de la formulación de *Reflexivización*, pero antes quisiera decir dos palabras sobre oraciones como las siguientes:

34. Luis hablaré de él.

35. Luis hablaré de él mismo.

36. Luis hablaré de sí mismo.

37. Luis le hablaré a Juan de él.

38. Luis le hablaré a Juan de él mismo.

39. Luis le hablará a Juan de sí mismo.

El análisis de estas oraciones es bastante complejo, sobre todo del punto de vista semántico, puesto que *él* en la oración (34) puede referir a *Luis* o a otra persona (o cosa); en (35) refiere a *Luis;* en (37) puede referir a *Luis*, a *Juan* o a otra persona, y en (38) puede referir a *Luis* o a *Juan*. Pero *sí,* en (36) y (39), puede referir únicamente a *Luis*. Ahora bien, aunque estas cuestiones tengan una explicación posible y formalizable —como lo he demostrado en otro trabajo (D'Introno, 1979)—, lo que me interesa hacer notar por el momento es que sólo en (36) y (39) se puede hablar de un reflexivo, con una referencialidad unívoca. En consecuencia, sólo en la derivación de (36) y (39) interviene *Reflexivización*. En la derivación de (34), (35), (37) y (38) interviene una regla de la que hablaré en el próximo capítulo.

Otra cuestión que quisiera plantear a propósito de estas oraciones es que *Inserción de mismo* no se aplica solamente en los casos de Pr Ref: (35) y (38) revelan que esta regla puede afectar un Pr Per, haciendo que este pronombre sea entendido como correferencial con un SN anterior incluido en la misma oración.

Dicho esto, pasemos a la formulación de *Reflexivización* y preguntémonos cuál de las definiciones siguientes es la más adecuada para llegar a formalizar la regla:

40. a) *Reflexivización* convierte un SN objeto en un Pr Ref si ese SN es correferencial con el SN sujeto.

   b) *Reflexivización* convierte el segundo —es decir, el que está más a la derecha— de dos SN correferenciales en Pr Ref.

   c) *Reflexivización* convierte el segundo de dos SN correferenciales en Pr Ref, si el primero es sujeto.

(40*a*) es incorrecta porque si bien permite obtener el Pr Ref de (41), no permite obtener el Pr Ref de (42), ya que en (42) el Pr Ref no es objeto:

    41.   Luis se miró (a sí mismo) en el espejo.

    42.   Luis hablará de sí mismo.

(40*b*) también es incorrecta. En efecto, si fuera correcta, *Reflexivización* podría aplicarse en una estructura profunda como (43), convirtiéndola en (44):

    43.   Luis hablará a Pedro$_i$ de Pedro$_i$.

    44.   Luis le hablará a Pedro de sí mismo.

Sin embargo, la interpretación de (44) no es igual a la de (43), sino que es igual a la de la estructura profunda (45):

    45.   Luis$_i$ hablará a Pedro de Luis$_i$.

Por tanto, *Reflexivización* no puede aplicarse en (43), pero sí en (45), convirtiéndola en (44).

(40*c*) es correcta, ya que así definida, *Reflexivización,* junto con las otras transformaciones, convertirá las estructuras (46*a*) y (47*a*) en (46*b*) y (47*b*), respectivamente[3]:

---

[3] De acuerdo con lo que he dicho, *Reflexivización* afecta todo tipo de SN o SP. Por ejemplo, como lo vimos antes, afecta los objetos indirectos (OI), es decir, SP del tipo *a SN* dependientes de verbos transitivos como *dar, entregar, otorgar, decir,* etc. Un caso que merece la pena mencionar es el de los dativos posesivos y de interés. Los dativos posesivos son SP del tipo *a SN* dependientes de verbos transitivos distintos de los anteriores cuando el objeto directo (OD) refiere a una parte del cuerpo. Por ejemplo, en (i), *a los niños* es un dativo posesivo:

    i.   Yo les lavo las manos a los niños.

Si el sujeto es igual al dativo posesivo *Reflexivización,* y las otras reglas ya mencionadas se aplican y se obtiene, por ejemplo, (ii):

    ii.   Los niños se lavan las manos.

Dativo de interés es el SP del mismo tipo que el OI dependiente de verbos transitivos distintos de los que cité antes y cuando el OD no refiere a una parte del cuerpo. Estos SP expresan que la acción se realiza a favor de, en contra de (la voluntad, deseo o suposición de) la persona a la cual refiere el SN de los SP. Por ejemplo, en (iii) *a Pedro* es un dativo de interés:

    iii.   Yo le comí la sopa a Pedro.

Si el sujeto es igual al dativo, *Reflexivización* se aplica:

46. a) Luis$_i$ mirar a Luis$_i$.
    b) Luis se miró.

47. a) Luis$_i$ hablar a Pedro de Luis$_i$.
    b) Luis le hablará a Pedro de sí mismo.

Reflexivización se aplica a toda estructura que satisfaga la definición (40c) y, por tanto, no se aplica a (43), cuya estructura superficial (48) se obtiene aplicando una regla que postularé en el próximo capítulo:

48. Luis le hablará a Pedro de él (mismo).

Tomando en cuenta lo que he dicho formalizaré (40c) de la manera siguiente:

49. T de la Reflexivización.

$$\begin{array}{llllll} \text{DE:} & \text{SN}_i & \text{V} & \text{X} & \text{SN}_i & \text{Y} \quad \text{obl} \\ & 1 & 2 & 3 & 4 & 5 \quad \Rightarrow \\ \text{CE:} & 1 & 2 & 3 & 4 & 5 \\ & & & & \begin{bmatrix} \text{Pr Ref} \\ \text{sc} \end{bmatrix} & \end{array}$$

El símbolo $\begin{bmatrix} \text{Pr Ref} \\ \text{sc} \end{bmatrix}$ debajo de 4 expresa que 4 se convierte en Pr Ref con los mismos rasgos de Número y Persona que 4. Los índices que acompañan los SN expresan que éstos son correferenciales.

5.5. En uno de los capítulos anteriores hablé de interpretación semántica y dije que una oración *n* veces ambigua tiene *n* estructuras profundas. En esta sección quisiera demostrar que este postulado no es del todo correcto y merece una revisión. Con este fin volveré a discutir algunos fenómenos de los Pr Ref.

En las secciones anteriores presenté un análisis de los Pr Ref y me limité a citar ejemplos en los que el reflexivo estaba en singular. Quisiera ahora analizar algunas oraciones con un reflexivo en plural. Por ejemplo, la oración (50) tiene un Pr Ref plural, es decir, un reflexivo que refiere al sujeto *Pedro y María:*

---

iv. Pedro se comió la sopa.

Hay otros tipos de dativos, pero me limito a señalar los dos tipos anteriores, y agregaré que cuando *Reflexivización* se aplica a estos dativos, *Elisión del pronombre fuerte* opera obligatoriamente. Por ejemplo, la oración (iv) resultaría agramatical con la secuencia *a sí mismo.*

50. Pedro y María se miran.

Lo característico de oraciones como (50) es que tienen dos interpretaciones, una 'reflexiva', parafraseada por (51), y una 'recíproca', parafraseada por (52):

51. Pedro mira a Pedro, y María mira a María.
52. Pedro mira a María, y María mira a Pedro.

Para dar cuenta de la ambigüedad de (50) se podría proponer que esta oración se deriva de dos estructuras profundas distintas, como (51) y (52), o bien como (53) y (54):

53. Pedro y María miran a Pedro y María.
54. Pedro y María miran a María y Pedro.

En otros términos se podría asumir que (50) tiene dos estructuras profundas y que éstas determinan las dos interpretaciones. En esta perspectiva, las estructuras profundas podrían ser (51) y (52), que se convertirían en (53) y (54), respectivamente, o bien podrían ser directamente (53) y (54). En todo caso, en el momento de la derivación en que tuviéramos (53) y (54), *Reflexivización* se aplicaría a ambas, dando como resultado (50). Para que *Reflexivización* se aplicara con los resultados requeridos bastaría agregar a la regla una condición por la que la transformación podría aplicarse a dos SN coordinados correferenciales, independientemente del orden de los sustantivos.

Sin embargo, esta solución, que es la que adopté en un análisis anterior (D'Introno, 1973), no es correcta. Para darse cuenta de ello es suficiente notar que una oración como (55) tiene más de dos interpretaciones:

55. Luis, Pedro, María y Juan se miran.

En efecto, (55) puede interpretarse de una manera 'reflexiva', de una manera 'recíproca' y de una manera 'distribucional'. Esta última interpretación es aquella en que cada uno de los miembros del conjunto *Luis, Pedro, María y Juan*, miran a todos los otros miembros del conjunto. Naturalmente, esta última interpretación es un caso particular de la interpretación 'recíproca'[4]. Lo importante, sin embar-

---

[4] En la interpretación recíproca, cada miembro del conjunto de 4 personas mira a otro y es mirado por él. En la interpretación distribucional, cada miembro mira a los otros tres y es mirado por ellos. Que en la realidad esto sea así o no es una cuestión que no puedo contestar, pero sí puedo afirmar que cuando (55) no se interpreta 'reflexiva-

go, es que para dar cuenta de estas tres interpretaciones sería necesario proponer para (55) tres estructuras profundas distintas. Lo grave es que, por un lado, no está muy claro cuáles serían estas estructuras y, por otro lado, esto implica una complicación enorme de reglas y derivaciones.

Lo que agrava aún más la situación es que oraciones con un sujeto plural no coordinado, como, por ejemplo, (56), tienen quizás otras interpretaciones, además de las ya señaladas:

56. Los muchachos se miran.

De ser así, nos veríamos obligados a abandonar el análisis propuesto en un principio para (50). En efecto, así como lo demuestra Kayne (1975) en su análisis del francés, no hay manera de elaborar estructuras inequívocas para las varias interpretaciones de oraciones reflexivas con sujeto plural, coordinado o no coordinado. Por tanto, el problema de las interpretaciones de ese tipo de oraciones debe verse como una característica propia del reflexivo plural. Es decir, el fenómeno debe explicarse no por medio de derivaciones distintas para una misma estructura superficial, sino por medio de reglas de interpretación semántica que asignan varios significados a oraciones en las que un reflexivo va relacionado con un sujeto plural.

No es éste el lugar oportuno para desarrollar un análisis del tipo aquí arriba señalado, pero es importante notar que, en ese análisis, oraciones como (50), (55) y (56) tienen una sola estructura profunda, y las varias interpretaciones que reciben deben explicarse en términos de reglas semánticas que actúan en el nivel de la estructura superficial.

Antes de concluir esta discusión quisiera agregar que la presencia de modificadores del reflexivo en oraciones como las que estoy analizando elimina la ambigüedad. Por ejemplo, (57) tiene sólo la interpretación 'recíproca' y quizás la 'distribucional', pero (58) tiene sólo la interpretación 'reflexiva':

57. Los muchachos se miran los unos a los otros.

58. Los muchachos se miran a sí mismos.

La presencia de *los unos a los otros* en (57) nos indica que la derivación de esta oración es distinta de la que tiene (56). Sin embar-

---

mente' puede interpretarse de varias maneras, porque de hecho hay varias maneras posibles en que los cuatro miembros del conjunto se estén mirando entre sí. También me atrevería a afirmar que si (55) tiene la interpretación reflexiva no puede tener las otras, y viceversa; pero las otras pueden darse al mismo tiempo: cuando (55)no es reflexiva, no puede saberse exactamente cómo se miran entre sí los miembros del conjunto. Estas cuestiones surgen únicamente en los casos de sujetos con referencialidad superior a dos.

go, (58) debería tener la misma derivación que (56). Asumiendo que esto sea cierto, la presencia de *a sí mismos* en la estructura superficial obligaría a una sola interpretación de la oración, lo cual confirma la hipótesis de que algunos aspectos de la estructura superficial son importantes para la interpretación semántica de las oraciones. En particular, las distintas interpretaciones de una oración con sujeto plural y Pr Ref clítico deben hacerse tomando en cuenta si el sujeto es coordinado o no, el número de elementos coordinados, la manera como están coordinados, la presencia del pronombre fuerte, etc. De éstos, algunos son fenómenos de la estructura profunda, otros son fenómenos de la estructura superficial, lo cual, repito, nos lleva a la conclusión de que la interpretación semántica no podrá hacerse tomando en cuenta únicamente aspectos de la estructura profunda.

CAPÍTULO 6
Pronominalización

6.1. La oración siguiente:

1. Pedro dice que María lo insultó,

es ambigua en cuanto a la referencia del pronombre *lo*. Es decir, (1) tiene dos interpretaciones posibles: en una *lo* refiere a *Pedro* y en la otra *lo* refiere a un SN distinto de *Pedro* y no incluido en (1). Naturalmente, dentro de un contexto particular (1) puede resultar no ambigua, pero desde el punto de vista de la competencia, esto es, desde el punto de vista de nuestro conocimiento lingüístico y de nuestra intuición, (1) tiene dos interpretaciones. Por ello, una gramática adecuada del español debe dar cuenta de este hecho.

La ambigüedad de (1) es de un carácter similar a la de oraciones como (2), pero distinta de la de oraciones como (3):

2. La traducción de Cervantes se perdió.

3. Encontré un gato.

En efecto, (3) tiene dos interpretaciones porque la palabra *gato* tiene dos significados distintos: el gato animal y el gato mecánico. A ese tipo de ambigüedad, que se debe al uso de homónimos, la llamaré ambigüedad lexical.

La oración (2), por su parte, es ambigua porque *Cervantes* puede interpretarse como sujeto o como objeto de *traducción*. En (2) no hay palabras con más de un significado, por lo que las dos interpretaciones que se le asignan derivan de dos relaciones sintácticas distintas entre *traducción* y *Cervantes*. A este tipo de ambigüedad, que se debe a razones puramente sintácticas, la llamaré ambigüedad sintáctica.

Dentro del marco de la gramática transformacional, la ambigüedad lexical puede explicarse en los siguientes términos: oraciones como (3) tienen una estructura profunda en la que hay un elemento léxico con dos significados. Cuando el componente semántico actúa sobre esa estructura profunda le asigna dos interpretaciones en virtud de la ambigüedad de ese elemento léxico[1].

La ambigüedad sintáctica, por otro lado, se explica asignándole a oraciones como (2) dos (o más, si es el caso) estructuras profundas, una para cada interpretación. El componente semántico operará asignando a cada estructura profunda su interpretación, por lo que una oración sintácticamente ambigua tendrá tantas estructuras profundas cuantas son sus interpretaciones. Agregaré que, en estos casos, las distintas estructuras profundas son convertidas en una misma y sola estructura superficial por medio de las reglas transformacionales.

De más está decir que algunas oraciones presentan los dos tipos de ambigüedad.

Volvamos ahora a la oración (1). Como he dicho, las dos interpretaciones de esta oración se deben a la doble referencialidad de *lo*. Este fenómeno no puede considerarse de tipo léxico, como en el caso de *gato*, porque entonces deberíamos llegar a la conclusión, en mi opinión incorrecta, de que hay tantos *lo* homónimos cuantas son las personas y cosas a las cuales *lo* puede referir. Por tanto, (1) deberá considerarse sintácticamente ambigua, lo que implica que le asignemos dos estructuras profundas distintas. Esta es la solución que adoptaré[2].

Las dos estructuras profundas correspondientes a la oración (1) son (4) y (5):

4. Pedro$_i$ dice $\begin{bmatrix} \text{María insultó a Pedro}_i \\ \text{O} \end{bmatrix}$.

5. Pedro dice $\begin{bmatrix} \text{María insultó a él} \\ \text{O} \end{bmatrix}$.

(4) sirve de base a la interpretación donde *lo* refiere a *Pedro*, y (5) sirve de base a la interpretación donde *lo* no refiere a *Pedro*. La derivación de (1), a partir de (4), es esencialmente la siguiente:

6. *a)* Estructura profunda: Pedro$_i$ decir María insultar a Pedro$_i$.
   b) Pronominalización: Pedro decir María insultar a él.
   c) Formación de clíticos: Pedro decir María insultarlo a él.
   d) Concordancia: Pedro dice María insultólo a él.
   e) Inserción de que: Pedro dice que María insultólo a él.
   f) Movimiento de clíticos: Pedro dice que María lo insultó a él.
   g) Elisión del pronombre fuerte: Pedro dice que María lo insultó.

---

[1] Para mayores detalles sobre este tipo de problemas, véase Katz y Fodor (1964).

[2] En otro trabajo (D'Introno, 1979), he resuelto esos mismos problemas por medio de reglas semánticas que asignan correferencialidad a los pronombres.

La derivación de (1), a partir de (5), se hace partiendo de (6b), sin aplicar la nueva regla propuesta, *Pronominalización*.

Veamos ahora algunos aspectos de (6) que merecen una explicación. En primer lugar es importante notar que (4) y (5) contienen una cláusula principal (o matriz) y una subordinada. La representación arbórea de (4) y (5) es entonces la siguiente:

7.

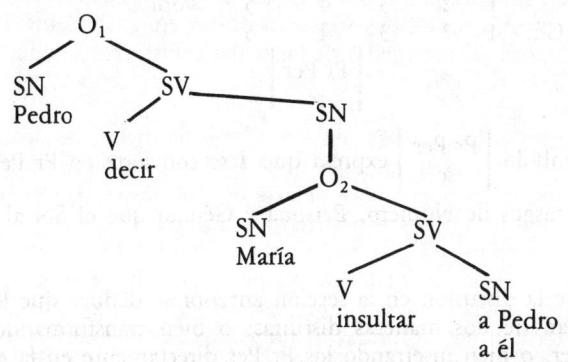

donde O_2 es la subordinada, introducida por la regla (16) del capítulo 4. A esa estructura se aplica la regla que he llamado *Pronominalización*, cuando la oración se deriva de (4), pero no cuando la oración se deriva de (5). Luego se aplican reglas ya conocidas y, además, una regla que he llamado *Inserción de que*.

Esta última transformación tiene el efecto de insertar un *que* al comienzo de toda subordinada que tenga sujeto. Por su parte, *Pronominalización* tiene el efecto de convertir el segundo de dos SN correferenciales en pronombre personal[3].

Inserción de que puede formularse de la manera siguiente:

8. T Inserción de que.

DE: X   SN   SV   Y   obl
    1   2   3   4   ⇒
CE: 1   que-2 3   4

---

[3] El tipo de *Pronominalización* que estoy tratando en este capítulo podría llamarse nominal en el sentido de que convierte un SN en Pr Per. Además de este tipo de *Pronominalización* existen otros que no serán estudiados en este trabajo. Por ejemplo, existe una pronominalización oracional que convierte una cláusula en *lo*, como en el caso siguiente:

 i. Luis dijo que Pedro estaba loco y yo repetí que Pedro estaba loco.
 ii. Luis dijo que Pedro estaba loco y yo lo repetí.

Condición: *a)* 2 y 3 son dominadas directamente por O.
 b) X y/o Y no son nulos.

Pronominalización puede formularse de la manera siguiente:

9. T Pronominalización.

DE: X SN$_i$ Y SN$_i$ Z
 1 2   3 4   5   obl
CE: 1 2   3 4   5 $\Rightarrow$
         $\begin{bmatrix} \text{Pr Per} \\ \text{sc} \end{bmatrix}$

El símbolo $\begin{bmatrix} \text{Pr Per} \\ \text{sc} \end{bmatrix}$ expresa que 4 se convierte en Pr Per con los mismos rasgos de Número, Persona y Género que el SN al que sustituye.

6.2. De la discusión en la sección anterior se deduce que los Pr Per se derivan de dos maneras distintas: o bien transformando un SN en Pr Per, o bien insertando los Pr Per directamente en la estructura profunda. Es esta doble posibilidad de derivación la que explica el hecho de que en una oración como (1), *lo* puede interpretarse o no como correferencial con *Pedro*.

Es importante señalar que sólo los pronombres de tercera persona tienen ese tipo de ambigüedad. Los pronombres de primera y segunda persona no son nunca ambiguos, su referencia es siempre unívoca y recuperable. Este fenómeno se explica fácilmente: en el caso del pronombre de primera persona, por ejemplo, éste no pude sustituir a ningún SN. En una oración como (10),

10. Yo creo que María me respeta,

me no sustituye a un SN como *Pedro, Francisco,* etc. Es decir, la estructura profunda de (10) contiene en la subordinada un objeto directo *yo*. En consecuencia, en los casos de Pr Per de primera y segunda persona *Pronominalización* se aplica vacuamente.

Dicho esto, pasemos a considerar otro aspecto de *Pronominalización*. Como se ve, por la formulación que he dado, esta regla puede aplicarse entre dos SN correferenciales independientemente de las funciones que tengan. Así que la regla podrá aplicarse también en las estructuras (11) y (12) convirtiéndolas en (13) y (14), respectivamente:

11. Yo dije a Pedro [María ama a Pedro].

12. Yo hablé a Pedro de Pedro.

13. Yo le dije a Pedro que María lo ama.

14. Yo le hablé a Pedro de él.

6.3. Las formulaciones de *Reflexivización* y *Pronominalización* que he propuesto permiten que estas reglas se apliquen erróneamente en varios casos. Por ejemplo, *Reflexivización* podrá aplicarse a una estructura como (15) convirtiéndola en (16):

15. Pedro$_i$ cree [María mira a Pedro$_j$].

16. *Pedro cree que María se mira (a sí mismo).

Sin embargo, (16) es agramatical, aun sin el Pr Ref fuerte, en la interpretación correspondiente a (15).

De la misma manera, *Pronominalización* podrá aplicarse erróneamente a (17) convirtiéndola en (18), que es agramatical en la interpretación correspondiente a (17):

17. Pedro$_i$ mira a Pedro$_j$.

18. *Pedro lo mira.

De lo dicho se deduce que estas reglas producen oraciones agramaticales. Para impedir que la gramática genere oraciones agramaticales podríamos proponer algunas condiciones sobre la aplicación de las transformaciones. Observando las oraciones (15-18), podríamos tentativamente proponer las siguientes condiciones:

19. a) *Reflexivización* convierte el segundo de dos SN correferenciales en Pr Ref si los dos SN se encuentran en la misma cláusula.
b) *Pronominalización* convierte el segundo de dos SN correferenciales en Pr Per si los dos SN se encuentran en cláusulas distintas.

Lo que (19) expresa puede hacerse más preciso recurriendo a la noción de 'comando' (cfr. Langacker, 1969). Esta noción se define sobre una estructura tomando en cuenta dos nudos A y B y el nudo O:

20. Un nudo A comanda un nudo B si el primer nudo O que domina A también domina B.

Por ejemplo, en las tres estructuras siguientes:

21.

```
       O                    O₁                      O₁
      / \                  /  \                    /  \
   SN₁   SV              SN    SV               SN₁    SV
        / \             /        \                    /  \
       V  SN₂         O₂   V    SN₂                  V   SN
                     /  \                                 |
                   SN₁  SV                                O₂
                                                         /  \
                                                       SN₂   SV

       a                    b                       c
```

SN₁ comanda SN₂ y SN₂ comanda SN₁ en (21*a*), esto es, SN₁ y SN₂ están en la misma cláusula. SN₁ no comanda SN₂, pero SN₂ comanda SN₁ en (21*b*). En (21*c*), SN₁ comanda SN₂, pero SN₂ no comanda SN₁. Esto es, en (21*b*) y (21*c*), SN₁ y SN₂ están en cláusulas distintas. Haciendo uso de la noción de comando, las dos condiciones antes mencionadas pueden formularse como (22):

22. a) *Reflexivización* convierte el segundo de dos SN correferenciales en Pr Ref si el primer SN comanda el segundo y el segundo comanda el primero.
    b) *Pronominalización* convierte el segundo de dos SN correferenciales en Pr Per si el primer SN comanda el segundo y el segundo no comanda el primero.

Veamos ahora si (22) condiciona correctamente la aplicación de esas dos reglas. Tomemos *Reflexivización*. (22*a*) predice que esta regla podrá aplicarse en (23), pero no en (24) (asumo que los SN idénticos son correferenciales):

23. Pedro miró a Pedro.

24. Pedro dice [María miró a Pedro].

Y eso es correcto, ya que (25) es gramatical, pero no (26), con la interpretación requerida:

25. Pedro se miró.

26. *Pedro dice que María se miró.

Tomemos ahora *Pronominalización*. (22*b*) predice que esta regla podrá aplicarse a (24), pero no a (23). Y eso es correcto, ya que (27) es gramatical, pero (28) es agramatical con la interpretación requerida:

27. Pedro dice que María lo mira.

28. *Pedro lo mira.

Así que, aparentemente, (22a) y (22b) son las condiciones que necesitamos. Sin embargo, si bien (22a) es correcta y permite producir sólo oraciones gramaticales, como se podrá deducir de un análisis de toda oración con Pr Ref, (22b) es incorrecta. En efecto, si tomamos la estructura (12), repetida aquí como (29), vemos que en (29) *Pronominalización* se aplica a pesar de que los dos *Pedro* estén en la misma cláusula:

29. Yo hablé a Pedro de Pedro.

30. Yo le hablé a Pedro de él.

Lo que las oraciones (29) y (30) nos revelan es que *Pronominalización* puede aplicarse también a SN que están en una misma cláusula. Así que la generalización correcta acerca de esta regla es que puede aplicarse a dos SN correferenciales, independientemente de la función que tengan e independientemente del hecho de que estén o no en la misma cláusula. Para ser más preciso diré que (22b) deberá ser sustituido por (31):

31. *Pronominalización* convierte el segundo de dos SN correferenciales en Pr Per si el primero comanda el segundo.

Tomando en cuenta las formulaciones de *Reflexivización* y *Pronominalización* y las condiciones (22a) y (31), podemos notar que aún subsiste un problema. Tomemos de nuevo la estructura (23), repetida aquí como (32):

32. Pedro miró a Pedro.

De acuerdo con lo que he dicho, a esta estructura podrían aplicarse *Pronominalización* y *Reflexivización*. Sin embargo, sólo la segunda regla produce una oración gramatical (33) (con la interpretación requerida), ya que (34) es agramatical (con la interpretación requerida):

33. . Pedro se miró.

34. *Pedro lo miró.

Mi pregunta es entonces cómo evitar que *Pronominalización* se aplique a (32), guardando la formulación y la condición (31) que he propuesto para esta regla. La respuesta es bastante obvia: he dicho que las transformaciones se aplican según un orden lineal, en el sentido de que dado un marcador sintagmático, las transformaciones se aplicarán según un orden establecido; entonces, ordenando *Reflexivización* antes de *Pronominalización* resolvemos el problema planteado. En efecto, si tenemos una estructura como (32) que satisface la DE de *Reflexivización* y la condición (22a), la regla se aplicará convirtiendo el segundo *Pedro* en Pr Ref. En este momento, *Pronominalización*, que aparece en la 'lista' de las transformaciones después de *Reflexivización*, ya no tendrá oportunidad de aplicarse, porque (32) ya habrá sido convertida en (35), y (35) no satisface la DE de *Pronominalización*[4].

35.   Pedro miró a sí.

En consecuencia, ordenando *Reflexivización* antes de *Pronominalización* obtenemos los resultados requeridos. Una prueba más de que el orden de aplicación de las transformaciones es una condición necesaria para producir oraciones gramaticales, se obtiene observando la derivación de (12), repetida aquí como (36):

36.   Yo hablé a Pedro de Pedro.

En (36), *Reflexivización* no podrá aplicarse porque (36) no satisface la DE de esta transformación. Pero *Pronominalización*, que viene después de *Reflexivización*, podrá aplicarse porque (36) satisface su DE, dando lugar a (37):

37.   Yo le hablé a Pedro de él.

De la discusión en esta sección sobre la relación entre *Pronominalización* y *Reflexivización* podemos concluir lo siguiente:

38.   *a)*   La aplicación de las transformaciones sigue un orden lineal establecido[5]. *Reflexivización* se aplica antes de *Pronominalización*.

---

[4] La DE de *Pronominalización* no es satisfecha por (35) porque *Pedro* y *sí*, si bien pueden considerarse correferenciales, no son SN idénticos en un sentido morfo-fonológico. Es importante entonces notar que *Pronominalización* y *Reflexivización* actúan sobre SN correferenciales e idénticos.

[5] En gramática transformacional ha habido dos proposiciones distintas acerca de la aplicación ordenada de las reglas. Algunos lingüistas han propuesto que las transformaciones se apliquen según un orden intrínseco: las transformaciones no están incluidas en una lista y se aplican cuando sus DE son satisfechas. Otros lingüistas han propuesto que las transformaciones se apliquen según un orden extrínseco: las transformaciones están incluidas en una lista y se aplican únicamente cuando les 'toca el turno' siempre y cuando sus DE sean satisfechas.

Ahora bien, mi discusión acerca de *Pronominalización* y *Reflexivización* muestra que

b) La dos transformaciones en cuestión son obligatorias.
c) La aplicación de algunas transformaciones está circunscrita a una sola cláusula. Esto es, algunas transformaciones deben obedecer a la condición (22a). Este requerimiento puede ser llenado únicamente por transformaciones que afecten a dos elementos A y B que aparecen en la DE de la transformación, de manera tal que uno de ellos sufre un cambio gracias a la presencia del otro elemento. Por ejemplo, ese requerimiento no puede ser llenado por *Elisión del pronombre fuerte*. De las transformaciones ya presentadas, obedecen a la condición (22a) las siguientes: *Reflexivización, Formación de clíticos, Movimiento de clíticos, Concordancia* y *Elisión del sujeto pronominal*.

6.4. En (38b) dije que *Reflexivización* es obligatoria, pero esto no es del todo cierto. Para darse cuenta de ello, tomemos una vez más estructuras profundas como (39), (40) y (41), donde los varios *Luis* son correferenciales:

39. Luis miró a Luis.
40. Luis dio una bofetada a Luis.
41. Luis hablará de Luis.

Las estructuras superficiales de (39) y (40) son (42) y (43), respectivamente, con un reflexivo y no con un Pr Per:

42. Luis se miró.
43. Luis se dio una bofetada.

Pero (41) tiene dos estructuras superficiales posibles, (44a) y (44b), con o sin *mismo*:

44. a) Luis hablará de sí (mismo).
    b) Luis hablará de él (mismo).

El problema es entonces saber por qué en los primeros dos casos podemos tener únicamente un Pr Ref y en el tercer caso podemos tener tanto un Pr Ref como un Pr Per. Una respuesta posible es que

---

si adoptara la primera posición —orden intrínseco— los resultados serían incorrectos. Por esta razón, en este trabajo asumo que las transformaciones están extrínsicamente ordenadas.

Reflexivización es obligatoria cuando el segundo SN es un objeto directo o indirecto, y facultativa, en los otros casos. De ser así, en (39) y (40) se aplicaría *Reflexivización,* por ser ésta anterior a *Pronominalización,* y se obtendrían (42) y (43), respectivamente; en (41), si se aplicara *Reflexivización,* se obtendría (44*a*), pero si no se aplicara, entonces se recurriría a *Pronominalización* y se obtendría (44*b*).

En suma, se hace necesaria una modificación al análisis desarrollado para decir que *Reflexivización* es obligatoria cuando afecta un objeto y facultativa en los otros casos. Pero esta modificación, que parece ser empíricamente adecuada, no es compatible con lo que he dicho al final del capítulo 4 sobre las características generales de las transformaciones. En particular, no satisface la condición de que las transformaciones no tomen en cuenta las funciones [cfr. (40*d*) del capítulo 4). ¿Cómo resolver este problema? En principio hay varias soluciones posibles, pero preferiría discutir una sola, la que considero la más apropiada.

Antes que todo, quisiera hacer notar que la condición propuesta en el capítulo 4 no es suficientemente explícita. De hecho, no es cierto que las transformaciones no tomen en cuenta las funciones de los SN, pues es evidente que una regla como *Elisión del sujeto pronominal,* por ejemplo, debe 'saber' cuál es la función del SN al que se aplica. Lo que la condición quiere expresar es que la formulación de las transformaciones debe hacerse representando una estructura sintáctica bajo la forma de una secuencia lineal de símbolos, sin 'decir' cuáles son las funciones de los SN que aparecen en la descripción estructural: los símbolos que aparecen en la descripción estructural y el orden en que éstos aparecen deben ser suficientes para explicitar las funciones. Ahora bien, en muchos casos esto es posible. Por ejemplo, si se considera la formulación de *Elisión del sujeto pronominal* con la DE: SN SV, se ve que el orden permite inferir que el SN en cuestión es sujeto. Pero el orden de los símbolos no permite resolver el problema que se plantea con la formulación de *Reflexivización* [cfr. (49) del capítulo 6]; en este caso, el orden no es suficiente para definir la función o las funciones del segundo SN. En consecuencia, si no se quieren formular dos reglas de *Reflexivización* se deberá recurrir a algún otro principio. Es esto lo que voy a tratar de hacer.

Considerando los cambios que las transformaciones aportan a las estructuras sintácticas, se pueden distinguir varios tipos de transformaciones:

45. *a)* Transformaciones que no afectan a un SN (por ejemplo, *Inserción de que*).

   b) Transformaciones que afectan a un SN sin tener en cuenta su función (por ejemplo, *Elisión del pronombre fuerte*).

c) Transformaciones que afectan a un SN teniendo en cuenta una sola función de este SN (por ejemplo, *Elisión del sujeto pronominal*).

d) Transformaciones que afectan a un SN teniendo en cuenta dos o más funciones posibles de este SN (por ejemplo, *Reflexivización*).

Veamos ahora cuál es la relación entre la condición propuesta en el capítulo IV y la clasificación (45). Las transformaciones del tipo (45*a*) y (45*b*) no necesitan hacer referencia a un SN con una función particular y, por tanto, respetan la condición. Las transformaciones del tipo (45*c*) deben hacer referencia a la función de un SN, pero en este caso puede respetarse la condición recurriendo a la presencia de ciertos símbolos y al orden entre éstos. En cuanto a las transformaciones del tipo (45*d*), que toman en cuenta varias funciones de un SN, éstas no pueden cumplir con los requisitos impuestos por la condición por cuanto ni la presencia de ciertos símbolos ni la manera como éstos estén dispuestos pueden ayudar a reconocer las varias funciones del SN en cuestión. En conclusión, a las reglas del tipo (45*d*) se les debe agregar otra condición.

Supongamos que las funciones sujeto, objeto directo, objeto indirecto y complemento (esta última función incluye varias que por el momento no es necesario distinguir) estén universalmente jerarquizadas de la manera siguiente:

46. (1) sujeto > (2) objeto directo > (3) objeto indirecto > (4) complemento[6].

Entonces podríamos asumir que las transformaciones del tipo (45*d*) deben llevar, cada una, una condición suplementaria —además de la del capítulo IV— que se deduzca del principio general siguiente:

47. Principio funcional de la aplicación de las transformaciones:

Para una transformación que afecte a un SN con dos o más funciones deberá especificarse hasta qué nivel funcional (cfr. 46) la regla es aplicable. Si la regla es obligatoria en algunos casos y facultativa en otros, deberá especificarse hasta qué nivel es obligatoria y hasta qué nivel es facultativa.

En mi opinión, el principio que acabo de proponer es de carácter universal y permite, por un lado, conservar el formalismo convencional de las transformaciones y, por otro lado, resolver los problemas plan-

---

[6] En los últimos años ha habido varias proposiciones sobre la jerarquización universal de las funciones, pero la primera que conozco es la de Keenan y Comrie (1976) —este trabajo apareció por primera vez mimeografiado en 1973— y es la que yo sigo en este libro.

teados. Tomemos *Reflexivización,* cuya DE es SN V X SN Y. La regla afecta el segundo SN. Éste no puede ser sujeto, ya que de la DE se deduce que el sujeto es el primer SN, así que el SN que se convierte en reflexivo puede ser un objeto o un complemento. Para acomodar los hechos señalados al comienzo de esta sección bastará incorporar a *Reflexivización* la siguiente condición:

48. *Reflexivización* es obligatoria hasta el nivel 3 (objeto indirecto), facultativa en el nivel 4 (complemento).

Otro caso donde el principio (47) puede ayudar a resolver algunos problemas es en la formulación de *Inserción de mismo,* puesto que esta regla, cuando se aplica a un Pr Ref[7], es obligatoria si el reflexivo es objeto directo o indirecto y facultativa en los otros casos, como se deduce de los ejemplos siguientes (ver también nota 7 del capítulo anterior):

49. Luis se miró a sí-mismo.

50. Luis hablará de sí (mismo).

Inclusive es posible que la condición que se agregue a esta regla deba decir para qué tipos de complementos es facultativa, pues hay casos, como, por ejemplo, (51), en los cuales la regla es inaplicable.

51. La atrajo hacia sí.

El principio (47) también puede ayudar a explicar algunas diferencias existentes entre lenguas. Por ejemplo, en las lenguas donde existe el pasivo, éste puede formarse afectando el objeto directo, que pasa a ser sujeto (como en español), o el objeto directo y el objeto indirecto (como en inglés), o el objeto directo, el objeto indirecto y el complemento (como en algunas lenguas de Polinesia). Pues bien, estas diferencias podrían interpretarse como distintas condiciones que se derivarían de (47) y que se anexarían a la regla de *Pasivización* en cada una de las lenguas en cuestión.

En suma, mi proposición es que a la teoría gramatical se le agregue el principio (47), y a *Reflexivización,* la condición (48).

Antes de cerrar esta sección quisiera decir dos palabras sobre la diferencia semántica, aunque sutil, que algunos hablantes detectan entre (44*a*) y (44*b*), ambas derivadas de la misma estructura profunda, y repetidas aquí como (52) y (53), respectivamente:

---

[7] Me limito a los Pr Ref, porque la *Inserción de mismo* con Pr Per es siempre facultativa. Como se notará, el problema es bastante complejo y remito a otro trabajo (D'Introno, 1979) para un enfoque distinto, más exhaustivo y quizá más adecuado.

52. Luis hablará de sí (mismo).

53. Luis hablará de él (mismo).

Los que notan la diferencia se inclinan a interpretar (52) como 'Luis hablará acerca de su vida íntima', pero no (53). Si esta diferencia existe, deberíamos concluir que la aplicación de *Reflexivización* en este caso le confiere a la oración un matiz ausente en la oración que se obtiene por medio de *Pronominalización*. Personalmente noto la diferencia, y estaría propenso a asumir que en este caso, como en varios otros, algunos aspectos de la estructura superficial son pertinentes para la interpretación semántica. Inclusive es posible que a veces no sea la estructura superficial la que aporta información semántica, sino la estructura fonológica, como lo sugiere Chomsky (1969). Digo esto porque en la oración siguiente:

54. Luis le hablará a Pedro de él,

notamos que *él* puede referirse a *Luis*, a *Pedro* o a otra persona (o cosa). Ahora bien, es posible que de acuerdo a la entonación con que (54) se pronuncie, y de acuerdo al tipo de acento que se ponga sobre *él*, éste pueda interpretarse como referido a *Luis*, a *Pedro* o a otro. En efecto, me parece que si (54) se pronuncia con acento 'normal' sobre *él*, éste refiere a *Luis*, pero si *él* se pronuncia con un acento contrastivo, fuerte, entonces refiere a *Pedro* o a otra persona, pero no a *Luis*. Naturalmente, lo que acabo de decir no debe tomarse como un hecho, sino como una hipótesis que podría o no resultar correcta. Pero de ser cierta, revelaría claramente que algunos aspectos de la estructura fonológica son pertinentes para la interpretación semántica de las oraciones.

6.5. Los casos de *Pronominalización* que he estudiado hasta ahora pueden llamarse de Pronominalización hacia la derecha, en el sentido de que es el SN de la derecha el que se convierte en Pr Per. Sin embargo, hay casos donde es el SN de la izquierda el que se convierte en Pr Per. Por ejemplo, en la estructura (55),

55. [[El que Pedro hubiera salido mal en el examen] significaba para Pedro el fin de su carrera estudiantil],

el primer *Pedro* puede ser convertido en Pr Per *(Pronominalización)*, y luego puede ser elidido *(Elisión del sujeto pronominal)*, dando lugar a (56):

56. El que hubiera salido mal en el examen significaba para Pedro el fin de su carrera estudiantil.

(56) es ambigua, pero en la interpretación que nos interesa, *Pedro* es el sujeto profundo de *hubiera salido* y es convertido en Pr Per por medio de *Pronominalización,* y luego es elidido, lo cual muestra que (56) es un caso de Pronominalización a la izquierda. Nótese que en (55) no puede aplicarse Pronominalización a la derecha, ya que (57) no tiene la interpretación de (55) y (56)[8].

57. El hecho de que Pedro hubiera salido mal en el examen significaba para él el fin de su carrera estudiantil.

Nótese también que en una estructura como (58) no puede aplicarse Pronominalización a la izquierda; la única Pronominalización posible en este caso es hacia la derecha:

58. Pedro dijo que María amaba a Pedro.

59. *(Él) dijo que María amaba a Pedro.

60. Pedro dijo que María lo amaba.

En consecuencia, la formulación de *Pronominalización* que he dado, más la condición (31), dan cuenta de los casos de Pronominalización a la derecha. Para los casos de Pronominalización a la izquierda deberé ofrecer otra formulación y otra condición. Llamaré la nueva regla *Pronominalización izquierda* y la formularé así:

61. T Pronominalización izquierda:

$$\begin{array}{rccccc} \text{DE:} & X & SN_i & Y & SN_i & Z & \text{obl} \\ & 1 & 2 & 3 & 4 & 5 & \Rightarrow \\ \text{CE:} & 1 & 2 & 3 & 4 & 5 \end{array}$$

$$\begin{bmatrix} \text{Pr Per} \\ \text{sc} \end{bmatrix}$$

Condición: 4 comanda 2 y 2 no comanda 4.

---

[8] Hay hablantes que pueden interpretar (57) de dos maneras: en una interpretación *él* no refiere a *Pedro,* y en la otra refiere a *Pedro,* y en este último caso es sinónima de (56). Esto significa que para un grupo de hablantes [los que le asignan a (57) una sola interpretación, distinta de (56)], *Pronominalización a la derecha* queda excluida del dominio de estructuras como (55); mientras que para otro grupo (los que le asignan a (57) dos interpretaciones) no es así. Es más, en la gramática de los hablantes del segundo grupo, *Pronominalización a la izquierda* deberá ser facultativa y anterior a *Pronominalización a la derecha,* y ésta no deberá incorporar la condición (31). Vale la pena agregar que para las dos interpretaciones de *él* en (57) es importante tomar en cuenta el acento: si éste es contrastivo, aparentemente *él* refiere a otra persona y no a *Pedro.*

La condición que he agregado a la regla (61) expresa que el primer SN_i (es decir 2) se encuentra en una cláusula subordinada, y el segundo SN_i (es decir, 4), en una cláusula superior. Así formulada, la regla se aplica dando los resultados requeridos. Agregaré que en cuanto al orden de aplicación de las reglas de Pronominalización, no se puede fijar ninguno en particular, y se podría asumir que estas dos reglas se aplican simultáneamente[9].

6.6. En el capítulo 4 hablé de varios tipos de transformaciones y dije que, además de las reglas de elisión, movimiento e inserción, existe otro tipo de reglas que llamé de sustitución. Las transformaciones de sustitución son aquellas que convierten un elemento en otro elemento. Así que *Reflexivización* y *Pronominalización* son reglas de sustitución, ya que convierten un SN en pronombre.

6.7. En esta sección quisiera discutir muy brevemente la derivación de los posesivos (Pos). Para dar un ejemplo, diré que una oración como (62), donde *su* puede referir tanto a *Luis,* como a *María,* como a un SN no incluido en la oración, tendría las tres estructuras profundas señaladas en (63):

62. Luis le habló a María de su trabajo.

63. *a)* Luis habló a María del trabajo de Luis.
     b) Luis habló a María del trabajo de María.
     c) Luis habló a María del trabajo de X.

En (63c), X es un Pr Per de tercera persona. (63*a*) y (63*b*) serían sometidas a *Pronominalización*[10]. Luego otra transformación introdu-

---

[9] El requisito inicial de que las reglas estén ordenadas no excluye la posibilidad de que dos reglas se apliquen simultáneamente. Tampoco excluye la posibilidad de que dos reglas sean inordenadas la una respecto a la otra. Todas éstas son cuestiones empíricas que pueden o no ser confirmadas. En el caso particular de las reglas de *Pronominalización* me inclinaría más por la aplicación simultánea porque restringiría ésta a reglas que son imagen especular la una de la otra. Me explico. *Pronominalización a la izquierda* (61) y *Pronominalización a la derecha* (9 más la condición 31) tienen la misma DE, el mismo efecto de convertir un SN en Pr Per, el mismo requisito de correferencialidad y las dos son obligatorias, pero tienen opuestos CE y opuestas condiciones. Por estas razones, si se quisiera y si se dispusiera del formalismo necesario, (61) y (9) podrían combinarse en una sola regla. En otros términos (61) y (9) forman parte de un mismo proceso transformacional, y por ello se podría asumir que se aplican simultáneamente.

[10] Por razones que aún no entiendo muy bien, *Reflexivización* no puede aplicarse en un SP del tipo [de + SN] incluido en una SN. Por ejemplo, no puede aplicarse en (i), pues (ii) es agramatical:

i. $Luis_i$ vio un retrato de $Luis_i$.
ii. *Luis vio un reatrato de sí (mismo).

ciría el posesivo *suyo*[11] (o *suy-*, que luego concordaría con el sustantivo precedente) delante de la secuencia *de* + *Pr Per*, obteniéndose (64)[12]:

64. a) ...del trabajo suyo de él.
    b) ...del trabajo suyo de ella.
    c) ...del trabajo suyo de él/ella, etc.

(64*a*), (64*b*) y (64*c*) podrían luego convertirse en (65*a*), (65*b*) y (65*c*), respectivamente, por medio de una regla que desplazaría el posesivo detrás del artículo[13], obteniéndose la forma apocopada *su*:

65. a) del su trabajo de él.
    b) del su trabajo de ella.
    c) del su trabajo de él/ella, etc.

A este punto de la derivación se elidiría obligatoriamente el artículo y, facultativamente, la secuencia *de* + *Pr Per*.

Otra regla que interviene en la derivación de los posesivos es la que inserta *propio*. Esta regla, paralela a la regla de *Inserción de mismo*, se aplicaría a (66*a*), y se obtendría (66*b*):

66. a) de su trabajo.
    b) de su propio trabajo.

La interpretación de (66*b*) sería entonces que el trabajo en cuestión es de *Luis* o —para algunos hablantes— de *María*, pero no de otra persona no mencionada en la oración. Lo cual indica que *propio*, de una manera parecida a *mismo*, obliga a establecer una relación de referencia entre dos elementos —en este caso, un posesivo y un SN— de la misma oración.

Para terminar, quisiera aclarar que mi análisis de los posesivos, en cierta medida parecido al de Campos (1978), quien propone para

---

Pero cualquiera que sea la razón por la cual *Reflexivización* no se aplica en este caso, la misma es responsable de la no aplicación de la regla en (63*a*). Esta oración no puede ser sometida a *Reflexivización*, porque se puede decir (iii), pero no (iv):

iii. Luis le habló a María de su trabajo de él.
iv. *Luis le habló a María de su trabajo de sí (mismo).

[11] Aquí no trato de los posesivos de 1.ª y 2.ª persona; en la derivación de éstos no interviene *Pronominalización*, que tampoco interviene en la derivación de los pronombres de 1.ª y 2.ª persona.

[12] En un análisis alternativo podría decirse que el posesivo sustituye a la secuencia *de* + *Pr Per*, pero en este caso habría que implementar otra regla para dar cuenta del Pr Per que puede aparecer después del posesivo. Lo que mi análisis implica es que el posesivo es una copia del pronombre, esto es, un derivado pronominal.

[13] El posesivo no sustituye al artículo. Digo esto porque el artículo y el posesivo son compatibles en algunas lenguas (por ejemplo, en italiano) y lo eran en el español del *Mio Cid*, por ejemplo.

los posesivos una estructura profunda con una relativa del tipo 'que es de X', donde X es un SN o un Pr Per, es muy tentativo y esquemático. No descarto la posibilidad de que un estudio muy atento de los posesivos revele que mi enfoque es inadecuado. De todas maneras, no considero lo que he dicho en esta sección un argumento importante en pro de la sintaxis transformacional del español que estoy desarrollando o en pro de la gramática transformacional en general.

Capítulo 7

Activo y pasivo

7.1. La relación existente entre una oración activa como (1) y su correspondiente pasiva (2) es un fenómeno que forma parte de nuestra competencia y del cual hablan todas las gramáticas del español:

1. Juan escribió este libro.

2. Este libro fue escrito por Juan.

Sin embargo, esta 'relación' no ha sido casi nunca definida con precisión. En los mejores casos, ha sido considerada como una relación de sinonimia, lo cual es correcto si se tiene en cuenta que (1) y (2) tienen esencialmente la misma interpretación[1]. La razón de ello es que en la gramática tradicional y en la gramática estructural no hay ningún mecanismo explícito que permita establecer relaciones entre oraciones.

Considérese ahora el caso de la gramática transformacional. En esta gramática la noción de relación entre oraciones sinónimas puede definirse con precisión; en efecto, este tipo de relación se explica por medio de reglas de derivación y se define como la igualdad parcial de las derivaciones de las oraciones. Es decir, la relación entre un par de oraciones con la misma interpretación semántica, como (1) y (2), se atribuye al hecho de que esas oraciones tienen una misma estructura profunda y se diferencian por la aplicación de una transformación facultativa en la derivación de una, pero no en la derivación de la otra.

El problema ahora es saber exactamente cuál es la estructura profunda de (1) y (2). Ésta podría estar más directamente ligada a (1), de manera que (2) sería derivada de (1), o bien podría estar más directamente ligada a (2), de manera que (1) sería derivada de (2). Es decir, podríamos asumir que (3) es la estructura profunda:

---

[1] Hago caso omiso de la diferencia en tópico entre (1) y (2): en (1), el tópico es *Juan,* mientras que en (2), el tópico es *este libro.* Esta diferencia puede explicarse a partir de la estructura superficial y no a partir de la estructura profunda.

3. Luis escribir este libro,

en cuyo caso, para derivar (1) sólo aplicaríamos *Concordancia*, y para derivar (2) aplicaríamos una regla, que llamaré *Pasivización*, y luego *Concordancia;* o bien podríamos asumir que la estructura profunda es (4):

4. Este libro ser escrito por Juan,

y en este caso, para derivar (2) aplicaríamos *Concordancia*, y para derivar (1) aplicaríamos una regla, que llamaré *Activización*, y luego *Concordancia*. Esto implica que dentro de la teoría que he venido desarrollando hay en principio dos soluciones posibles, llamémoslas HA y HB, para el mismo fenómeno. Estas dos soluciones son aparentemente equivalentes en el sentido de que dan cuenta del mismo fenómeno con un mismo número de reglas, aunque de maneras distintas: HA contiene, entre otras, una regla que convierte una oración activa en pasiva, y HB contiene, entre otras, una regla que convierte una oración pasiva en activa.

Como ya lo he dicho, en principio las dos soluciones son equivalentes y adecuadas, pero basta con formular explícitamente las reglas y analizar otros ejemplos para constatar que, en efecto, son muy distintas. La HA es compatible con las reglas presentadas hasta ahora y agrega a la gramática una regla más: *Pasivización*. Ésta se aplica a una estructura del tipo [SN_1 V SN_2 V], donde SN_1 es un sujeto y SN_2 un objeto directo, convirtiéndola en [SN_2 ser Vpp por SN_1 X], Donde Vpp es el participio pasado del verbo. Así descrita, la regla se aplicará a oraciones transitivas activas con objeto directo, conviriéndolas en oraciones pasivas, pero no se aplicará a otros tipos de oraciones. La HB, por su parte, no es compatible con las reglas que he propuesto hasta ahora. En efecto, en esta hipótesis se asume que la estructura profunda de las oraciones está en forma pasiva, por lo que las reglas reescriturales deberían ser reformuladas para producir este tipo de estructuras. Asumamos, por un momento, que esto sea factible e inclusive correcto; el problema que se nos presentaría entonces sería saber qué tipo de estructura profunda correspondería en esta hipótesis a una oración como (5):

5. Luis llegó ayer.

Si decimos, de acuerdo con la HB, que la estructura profunda está en pasiva, entonces (5) debería tener una estructura profunda del tipo (6)[2]:

---

[2] Estoy asumiendo aquí que (6) es la forma pasiva de (5). Esto es evidentemente erróneo; pero si se quiere decir que (5) no tiene forma pasiva, o en general que los

6. Ser llegado por Luis ayer,

y (6) debería ser necesariamente convertida en (5). Es decir, *Activización* debería ser obligatoria en este caso. Sin embargo, la misma regla debería ser facultativa cuando se aplicara a estructuras profundas como (4). Evidentemente, esto no es compatible con ninguno de los postulados y principios propuestos, por lo que uno se vería obligado a asignar a oraciones como (5) una estructura profunda en forma activa. Es decir, en la HB, la estructura profunda de oraciones con verbos intransitivos, por ejemplo, sería activa, pero la estructura profunda de oraciones con verbo transitivo y objeto tendría forma pasiva.

Resumiendo esta discusión, diré que HA agrega a la gramática ya desarrollada una regla transformacional, mientras que HB agrega a la gramática nuevas reglas reescriturales que permiten generar las estructuras profundas pasivas y, además, una regla transformacional. Así vistas, HA y HB representan dos gramáticas transformacionales distintas del español.

Ahora bien, aunque esta discusión pueda parecer un tanto absurda y la HB realmente incorrecta, lo que me interesa hacer notar es que ambas hipótesis son compatibles con los postulados teóricos generales que he expuesto, pues las dos caen dentro del marco de la teoría gramatical transformacional. Es entonces evidente que una teoría gramatical de ese tipo debe conllevar algún mecanismo de justificación de la gramática; es decir, un procedimiento de selección de la mejor gramática entre las varias compatibles con los mismos hechos y los mismos principios teóricos.

El procedimiento de justificación puede verse como un procedimiento de evaluación que selecciona la gramática más simple; es decir, la gramática más general, aquella, pues, que da cuenta del mayor número de hechos con el menor número de elementos y reglas. Dicho de otra manera, el procedimiento de evaluación nos permitiría medir la complejidad de las gramáticas enumerando los elementos y reglas de cada una y nos permitiría elegir la que es más corta, más económica. Ahora bien, si tomamos ese procedimiento y lo aplicamos a las gramáticas correspondientes a las hipótesis HA y HB, vemos que la gramática de HA resulta más económica que la de HB. Por ende, HA y la gramática que he desarrollado hasta ahora son las correctas.

Dicho esto, concluiré que la relación entre una oración activa transitiva con objeto directo y su correspondiente pasiva se explica deri-

---

verbos intransitivos no tienen pasivo, entonces se debe proponer para estos verbos una estructura profunda en activo. Y ésta es la conclusión a la que llego.

Agregaré que (6), de no ser activizada, daría origen a la oración agramatical (i):

(i) *Fue llegado por Luis.

Es importante, entonces, comprender que la noción de agramaticalidad es aplicable a la estructura superficial y no a la estructura profunda.

vando las dos oraciones de una misma estructura profunda, que tiene la forma de la oración activa. La transformación que permitirá derivar la pasiva, y que he llamado *Pasivización*, se formulará de la manera siguiente:

7. T Pasivización:

    DE: SN   V   SN   X   fac
             1   2   3   4   ⇒
    CE: 3   ser+2pp   φ   por+1   4

7.2. Así formulada, la regla se aplicará en toda oración que pueda ser analizada según la DE de (7). La estructura (8) cumple con ese requisito, pero de dos maneras distintas: en un caso 3 de la DE corresponde a SN_3, y en el otro caso corresponde a SN_2:

8.

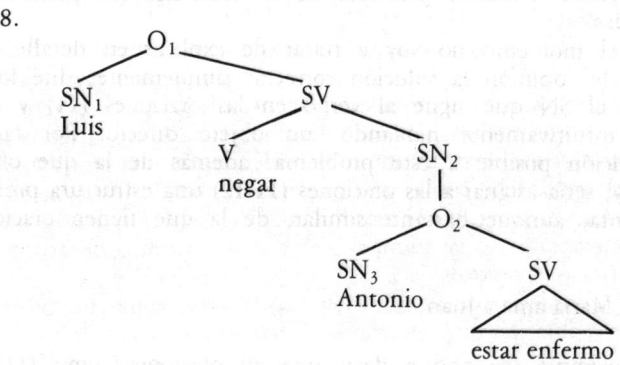

Si aplicamos la regla haciendo corresponder SN_3 a 3 de la DE, entonces obtenemos la siguiente oración.

9. *Antonio es negado por Luis (que) está enfermo.

(9) es agramatical, y la razón de ello es que la transformación se aplicó tomando en cuenta dos SN, SN_1 y SN_3, que se encuentran en cláusulas distintas. En consecuencia, debemos restringir la aplicación de *Pasivización* a SN que estén en una misma cláusula.

Nótese ahora que si hacemos corresponder SN_2 a 3 de la DE, como SN_2 está en la misma cláusula de SN_1, la regla debería poderse aplicar. Y eso es correcto, ya que si aplicamos la regla tomando SN_2 como objeto y lo desplazamos con todo lo que de él depende, a la posición de sujeto, obtenemos la oración (10), que es gramatical:

10. Que Antonio esté enfermo es negado por Luis.

87

De ello se deduce entonces que *Pasivización,* al igual que *Reflexivización* y otras reglas, debe llevar la condición de que en la DE 1 comande a 3, y 3 comande a 1 (cfr. 22, cap. 6).

7.3. *Pasivización* no puede aplicarse en oraciones como las que siguen:

11. Esta mesa pesa 50 kilos.

12. Pedro tiene un libro.

El hecho de que *Pasivización* no pueda aplicarse a esas oraciones se explica de varias maneras y se relaciona con otros fenómenos sintácticos, como lo demuestra Chomsky (1965), quien resuelve en parte el problema introduciendo un elemento vacío, para la posición del agente, en la estructura profunda de las oraciones que pueden ser pasivizadas.

Por el momento no voy a tratar de explicar en detalle cuál sería en mi opinión la solución correcta; simplemente, diré lo siguiente: el SN que sigue al verbo en las oraciones (11) y (12) no es, intuitivamente hablando, un objeto directo. Por tanto, una solución posible a este problema, además de la que ofrece Chomsky, sería asignar a las oraciones (11-12) una estructura profunda distinta, aunque bastante similar, de la que tienen oraciones como (13):

13. María ama a Juan.

Por ejemplo, se podría decir que en oraciones como (11) el SN que sigue al verbo es dominado por el nudo Ad (Adverbio), lo cual no parecerá arbitrario si se toma en cuenta que la pregunta que esta oración puede contestar es (14) y no (15):

14. ¿Cuánto pesa esta mesa?

15. *¿Qué pesa esta mesa?

Esto no quiere decir que *pesar* no puede ser un verbo transitivo con objeto directo, pues en una oración como (16), *las papas* es un objeto directo:

16. El vendedor pesó las papas.

Prueba de ello es que (16) puede ser pasivizada y puede tener una pregunta del tipo '¿Qué pesa el vendedor?'

En cuanto a la oración (12) se podría decir que ésta tiene una estructura del tipo (17):

17.
```
        O
       / \
      SN  SV
          |
          V
         / \
        V   SN
```

donde [V SN] constituye una expresión verbal que no se analiza como verbo + objeto directo y, por tanto, no sería afecta a la regla.

7.4. Como se habrá notado, la DE de *Pasivización* no hace mención de la preposición *a,* que introduce en muchas ocasiones el objeto directo. Además, se habrá notado que la estructura profunda que he asignado a oraciones con objeto directo es del tipo siguiente (18):

18.
```
        O
       / \
      SN  SV
         / \
        V   SN
```

donde el objeto directo es dominado por un SN, y no por un SP.

Para mantener mi posición, podría proponer una de las dos soluciones siguientes:

19. *a*) La preposición *a* no aparece en la estructura profunda y es insertada transformacionalmente delante de los objetos directos bajo ciertas condiciones. Esta solución, que puede hacerse bastante precisa, ese esencialmente la que propone Luján (1977).

b) La preposición *a* aparece en la estructura profunda bajo el nudo V acompañando todo verbo transitivo, y es elidida transformacionalmente bajo ciertas condiciones; por ejemplo, cuando el objeto directo es inanimado y el sujeto es animado.

Como lo he dicho en la sección (8.1), para seleccionar la hipótesis correcta debería ver en qué medida cada una de ellas hace la gramática menos compleja y más económica. Realmente, demostrar este punto me tomaría mucho tiempo y me llevaría muy lejos de los objetivos del trabajo, por lo que, por el momento, asumiré, sin justificarla, que la solución correcta es (19*b*)[3]. De acuerdo con esta solución, los verbos transitivos no aparecerán en el léxico como *amar, matar, castigar,* etc., sino como *amar a, matar a, castigar a,* etc., y serán así introducidos debajo del nudo V. Una transformación de *Elisión de a* se encargará de suprimir la *a* en los contextos apropiados.

7.5. En la sección (7.3) hablé de la imposibilidad de aplicar *Pasivización* en ciertas oraciones con verbos como *tener, pesar,* etc. Ahora bien, ésos no son los únicos casos en que *Pasivización* no puede aplicarse. Mencionaré dos más.

7.5.1. El primer caso al que aludiré es el de oraciones activas con verbo transitivo y objeto directo no definido, es decir, oraciones como (20):

20. Luis ve enemigos por todas partes,

cuya pasiva es agramatical:

21. *Enemigos son vistos por Luis por todas partes.

Para impedir que la gramática genere (21) podría agregarse a *Pasivización* una condición que exprese que la regla se aplica si el objeto directo constituido por un nombre común es precedido por un artículo. También es posible otra solución. Por ejemplo, Suñer (1976) propone incluir en la gramática del español una condición que impida que las oraciones tengan como sujeto un nombre común solo. De adoptarse la solución de Suñer, la primera condición que mencioné no sería necesaria, puesto que interpretando el análisis de Suñer, *Pasivización* podría aplicarse a (20), produciendo (21), pero luego la condición que ella postula marcaría (21) como agramatical.

Sin embargo, esta solución no explica otros hechos. En efecto hay oraciones pasivas en español como, por ejemplo, la (22), que resultan un tanto inaceptables por el simple hecho de que el sujeto es un nombre precedido por un artículo indefinido:

---

[3] Así como la he presentado, la HA parece ser más simple que la HB, pero un análisis atento revelaría que es más compleja. En efecto, como lo demuestra Luján (1977), Si la preposición *a* no está presente en la estructura profunda, es necesario insertarla transformacionalmente delante de todo objeto directo y luego elidirla en ciertos contextos. Formulada de esta manera, la HA resulta menos económica que la HB, pues la primera tiene dos reglas y la segunda una sola. En capítulos posteriores trataré de aportar más argumentos a favor de mi solución. Ver también nota 6.

22. Un libro fue leído por Luis.

Sin lugar a dudas (22) es perfectamente aceptable, sobre todo si es pronunciada con un acento fuerte (contrastivo) sobre *un* o sobre *libro*, pero en este caso el significado de *un libro* es 'un solo libro' y no 'un libro cualquiera'. Esto es, (22) es aceptable cuando *un* es el numeral y no el indefinido.

Nótese ahora que *un* puede aparecer en la posición de sujeto de una pasiva como (23), con el significado tanto de numeral como de indefinido:

23. Un libro fue robado de la biblioteca.

Estas observaciones son en cierta medida valederas también para el indefinido plural, puesto que (24) resulta menos aceptable que (25):

24. Unos libros fueron leídos por Luis.

25. Unos libros fueron robados de la biblioteca.

En fin, si lo que he dicho a propósito de las oraciones (22-25) es cierto, es evidente que la solución antes propuesta deberá modificarse para dar cuenta de estos hechos. Es lo que voy a tratar de hacer. Para ello será necesario que aluda a cuestiones que no tienen que ver directamente con la competencia, sino con la ejecución.

Asumiré que el SN que un hablante escoge como sujeto de una oración corresponde generalmente al 'tópico' de la conversación; en consecuencia, si el tópico es el objeto directo de un verbo transitivo, el hablante tiende a usar el pasivo. ¿Pero cuáles son, del punto de vista formal y sintáctico, los SN que pueden ser tópicos? En mi opinión, la respuesta es que los SN que tienen 'más posibilidad' de ser tópicos son los nombres propios, y los que tienen 'menos posibilidad' son los nombres comunes solos, es decir, sin ningún modificador. De ser así, se podría pensar que hay una jerarquía sintáctica de SN; por ejemplo: (3) nombres propios, nombres comunes con artículo definido, demostrativo, posesivo, etc., > (2) nombres comunes con artículo indefinido > (1) nombres comunes solos[4], que refleja una escala de mayor a menor posibili-

---

[4] Esta jerarquía podría ser más precisa, podría incluir más de tres grados, por ejemplo. Es también posible que para elaborar esta jerarquía haga falta tener en cuenta ciertos rasgos de los nombres, tales como Animado, Concreto, etc. Pero, por el momento, me limitaré a la que propuse, puesto que un estudio atento de esta hipótesis me apartaría de los objetivos del trabajo.

dad de constituir un tópico. Asumiendo esto, diríamos que el grado de accesibilidad de un SN a la posición de sujeto es de acuerdo a esta jerarquía, cuyo grado mínimo (1) es inaccesible a la función de sujeto. De conformidad, un SN objeto directo puede pasar a ser sujeto de la pasiva si es el tópico y si no es un nombre común solo. Veamos ahora algunos casos. Por ejemplo, (26) y (27):

    26.   Pedro ama a María.

    27.   Luis leyó este libro.

Estas oraciones pueden pasivizarse porque el sujeto y el objeto de la activa se encuentran en el mismo nivel de la jerarquía. De allí que si el objeto es el tópico, se convierten en pasivas.

Pero la oración (20), repetida aquí como (28),

    28.   Luis ve enemigos por todas partes,

no puede pasivizarse porque *Luis* es el tópico y, además, porque el objeto es un nombre común solo.

En cuanto a las oraciones con un SN con indefinido, como la siguiente:

    29.   Luis leyó un libro,

al pasivizarse resultan inaceptables porque contienen un objeto jerárquicamente inferior al sujeto, en este caso *Luis*, que deberá considerarse el tópico. Ahora bien, si el sujeto de la activa no está presente[5], el objeto puede acceder a la posición de sujeto de la pasiva porque constituiría el tópico, como en el caso de la oración (23), repetida aquí como (30):

    30.   Un libro fue robado de la biblioteca.

En resumen, la solución que he propuesto, y que consiste en una jerarquización sintáctica de los SN más una condición sobre la formación de sujetos, en particular en las pasivas, parece ser adecuada. Pero estoy seguro de que merece más estudio y mejor formulación para poder ser incorporada definitivamente a la gramática.

7.5.2. El segundo caso en el que *Pasivización* no puede aplicarse es en estructuras como (31):

---

[5] El sujeto de las oraciones en cuestión es un pronombre indefinido humano que mencionaré en capítulos posteriores y analizaré en el capítulo 17.

31. Luis$_i$ mira a Luis$_i$.

En efecto, el pasivo de (31) puede ser (32) o (33), ambas agramaticales:

32. *Sí mismo fue mirado por Luis.

33. *Luis fue mirado por sí mismo.

El hecho de que (32) y (33) sean agramaticales indica que el problema no puede resolverse definiendo el orden de aplicación de *Pasivización* y *Reflexivización*. El orden es, probablemente, con *Pasivización* antes de *Reflexivización*, ya que para varias personas (33) resulta menos aberrante que (32); pero en realidad, el problema es de otra índole. Lo que caracteriza a una estructura como (23) es que el sujeto y el objeto son idénticos y correferenciales, y es con seguridad esta característica la responsable de la agramaticalidad de (32) y (33). Tomando en cuenta este hecho, diré que oraciones como (31), es decir, con dos SN correferenciales, pueden ser sometidas a *Reflexivización*, pero no a *Pasivización*, lo cual equivale a formular una condición que puede ser incorporada, por ejemplo, en la regla de *Pasivización*.

Ahora bien, Postal (1971) ha demostrado, sobre un estudio del inglés, que toda transformación que afecta una estructura que invierte el orden de dos SN correferenciales, origina una oración agramatical. El mismo Postal ha propuesto entonces un principio (Cross-over Principle) por el cual la derivación de una oración en la que se 'cruzan' dos SN correferenciales es bloqueada. Es decir, si queremos aplicar *Pasivización* a (31) tenemos que invertir el orden de los dos *Luis*, pero el principio propuesto por Postal lo impediría. Asumamos entonces que ese principio es universal y va incorporado a la teoría lingüística: ya no se hace necesaria la condición particular que había propuesto para *Pasivización*, puesto que el Cross-over Principle bloquea la derivación de (32) y (33).

Lo que puede concluirse de esta sección es lo siguiente: la aplicación de las transformaciones está, a veces, condicionada por ciertas restricciones; éstas pueden ser particulares de la regla y de la lengua en cuestión, y en ese caso van en la gramática de esa lengua, o bien pueden ser universales, y en ese caso van en la teoría lingüística, pues afectan todas las lenguas del mundo. La aplicación de *Pasivización* en español está condicionada por dos restricciones, una particular (la que propuse en la primera parte de esta sección) y otra universal, el Cross-over Principle.

7.6. En esta sección plantearé el problema del orden de aplicación de *Pasivización* y *Formación de clíticos*. Esta última transformación debe necesariamente aplicarse después de *Pasivización*, puesto que de las dos oraciones (35) y (36), derivadas de (34), sólo la última es gramatical:

    34.   Luis ama a ella.

    35.   *Ella la es amada por Luis.

    36.   Ella es amada por Luis.

En otros términos, si *Pasivización* se aplica a (34) antes de *Formación de clíticos*, (36) será generada, pero no (35), ya que la DE propicia para la aplicación de esta regla ya no estará dada. Si el orden fuera inverso, (35) sería generada, pero no (36).

Pasivización destruye la DE necesaria para la aplicación de *Formación de clíticos* al objeto directo, pero no al objeto indirecto. Así que, después de que *Pasivización* se haya aplicado a una estructura como (37), *Formación de clíticos* (y las otras transformaciones necesarias) podrá aplicarse al objeto indirecto para obtener (38):

    37.   Un amigo regaló este libro a yo.

    38.   Este libro me fue regalado (a mí) por un amigo.

7.7. En la sección (7.1) he propuesto una formulación de *Pasivización*. En realidad, esa formulación no es la correcta, pues así como lo propone Chomsky (1973), *Pasivización* debe verse como la combinación de varias reglas. Esto es, *Pasivización* es un proceso complejo en el que intervienen varias transformaciones. Ahora bien, no voy a reformular la regla, sino, simplemente, diré cuáles son las transformaciones que la componen, guardando por convención la formulación global propuesta en (7.1). Las reglas que forman parte de *Pasivización* son, según el orden de aplicación, las siguientes:

    39.   *a*)   Posposición del sujeto. Esta regla desplaza el sujeto de la activa a la posición de complemento de agente.
               b)   Anteposición del objeto. Esta regla desplaza el objeto directo a la posición de sujeto.
               c)   Inserción de ser. Esta regla inserta *ser* delante del verbo.

Además de las reglas (39) se necesita una regla o convención para introducir *por* delante del agente, si no se opta por la solución planteada por Chomsky (1965) de incluirlo en la estructura profunda. Nótese también que se necesita otra regla o convención para elidir la *a* del objeto directo. Recordemos que la *a* aparece junto al verbo en la estructura profunda. Cuando el objeto directo es desplazado a la posición de sujeto, la *a* permanece junto al verbo, pero tiene que ser elidida; de otra manera, generaríamos oraciones agramaticales como (40):

40. *María es amada a por Luis.

Podríamos resolver este problema diciendo que *Elisión de a* se aplica cuando le sigue un SN inanimado e indefinido, un nombre común solo, etc., y también cuando le sigue ϕ, después de que Anteposición del objeto se haya aplicado[6].

---

[6] La presencia o ausencia de *a* delante de los objetos directos en español es una cuestión que no puede resolverse únicamente en términos sintácticos, como lo ha venido asumiendo. Baste con considerar la ya muy conocida diferencia semántica entre 'Busco una mujer' y 'Busco a una mujer'. Pero, una vez más, éste es un tema para otra monografía.

CAPÍTULO 8
Elisión de los sintagmas nominales equivalentes

Las oraciones (1-3) tienen una cláusula subordinada introducida por *que:*

1. Luis quiere que yo cante.

2. Yo quiero que tú cantes.

3. Él quiere que Antonio cante.

En (1-3), el sujeto de la subordinada es distinto del sujeto de la principal. Si las dos cláusulas tuvieran un mismo sujeto, es decir, idéntico o correferencial, la oración resultaría agramatical, como puede observarse en (4-6):

4. *$Luis_i$ quiere que $Luis_i$ cante.

5. *Yo quiero que yo cante.

6. *$Él_i$ quiere que $él_i$ cante.

(4-6) son agramaticales, pero interpretables; esto es, se les puede asignar una interpretación.
Las oraciones (7-9) son agramaticales y reciben una interpretación idéntica a la que recibirían (4-6):

7. Luis quiere cantar.

8. Yo quiero cantar.

9. Él quiere cantar.

Si se quiere explicar estos hechos y si se quiere que la gramática genere únicamente oraciones gramaticales, en este caso, (1-3) y (7-9), se debe elaborar una o más hipótesis que contengan reglas explícitas y que permitan derivar las oraciones en cuestión. En el caso de que haya varias hipótesis o soluciones posibles, se debe seleccionar la mejor. Esto es lo que me propongo hacer. Empezaré ofreciendo para los hechos anotados las dos soluciones siguientes:

10. *a*) Las reglas reescriturales producen dos tipos de diagramas arbóreos. El primer tipo corresponde a las oraciones (1-3); se obtiene aplicando, entre otras, la regla SV → V SN, y es el siguiente:

I.

$$
\begin{array}{c}
O_1 \\
SN_1 \quad SV \\
V \quad SN \\
O_2 \\
SN_2 \quad SV
\end{array}
$$

El segundo tipo corresponde a las oraciones (7-9); se obtiene aplicando, entre otras, una nueva regla SV → V SV y es el siguiente:

II.

$$
\begin{array}{c}
O \\
SN \quad SV \\
V \quad SV
\end{array}
$$

En esta hipótesis, llamémosla HA, se asume entonces que (1-3) y (7-9) son generadas directamente por reglas reescriturales, y que en sus derivaciones sólo intervienen las transformaciones *Concordancia* e *Inserción de que* (esta última se aplica sólo en las derivaciones de 1-3).

b) En la segunda hipótesis, que llamará HB, las reglas reescriturales producen un solo tipo de diagrama arbóreo, aplicando —entre otras— la regla SV → V SN. Ese diagrama es el que aparece en (I), aquí arriba. Las oraciones (1-3) y (7-9) tienen, por tanto, un mismo tipo de estructura profunda, con la diferencia de que en el caso de las oraciones (7-9) SN_2 es correferencial[1] con SN_1.

---

[1] Como en otros casos, aquí la correferencialidad implica también igualdad entre los dos SN.

De manera que las estructuras profundas de (1) y (7), por ejemplo, serían III y IV, respectivamente:

III.   IV.

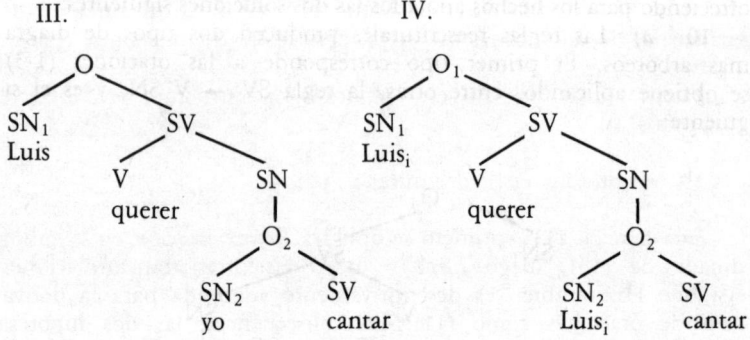

Para obtener (1) se aplica a (III) *Concordancia* e *Inserción de que* —(2) y (3) tendrían, naturalmente, el mismo tipo de derivación—, para obtener (7) se aplica a (IV) una transformación, que llamaré *Elisión de los sintagmas nominales equivalentes,* o simplemente *Equi,* cuyo efecto es elidir el SN_2 *Luis* correferencial con el SN_1, y luego *Concordancia.* La derivación de (8) y (9) sería similar a la de (7).

Evidentemente, HA y HB son iguales en cuanto a la derivación de las oraciones (1-3) y se diferencian en cuanto a la derivación de las oraciones (7-9). Agregaré que las dos soluciones generan correctamente las oraciones gramaticales, agregando cada una de ellas una sola regla a la gramática ya desarrollada. Así que si tuviera que seleccionar la hipótesis correcta basándome únicamente en los hechos presentados hasta ahora, no podría escoger entre HA y HB. Por ello tendré que analizar más ejemplos y tendré que ver de qué manera cada hipótesis se relaciona con el resto de la gramática, para así desarrollar argumentos que me permitan llegar a la solución más adecuada.

Procederé ahora a estudiar casos de oraciones similares a (7-9), que o bien contienen un reflexivo, o bien tienen forma pasiva, de manera que podré determinar con precisión hasta qué punto HA y HB son compatibles con las reglas de *Reflexivización* y *Pasivización*.

Sea, entonces, la oración siguiente, (11), en la que hay un reflexivo:

11. Pedro quiere mirarse.

Dentro del marco de la HA, la estructura profunda de (11) será (12):

12. Pedro querer mirar a Pedro.

A (12) se le aplicará *Reflexivización, Formación de clíticos,* etcétera, y se obtendrá (11). Así que HA es descriptivamente adecuada por lo que concierne a la derivación de oraciones con reflexivos.

Pasemos a la HB. En esta hipótesis, la estructura profunda de (11) será (13):

13. Pedro querer [Pedro mirar a Pedro].

Para generar (11), primero se aplicará *Reflexivización* en la subordinada de (13), luego *Equi* y luego las otras transformaciones. Así que HB también es descriptivamente adecuada para la derivación de oraciones como (11). En consecuencia, las dos hipótesis son compatibles con las reglas y datos analizados hasta ahora; esto es, *Reflexivización* no nos permite seleccionar la hipótesis correcta, ni nos permite elaborar argumentos a favor de una de las dos soluciones propuestas.

Pasemos al caso de una oración pasiva, como (14):

14. María quiere ser admirada por Pedro.

La estructura profunda de (14), de acuerdo con la HA, debería ser (15), que después de *Pasivización* y *Concordancia* debería convertirse en (14):

15. Pedro querer admirar a María.

Sin embargo, (15) no puede ser la estructura profunda de (14), puesto que no tiene la misma interpretación de esta última. En efecto, si a (15) no aplicamos *Pasivización,* que, como sabemos, es facultativa, obtenemos (16):

16. Pedro quiere admirar a María.

Tampoco es posible, dentro de la HA, asignarle a (14) otro tipo de estructura profunda que no sea (15), por lo que en esta hipótesis no hay manera de generar (14). En consecuencia, *Pasivización* me permite construir un argumento en contra de HA y me permite llegar a la conclusión de que es inadecuada. Nótese, además, que aun en el caso de que (15) se tomara como estructura profunda de (14), *Pasivización* no podría aplicarse en ella, ya que no satisface la DE de la transformación. Si quisiera derivar (14) a partir de (15) debería proponer otra regla de *Pasivización,* distinta de la que he dado en el capítulo anterior, en cuyo caso estaría complicando la gramática y estaría ofreciendo una solución *ad hoc* al problema planteado en este capítulo.

Veamos ahora si HB puede generar (14). De acuerdo con esta hipótesis, la estructura profunda de (14) sería (17):

17. María querer [Pedro admirar a María].

Para derivar (14), aplicaríamos *Pasivización* en la subordinada obteniendo (18):

18. María querer [María ser admirada por Pedro].

(18) puede someterse a *Equi*, que elidirá el segundo SN *María*, originando así, después de *Concordancia*, (14). De esto se deduce entonces que HB es la hipótesis correcta, ya que permite derivar tanto oraciones con reflexivos, como oraciones pasivas.

8.1. El razonamiento implícito en la discusión de la sección anterior es similar al que he desarrollado en el capítulo VI (Reflexivización). En ambos casos he demostrado, por un lado, que recurriendo a reglas ya establecidas se pueden resolver nuevos problemas y se puede escoger la solución correcta entre varias soluciones posibles y, por otro lado, que la compatibilidad de reglas ya fijadas, en este caso *Pasivización,* con una determinada hipótesis constituye un argumento a favor de dicha hipótesis.

Pero en realidad hay más argumentos que comprueban la adecuación de HB. Mencionaré cuatro.

El primer argumento a favor de HB al que quiero aludir es el siguiente: si (17) es la estructura profunda de (14), de no aplicarse *Pasivización* en la subordinada, no se obtendría (18) y no podría aplicarse *Equi*. De ser así, *Inserción de que, Concordancia, Pronominalización,* etc., se aplicarían y el resultado sería la oración (19):

19. María quiere que Pedro la admire.

Lo importante es notar que (19) es gramatical y sinónima de (14) en la interpretación en que *la* refiere a *María*. Ahora bien, el hecho de que una hipótesis correctamente genere dos estructuras superficiales distintas, pero sinónimas (14 y 19), a partir de una misma estructura profunda, comprueba que esta hipótesis es adecuada.

El segundo argumento que quiero plantear está basado sobre el fenómeno de las restricciones seleccionales que definen las posibilidades de combinación de los elementos en una oración y que nos permiten inferir que (20) está bien formada, pero no (21):

20. Luis canta.

21. *Luis ocurre.

(21) es una oración mal formada porque el verbo *ocurrir* no se construye con sujetos animados. Las restricciones seleccionales deben establecerse en la estructura profunda (Cfr. Chomsky, 1965), ya que si se establecieran en la estructura superficial, la gramática generaría todo tipo de oraciones, incluyendo oraciones mal formadas como (21). Por tanto, es en la estructura profunda o, mejor dicho, en el léxico, donde debe especificarse que *cantar* se construye con sujetos animados y *ocurrir* no.

Ahora bien, si además de (20) y (21) queremos dar cuenta de (22) y (23) en términos de restricciones seleccionales,

22. Luis quiere cantar,

23. *Luis quiere ocurrir,

notamos que HB resulta más simple que HA. En efecto, dentro de HA las oraciones (22) y (23) tienen una estructura profunda en la que *cantar* y *ocurrir* carecen de sujeto propio. Son las expresiones *querer cantar* y *querer ocurrir* las que tienen sujeto propio. Así que en esta hipótesis, si quisiéramos dar cuenta de los fenómenos señalados respecto a (20-23), deberíamos asumir que el léxico define las restricciones de *cantar* y *ocurrir* por un lado, y las de *querer cantar* y *querer ocurrir* por otro lado. Es decir, dentro del marco de la HA a todo verbo se le asignaría una restricción, y a toda expresión en la que el verbo vaya precedido por *querer* se le asignaría otra.

Pero dentro de la HB no habría necesidad de duplicar las restricciones. En efecto, en esta hipótesis, las estructuras profundas de (22) y (23) contienen una subordinada que es (20) en el caso de (22), y (21) en el caso de (23). De manera que al definir las restricciones que permiten decir que (20) está bien formada y (21) mal formada, se está automáticamente diciendo que (22) está bien formada —puesto que contiene a (20)— y (23) está mal formada— puesto que contiene a (21).

Otro argumento a favor de la HB es el siguiente: Ya he señalado que cuando el verbo *querer* aparece en oraciones con dos cláusulas, las oraciones son gramaticales sólo si los sujetos de las dos cláusulas no son correferenciales. Dicho en otros términos, si se toma una estructura del tipo (24):

24. Luis quiere (que) _____ cante(s),

en la posición _____ se puede introducir todo tipo de SN singular con las restricciones seleccionales de *cantar,* produciendo una oración gramatical. Pero cuando en ese contexto introducimos el SN *Luis,* correferencial con el primero, la oración resulta agramatical. Así que en el contexto indicado por _____ se puede introducir todo un paradigma de un determinado tipo de SN, digamos SN singulares y animados, a excepción del SN que aparece como sujeto de *querer.* Esto es cierto también si el sujeto es, por ejemplo, *yo, tú,* etc.; en todo caso, la subordinada no podrá tener el mismo sujeto que aparece en la principal. Lo que he dicho indica entonces que en una estructura del tipo [SN_1 querer (que) SN_2 Verbo], SN_2 representa un paradigma con una falla sistemática debida a la correferencialidad entre SN_1 y SN_2. Este fenómeno es 'explicado' por la HB, pero no por la HA, puesto que el efecto de la transformación *Equi* es precisamente el de 'crear' esa falla sistemática.

El último argumento que quisiera esgrimir a favor de HB está basado sobre algo señalado al comienzo de este capítulo. Analizando las oraciones (4-6) y (7-9), dije que sólo las últimas son gramaticales, y que (4-6), si bien agramaticales, son interpretables de una manera paralela a (7-9). Este hecho es parte de nuestro conocimiento y nuestra intuición lingüística, por lo que una gramática que de alguna manera dé cuenta de tales fenómenos es evidentemente mejor que otra que no lo haga. Esto es lo que diferencia HA de HB, pues sólo la segunda relaciona (4-6) a (7-9) de manera explícita y coherente: (4-6) constituyen las estructuras profundas de (7-9); por lo que (4), por ejemplo, es la estructura profunda de (7) y es el aducto al componente semántico; en consecuencia, (4) y (7) se interpretan de la misma manera.

8.2. Lo que he dicho hasta ahora ha permitido incluir en la gramática una nueva transformación, *Equi*. Ahora quisiera definir con cierta precisión el dominio de aplicación de esta regla.

En los ejemplos analizados, la aplicación de *Equi* era obligatoria, por lo que podría concluir que *Equi* es obligatoria. Sin embargo, esto no es cierto, ya que si observamos las oraciones (25-27), en las que se aplicó *Equi,* notamos que no todas son gramaticales:

25. Quiero cantar bien.

26. Creo cantar bien.

27. *Digo cantar bien.

Las oraciones (25-27) tienen distintos grados de gramaticalidad: (25) es plenamente gramatical, (26) —con el signo ??— es menos gramatical que (25), pero más gramatical que (27) —acompañada por el signo *[2].

Para explicar este fenómeno sugiero que se obseve el comportamiento de los verbos *querer*, *creer* y *decir* en oraciones con una subordinada no infinitiva[3]:

28. Quiero que Luis vuelva/ *vuelve/ *volverá.

29. Creo que Luis vuelva/vuelve/volverá.

30. Digo que Luis *vuelva/vuelve/volverá.

Las oraciones (28-30) muestran que *querer* admite en la subordinada sólo el *subjuntivo* (Sub.); *decir*, sólo el *indicativo* (Ind.), y *creer*, tanto el Sub. como el Ind. Además, desde el punto de vista semántico, la subordinada de *decir* constituye una afirmación fuerte, la subordinada de *creer* constituye una afirmación débil cuando el verbo es indicativo y más débil aún cuando el verbo es subjuntivo —hago caso omiso del valor de futuro que se da con el subjuntivo—. La subordinada de *querer* no es una afirmación: *querer* sólo expresa una modalidad. Estos hechos nos permiten distinguir tres tipos de verbos con las características aquí arriba señaladas: 1.º verba dicendi (decir, afirmar, etc.), 2.º verba cogitandi (creer, pensar, etc.) y 3.º verba volendi (querer, desear, etc.).

Dicho esto, agregaré que *Equi* se aplica obligatoriamente en el caso en el que el verbo de la principal es del tercer tipo (volendi); se aplica facultativamente cuando el verbo de la principal es del segundo tipo (cogitandi) y la subordinada expresa una afirmación muy débil, y no se aplica cuando el verbo de la principal es del tercer tipo (dicendi). Para formular en términos sintácticos lo que acabo de decir, asumiré que en la estructura profunda de las oraciones hay

---

[2] Si bien estoy hablando de grados de agramaticalidad, quizá sea más correcto hablar aquí de grados de aceptabilidad. Por ejemplo, (26) podría considerarse gramatical, pero no muy aceptable, por lo menos para algunos hablantes. Véase la discusión más adelante.

[3] Al dar estos ejemplos no pretendo explicar todas las formas verbales posibles, por ejemplo, no menciono el condicional) ni dar cuenta de todos los usos posibles. El uso del indicativo y el subjuntivo en las subordinadas varía un tanto de dialecto a dialecto, e inclusive de hablante a hablante, pero, en términos generales, las formas que doy en (28-30) sin asterisco son las más comúnmente aceptadas entre hablantes venezolanos. Algunos de éstos aceptan la oración (30) con *vuelva*, pero creo que en este caso están usando *decir* no en el sentido de 'afirmar' (más adelante me refiero al uso del subjuntivo con el verbo *decir*). En todo caso, sugiero que el lector se limite a tomar en consideración los ejemplos que doy, pues mi intención no es analizar el uso de los modos y tiempos verbales. También propongo que se haga abstracción del uso de los modos en oraciones negativas, puesto que éstas se comportan, en cuanto a inflexión verbal, de manera distinta de las afirmativas.

un nudo Aux (auxiliar) que entre otras cosas determina, para una subordinada, si ésta va en Ind. o Sub., y, además, que el verbo de la principal se selecciona de acuerdo a su compatibilidad con el Ind. o con el Sub. Por ejemplo, las estructuras profundas de las oraciones (25-27) serían las siguientes:

31. Yo querer [yo Sub. cantar bien] (modalidad).

32. Yo creer [yo Sub. cantar bien] (afirmación muy débil).

33. Yo creer [yo Ind. cantar bien] (afirmación débil).

34. Yo decir [yo Ind. cantar bien] (afirmación fuerte).

Lo que he puesto entre paréntesis al final de (31-34) es la interpretación que el componente semántico asigna a esas estructuras. Ahora bien, *Equi* podría formularse de manera que tomara en cuenta el rasgo Sub., esto es, la transformación sería sensible a este rasgo, que aparecería en su DE. En otros términos, *Equi* se aplicaría a (31) y (32) porque éstas tienen en la subordinada el rasgo Sub., pero no a (33) y (34). Veamos ahora si esta solución es adecuada y si *Equi* es obligatoria o facultativa. Si se toman en cuenta (31) y (25), se ve que la solución es adecuada y *Equi* es obligatoria. Veamos ahora qué pasa con (32), (33) y (26). He dicho que (26) es un tanto agramatical, pero eso no es correcto: (26) es gramatical para algunos hablantes y agramatical para otros. Así que habría dos grupos de hablantes, I y II, con gramáticas un tanto distintas. Para esos dos grupos de hablantes, parece que también hay una diferencia de gramaticalidad entre (35) y (36):

35. Creo que (yo) canto/cantaré bien.

36. Creo que (yo) cante bien.

El grupo I, que considera (26) gramatical, considera gramatical (35), pero no (36), mientras que el grupo II considera agramatical (26) y gramatical tanto (35) como (36). Si estas observaciones son corectas, entonces *Equi* es común a todos los hablantes y se aplica obligatoriamente para todos en los casos de los verbos volendi, pero en los casos de los verbos cogitandi es aplicable, obligatoriamente, sólo en la gramática de los hablantes del grupo I, cuando la subordinada tiene el rasgo Sub.

Sin embargo, estas conclusiones no son muy acertadas. El problema es mucho más complejo y en realidad no hay dos grupos de hablantes netamente diferenciados, cosa que es fácil de comprender si se toma en cuenta que oraciones como (26) se prestan a discusiones y dudas por parte de todo hablante. En lo que concierne a mi propia intuición, (26) y (35) son gramaticales, pero no (36). Esto es, yo pertenecería al grupo I, pues me es así imposible aceptar una oración como (37):

37. Luis cree que (él = Luis) venga a la fiesta,

mientras que encuentro (38) perfecta:

38. Luis cree que (él = Luis) viene/vendrá a la fiesta.

Oraciones como (37) me resultan normales cuando los dos sujetos son distintos. Sin embargo, la oración (39), que sería derivada de la misma estructura profunda de (37), o bien (40), me parecen poco plausibles:

39. Luis cree venir a la fiesta.

40. Luis cree comprar una bella casa.

excepto cuando aparecen en un contexto particular, como, por ejemplo, en (41), donde *cree* llevaría un acento contrastivo:

41. Al comprar la casa de Juan, Luis cree comprar una bella casa, pero se equivoca.

No tengo una explicación sintáctica para estas observaciones, y deberé asumir que hay algún otro factor que determina, para mí, la poca aceptabilidad de (37) y aun de (40). En consecuencia, aunque podría concluir que *Equi* es una regla obligatoria aplicable para todo hablante en el caso de los verbos volendi y aplicable sólo para los hablantes del I grupo en el caso de los verbos cogitandi cuando la subordinada tiene Sub., quedan una serie de hechos que esta solución no explica.

El problema se complica más al observar que oraciones como (42-44) son, a mi parecer, gramaticales para todos los hablantes:

42. Pedro cree estar enfermo.

43. Pedro cree haber perdido una libreta.

44. Pedro cree poder llegar primero.

No voy a emitir juicios sobre la gramaticalidad de las oraciones correspondientes a (42-44) con una subordinada en indicativo o en subjuntivo, pues sólo me interesa la derivación de (42-44). Estas últimas oraciones tienen en la subordinada o bien un verbo copulativo (estar, ser), o bien un verbo 'compuesto'; es decir, un verbo precedido por el auxiliar *haber,* o por un semi-auxiliar (poder, deber, empezar, etc.). Es posible, entonces, que (42-44) sean gramaticales porque el verbo de la subordinada es un verbo copulativo o un compuesto. Es decir, podría asumir que *Equi* es aplicable, para todos los hablantes, cuando el verbo de la principal es del tipo cogitandi y el verbo de la subordinada es copulativo o un verbo precedido de auxiliar. Inclusive esto es extensible a los verbos dicendi, ya que las oraciones (45-47) son gramaticales:

45. Pedro dice estar enfermo, pero no lo creo.

46. Pedro dice haber perdido una libreta, pero es falso.

47. Pedro dice poder llegar primero, pero no va a llegar primero.

Nótese, de paso, que (42-44) constituyen afirmaciones muy débiles. Lo mismo sucede con (45-47), a pesar de que estas últimas contienen el verbo *decir.* Pero eso no debe sorprendernos, pues sabemos que verbos como *creer* y *decir* son un tanto polisémicos. Por ejemplo, el verbo *decir,* al cual me refería en los párrafos anteriores, es sinónimo de *afirmar,* mientras que el verbo *decir* de (47), por ejemplo, es más bien sinónimo de *pensar. Decir* de (48) es por su parte sinónimo de *ordenar,* de allí que la subordinada vaya en subjuntivo:

48. Dígale que venga.

Así que cuando proponía que *Equi* no se aplicara en las oraciones con el verbo *decir* me estaba refiriendo a oraciones en las cuales la subordinada se interpreta como una afirmación y el verbo *decir* es sinónimo de *afirmar.*

Naturalmente, esta discusión, bastante inconclusiva, deja varios aspectos sin una explicación adecuada. Supongo que mi análisis merece un estudio más atento, pero lo considero esencialmente correcto, aunque en principio no pueda descartar la posibilidad de que un enfoque distinto, digamos semántico[4], resulte más adecuado. En todo caso, lo adoptaré y asumiré, por un lado, que *Equi* es una transformación del español y, por otro lado, que su aplicación varía de dialecto a dialecto.

---

[4] Luján (1978), Guitart (1978), Terrel (1976), entre otros, han enfocado los problemas de las subordinadas no-infinitivas en términos semánticos. Es posible que sus análisis puedan extenderse a las subordinadas infinitivas.

8.3. Además de los verbos señalados en las secciones anteriores, hay otros que admiten aplicación de *Equi:* ordenar, obligar, permitir, exhortar, aconsejar, etc. Estos verbos no expresan ni una afirmación ni una modalidad, sino una 'orden', en un sentido amplio. Por ejemplo, la oración (49) se obtiene por medio de *Equi,* a partir de (50):

49. Pedro nos ordenó cortar el árbol.

50. Pedro ordenar [nosotros cortamos el árbol] a nosotros.

La derivación de oraciones como (49) representa un problema para el análisis que he propuesto en las secciones anteriores, puesto que la aplicación de *Equi* es facultativa con estos verbos, como se deduce de la observación de que tanto (49) como (51) son gramaticales:

51. Pedro nos ordenó que cortáramos el árbol.

Cuando hablé de los verbos cogitandi, traté de demostrar que en realidad la regla se aplica obligatoriamente —por lo menos en un dialecto— cuando la subordinada tenía el rasgo Sub. Pero este razonamiento no puede esgrimirse a favor de los verbos tipo *ordenar,* ya que estos verbos sólo se construyen en subjuntivo, como puede deducirse de la agramaticalidad de (52):

52. *Pedro nos ordenó que cortábamos/cortamos el árbol.

Así que la estructura profunda de (49) y (51) será la misma y satisfará la DE de *Equi* —pues el verbo de la subordinada tiene el rasgo Sub.—, y la regla se aplicará en este caso facultativamente.
Una explicación posible para este fenómeno sería la siguiente: la estructura profunda de verbos como *ordenar* es (53 *a*) y la de verbos como *obligar* es (53 *b*):

53.

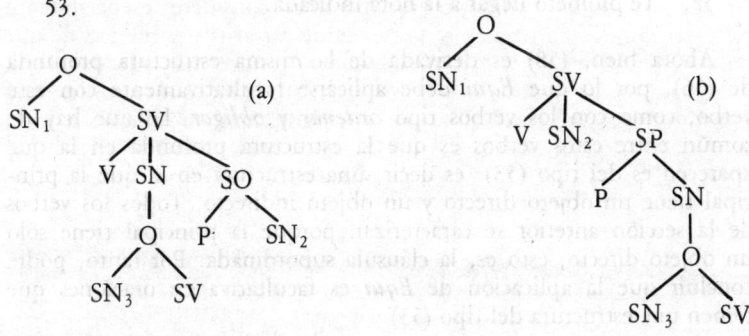

Además, la estructura profunda de oraciones con estos verbos debe llenar la condición necesaria de que SN_2 sea correferencial con SN_3; de otra manera, las oraciones resultarían agramaticales, como es el caso de (54) y (55):

54. *Pedro te ordenó que yo cortara el árbol.

55. *Pedro me obligó a que tú cortaras el árbol.

En oraciones que llenen esas condiciones, *Equi* se aplica entre un objeto de la principal y el sujeto de la subordinada, y no entre el sujeto de la principal y el sujeto de la subordinada (como con los verbos de la sección anterior). En consecuencia, podría asumirse que son todas estas características particulares de las oraciones con verbos tipo *ordenar* y *obligar* las que determinan la aplicación facultativa de *Equi*. Sin embargo, creo que las características pueden reducirse a una sola: la de tener una estructura tipo (53). A fin de demostrar que ésta es la condición necesaria y suficiente para la aplicación facultativa de *Equi*, analizaré oraciones con el verbo *prometer*, que no es un verbo que expresa 'orden'. *Prometer* es igual a *ordenar* en el sentido de que aparece en estructuras profundas como (53 *a*), pero éstas no deben llenar la condición de que SN_2 sea correferencial con SN_3. Prueba de ello es la gramaticalidad de (56):

56. Te prometo que llegaré a la hora indicada.

Por otro lado, *prometer* es como los verbos de la sección anterior en el sentido de que SN_1 puede ser distinto de SN_3, como en (57), y en el sentido de que *Equi* se aplica en las oraciones con *prometer*, entre el sujeto principal y el sujeto subordinado, como en (58):

57. Luis me prometió que la cena estaría servida a las 7.

58. Te prometo llegar a la hora indicada.

Ahora bien, (58) es derivada de la misma estructura profunda de (56), por lo que *Equi* debe aplicarse facultativamente con este verbo, como con los verbos tipo *ordenar* y *obligar*. Lo que hay de común entre estos verbos es que la estructura profunda en la que aparecen es del tipo (53): es decir, una estructura en la que la principal tiene un objeto directo y un objeto indirecto. Todos los verbos de la sección anterior se caracterizan porque la principal tiene sólo un objeto directo; esto es, la cláusula subordinada. Por tanto, podré concluir que la aplicación de *Equi* es facultativa en oraciones que tienen una estructura del tipo (53).

8.4. El análisis desarrollado hasta ahora revela que *Equi* es una transformación que elide el sujeto de la subordinada si éste es correferencial con un SN de la principal y si el verbo de la subordinada tiene el rasgo Sub. La formulación de la regla presenta, sin embargo, cietas dificultades. Si la regla se formula de la manera siguiente:

59. T Equi:

DE: SN_i V SN_i V X obli.
   1   2   3   4 5 $\Rightarrow$
CE: 1   2 ϕ 4 5

los casos de oraciones con estructura del tipo (53) quedarían excluidos del dominio de la regla, por dos razones: primero, porque la regla es facultativa en estos casos; segundo, porque la DE de (59) no prevé la elisión del sujeto de la subordinada por correferencialidad con un objeto de la principal. A fin de resolver este problema, podría proponerse otra regla para estos casos; por ejemplo, (60).

60. T Equi:

DE: X SN_1 Y SN_1 V Z   fac.
    1   2   3   4   5 6 $\Rightarrow$
CE: 1   2   3 ϕ 5 6

Condición: 3 no es nulo.

Sin embargo, la regla (60) es aplicable a las oraciones con verbos como *obligar*, con la estructura (53 *b*), pero es inapelable a oraciones con un verbo como *ordenar* y *prometer*, con la estructura (53 *a*), ya que en esta estructura el sujeto de la subordinada está a la izquierda y no a la derecha del SN objeto. Por ello sería necesario formular una tercera regla para resolver este caso. Naturalmente, ésta es una solución poco convincente, y tendré que ofrecer otra.

Analicemos por un momento la derivación de la oración (61):

61. Luis me ordenó cantar.

La estructura profunda de esta oración es (62):

62. Luis ordenar [yo cantar] a yo.

Sabemos que a (62) se aplican, entre otras, las reglas *Formación de clíticos* y *Equi*. Supongamos entonces que el orden de aplicación de esas dos reglas sea el de aquí arriba; en este caso, *Formación de clíticos* se aplicará antes, produciendo (63):

63. Luis ordenar yo [yo cantar] a yo.

En (63), el problema planteado desaparece, ya que el sujeto subordinado *yo*, es precedido por otro *yo*, de manera que (60) podrá aplicarse. Así que ordenando *Formación de clíticos* antes de *Equi*, evitamos la formulación de otra regla[5].

Quisiera ahora tratar de combinar (59) y (60) en una sola regla. Nótese que la DE de (70) incluye la DE de (59), porque (59) puede verse como un caso particular de (60), específicamente cuando X e Y de (60) son nulos. De manera que podríamos combinar (59) y (60) si no especificáramos el carácter obligatorio o facultativo de la regla, y si agregáramos una condición. De esta forma *Equi* quedaría definitivamente formulada como (64):

64. T Equi (reformulada):

DE:	X	SN_i	Y	SN_i	Aux	V	Z	
	1	2	3	4	5	6	7	⇒
CE:	1	2	3	ϕ	5	6	7	

Condición: Aux contiene el rasgo Sub.
Aplicación: facultativa si 3 no es nulo, obligatoria en cualquier otro caso.

Huelga decir que la formulación (64) corresponde a la regla de los hablantes del grupo I (sección 8.3); los hablantes del grupo II, y quizá de otros dialectos, tendrían la misma regla, pero con condiciones y aplicaciones distintas.

8.5. Una cosa que todavía no he explicado es por qué la subordinada de las oraciones en las que se aplicó *Equi* va en infinitivo. La respuesta es bastante simple: *Concordancia* se aplica en una misma cláusula entre sujeto y verbo. Ahora bien, como lo demostraré en la sección (8.9), *Concordancia* es posterior a *Equi*, que, como hemos visto, elimina el sujeto del verbo de la subordinada. De manera que si en una oración se aplica *Equi*, cuando le toque el turno a *Concordancia* ya no habrá sujeto en la subordinada, su DE no será satisfecha y la regla no se aplicará. Resultado: el verbo se quedará en infinitivo.

Otra de las consecuencias de la aplicación de *Equi* es que la elisión del sujeto impide la aplicación de *Inserción de que:* ésta no se aplica en oraciones con subordinada infinitiva, puesto que su DE requiere la presencia del sujeto. A este respecto vale la pena señalar que la derivación de (65) no incluye *Equi*, sino *Pronominalización, Concordancia, Inserción de que* y *Elisión del sujeto pronominal:*

---

[5] En el capítulo 10 ofreceré una solución distinta a los problemas planteados aquí a propósito de verbos como *ordenar*.

65. Antonio dijo que volvería pronto.

De lo dicho en esta sección se deduce que *Equi* se aplica antes de las otras reglas estudiadas, inclusive quizás antes de *Pasivización*, si bien no haya argumentos que permitan decidir acerca del orden respectivo entre *Equi* y *Pasivización*. Por ejemplo (66) se deriva de (67), tanto con el orden *Equi* antes de *Pasivización* como con el orden inverso:

66. Yo fui obligado por Luis a visitar a tu tía.

67. Luis obligar a yo a [yo visitar a tu tía].

8.6. Un aspecto del análisis transformacional sobre el cual todavía no he dicho nada es la representación de la estructura derivada. Si, por ejemplo, se pregunta cuál es la estructura sintáctica de una oración después de la aplicación de *Equi*, en términos de encorchetamiento rotulado o de diagrama arbóreo, la respuesta podría ser que (68a), por ejemplo, pasa a (68b), o bien a (68c):

68.

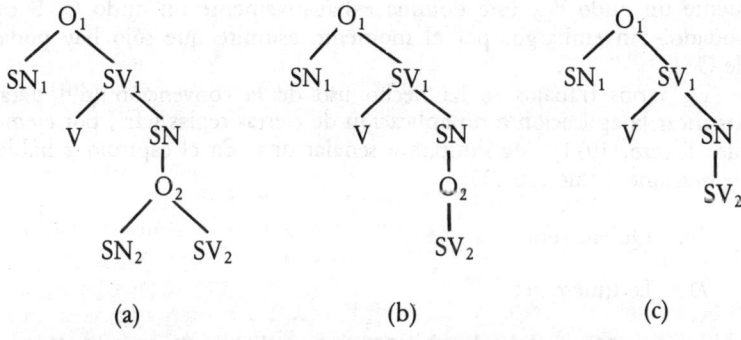

(a)   (b)   (c)

Evidentemente, es una cuestión empírica saber si la estructura correcta es (68b) o (68c). La diferencia entre (68b) y (68c) es que en la primera hay dos nudos O, mientras que en la segunda no. Eso es, (68b) contiene dos cláusulas, O_1 y O_2, mientras (68c) contiene una sola cláusula, O_1. Supongamos entonces que exista una transformación cuya DE haga referencia al nudo O, y que esa transformación se aplique a O_2 de (68b): ésta sería una prueba de que (68b) es correcta. En cualquier otro caso, podría decirse que la estructura correcta es (68c). Por el momento no puedo desarrollar argumentos a favor de una u otra solución, pues ello implicaría que hiciera referencia a fenómenos que aún no he analizado. Por tanto, asumiré, sin justificarlo, que la estructura correcta es (68c), y que (68c) se obtiene a partir de (68b) por el siguiente principio o convención:

69. Convención de poda[6].

Si una transformación se aplica de manera tal que convierte la cláusula subordinada (a) en la cláusula subordinada (b), el nudo O que domina SV es podado, quedando (b) reducida a (c):

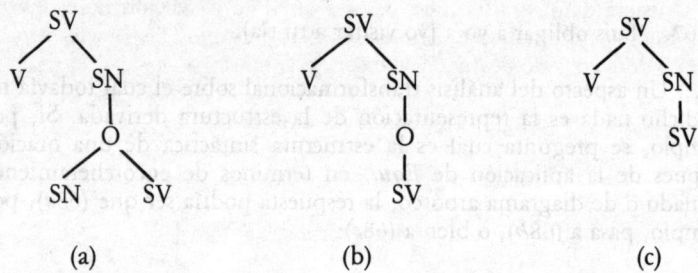

(a)　　　　　　　　(b)　　　　　　　　(c)

(69) podría generalizarse diciendo: si un nudo A domina exhaustivamente un nudo B y éste domina exhaustivamente un nudo C, B es podado. Sin embargo, por el momento asumiré que sólo hay poda de O.

En varios trabajos se ha hecho uso de la convención (69) para justificar la aplicación o no aplicación de ciertas reglas (cfr., por ejemplo, Rivero, 1971). Me limitaré a señalar una. En el capítulo 2 hablé de oraciones como (70-71):

70. Quiero verlo

71. Lo quiero ver

y dije que (71) se derivaba de (70) por medio de *Monta de clíticos*. Ahora bien, esta transformación se aplica en (70) porque (70) se obtuvo por *Equi* y la convención (69). *Monta de clíticos* no se aplica, por ejemplo, en (72) para derivar (73) (cfr. Contreras y Rojas, 1972, y D'Introno, 1979):

72. Prohibí leerlo.

73. *Lo prohibí leer.

---

[6] Esta convención fue propuesta originalmente por Ross (1976).

La razón es que los verbos como *prohibir, ordenar*, etc., tienen una estructura como (53) y no como (69*a*), por lo que O no puede ser podada[7] de su cláusula subordinada. Es esta O la que impide que el clítico pase a la cláusula principal.

8.7. En la sección (8.4) dije que la estructura profunda de oraciones con verbos tipo *ordenar* y *obligar* debía ser (53), con la condición suplementaria de que el sujeto de la subordinada sea correferencial con el objeto de la principal. Digamos que esta condición puede formularse así: la estructura profunda *debe* satisfacer la DE de *Equi*.

Quisiera demostrar en esta sección que esta condición no es correcta y que se necesita otra. Tomemos, por ejemplo, las oraciones (74) y (75), derivadas de (76) y (77), respectivamente:

74. Luis te obligó a respetar a sus amigos.

75. Luis te ordenó respetar a sus amigos.

76. Luis obligó a tú a [tú respetar a sus amigos].
     $\qquad\qquad\qquad\qquad$ O

77. Luis ordenó [tú respetar a sus amigos] a tú.
    $\qquad\qquad$ O

Las cláusulas subordinadas de (76) y (77) pueden ser sometidas a *Pasivización*, y si así lo hacemos, *Equi* no podrá aplicarse porque el sujeto de la subordinada ya no será *tú*, sino *tus amigos*. En consecuencia, las oraciones agramaticales (78) y (79) serían generadas:

78. *Luis te obligó a que tus amigos fueran respetados.

79. *Luis te ordenó que tus amigos fueran respetados.

Evidentemente, la condición propuesta es incorrecta, puesto que (75) y (76) llenan esa condición, pero permiten derivar (78) y (79).

Sugeriré entonces que la condición sea reemplazada por la siguiente: la DE de *Equi* debe ser satisfecha en el momento en que a *Equi* le toque aplicarse. Eso es, la condición no es sobre la estructura profunda, sino sobre una estructura derivada. De esa manera, (74-77) podrían ser generadas, pero no (78) y (79), porque después de aplicarse *Pasivización* en las subordinadas de (76) y (77), ya la DE de *Equi* no

---

[7] En el capítulo 18, al resumir las reglas y al referirme a *Reflexivización* explicaré problemas relacionados con estos verbos no en términos de la convención de poda, sino en términos del orden de aplicación de las reglas, lo cual no implica que en las estructuras tipo (53) la O se pode.

es satisfecha y la condición permite descartar las estructuras como malformadas.

La nueva condición permite que se generen estructuras profundas como (80):

80. Luis obligó a tú a [el médico examina a tú].

Si en la subordinación de (80) no aplicamos *Pasivización*, (80) será descartada por la condición, pero si aplicamos *Pasivización,* la estructura derivada será aceptada por la condición y las oraciones (81) y (82) serán producidas:

81. Luis te obligó a ser examinado por el médico.

82. Luis te obligó a que fueras examinado por el médico.

En mi opinión, (81) y (82) son bastante gramaticales, pero de no serlo —por ejemplo, para el lector—, entonces deberá decirse que para la gramática de algunos hablantes la condición propuesta es el mecanismo correcto para resolver el problema, mientras que para la gramática de otros el mecanismo correcto es la primera condición propuesta más la condición suplementaria de que la subordinada no puede ser sometida a *Pasivización*.

Agregaré que una oración como (83) parece ser mejor que (81):

83. Tú fuiste obligado por Luis a ser examinado por el médico.

Si mi apreciación acerca de (83) y (81) es correcta, y si (83) es gramatical para todo hablante, entonces la solución es la que propuse con la segunda condición, más el principio del Pent-house (Ross, 1973), o un principio similar que diga que si se aplicó *Pasivización* en la subordinada, con más razón deberá aplicarse en la principal. En todo caso, creo haber ofrecido varias alternativas a este problema que pueden ser compatibles con los distintos juicios acerca de la gramaticalidad de oraciones como (74-83).

8.8. En esta sección quisiera decir dos palabras sobre la diferencia entre verbos como *ordenar* y *obligar*.

La primera diferencia, como ya lo he señalado, es que la estructura profunda de *ordenar* es del tipo (53*a*), y la de *obligar* es del tipo (53*b*).

Otra diferencia consiste en lo siguiente: el objeto indirecto de *ordenar* puede no estar presente, como en (84), mientras que el objeto directo de *obligar* debe estar presente, pues de otra manera la oración resultaría agramatical, como es el caso de (85):

84. El rey (nos) ordenó que atacáramos.

85. *El rey obligó a atacar/a que atacáramos.

Este hecho hace pensar que *ordenar* y *obligar* tienen una subcategorización distinta, en el sentido de Chomsky (1965); por ejemplo, el primero, con un objeto indirecto facultativo, y el segundo, con un objeto directo obligatorio. Dicho de otra manera, en el léxico *ordenar* tendrá, entre otros, el rasgo [+ ―― SN (SP)], y *obligar* tendrá el rasgo [+ ―― SN SP].

Otra diferencia consiste en que mientras *ordenar* puede tener un objeto indirecto distinto del sujeto de la subordinada, *obligar* siempre debe tener un objeto directo igual al sujeto de la subordinada. Por ello (86) es agramatical, pero no (87):

86. Luis me ordenó que nos fuéramos.

87. *Luis me obligó a que nos fuéramos.

Esta diferencia también debe explicarse en el léxico, por ejemplo, por medio de rasgos de subcategorización, y en todo caso debe ser previa a la inserción de los verbos en los marcadores sintagmáticos.

Vale la pena señalar, sin embargo, que oraciones como (86) son gramaticales si el objeto indirecto de *ordenar* y el sujeto de la subordinada están en una relación que podría llamarse de correferencialidad partitiva, en el sentido de que el sujeto de la subordinada refiere a un conjunto de entes, por ejemplo 'nosotros', y el objeto indirecto refiere a un subconjunto de ese conjunto, en este caso 'yo'. Por esta razón (88) es agramatical:

88. *Luis nos ordenó que me fuera.

Otra diferencia entre *ordenar* y *obligar* es que el sujeto del primero debe ser siempre humano, mientras que el sujeto del segundo, no. En otros términos, *ordenar* tendrá en el léxico una especificación acerca de su restricción respecto al sujeto, que puede expresarse por medio del rasgo [+ Humano ――], siguiendo a Chomsky (1965), pero no *obligar*[8].

---

[8] Nótese, por ejemplo, que pueden construirse oraciones como (i), pero no como (ii):

i. El policía me ordenó cambiar de camino.
ii. *El viento me ordenó cambiar de camino.

Pero *obligar* puede aparecer tanto en (iii) como en (iv):

Sin duda alguna, hay muchos otros fenómenos, tanto sintácticos como semánticos, relacionados con esos tipos de verbos; basta con revisar, por ejemplo, Lakoff (1970), Contreras y Rojas (1972), D'Introno (1979) y Rivero (1972) para tener una idea de la complejidad del tema; pero no voy a referirme a ellos, pues lo que me interesaba mostrar en esta sección es que los verbos deben llevar en el léxico una especificación acerca de los contextos en los cuales pueden aparecer. Estos contextos deben definir las categorías y los tipos de categorías o de SN con los que el verbo puede construirse.

8.9. En esta sección voy a plantear un problema relacionado con el orden de aplicación de las transformaciones. Para ello analizaré la derivación de la siguiente oración:

89. Juan cree haber sido obligado por Pedro a respetar mis ideas.

(89) puede parecer poco aceptable para algunos hablantes, pero es, sin duda alguna, gramatical. Quizás el problema de la aceptabilidad tenga que ver con la secuencia de verbos presentes en la oración, así que sugiero que no se tome en cuenta el grado de aceptabilidad, sino el hecho de que (89) es gramatical, puesto que lo que me interesa demostrar es un fenómeno ajeno en cierta medida a las características propias de (89). Lo importante, por el momento, es notar que (89) tiene la estructura profunda (90) —se omiten detalles no relevantes para el problema planteado:

---

iii. El policía me obligó a cambiar de camino.
iv. El viento me obligó a cambiar de camino.

Esto no implica que en un estilo particular oraciones como (iii) no sean posibles, pero en estos casos lo que se está haciendo es aplicar una regla de cambio de rasgos que podría formularse como sigue:

[- Humano] → [+ Humano] / — [+ Humano —]

Esta regla dice que un sustantivo no humano adquiere el rasgo humano si es sujeto de un verbo que exige sujeto [+ Humano]. Este tipo de reglas, en mi opinión, no forman parte de la gramática de una lengua, pero pueden formar parte de la gramática de un individuo. La gramática de un poeta, por ejemplo, podría tener varias reglas de cambios de rasgos, que aparentemente afectan los SN, pero no los verbos, en el sentido de que en (ii), por ejemplo, *el viento* se hace humano y no sucede lo contrario, el verbo no cambia su rasgo (no pasa a significar una acción típica de los no-humanos) y guarda su restricción seleccional. Para mayores detalles sobre la cuestión de las restricciones, cfr. Chomsky (1965) y Katz y Fodor (1964).

90.

```
         O₁
        /  \
      SN₁   SV
      Juan  / \
           V   SN
          cree  |
                O₂
               /  \
            SN₂    SV
           Pedro  /|\
                 V SN₃  SP
          obligó a Juan / \
                       P   SN
                       a    |
                            O₃
                           /  \
                         SN₄   SV
                         Juan  / \
                              V   SN
                         respetar mis ideas
```

También notamos que (89) se deriva de (90) aplicando, entre otras, las siguientes transformaciones:

91. *a*) *Equi* entre SN₃ y SN₄, elidiendo el segundo.
     b) *Pasivización* en O₂, de manera que SN₃ pasa a ser sujeto de la cláusula.
     c) *Equi* entre SN₁ y SN₃, elidiendo el segundo.

Ahora bien, lo que (91) revela es que *Equi* se aplica dos veces en la derivación de (89) y, aún más, que entre las dos aplicaciones de *Equi* debe haber una aplicación de *Pasivización*. Si, como dije antes, las transformaciones están incluidas en una lista y se aplican de manera ordenada, la derivación (91) será imposible, pues después de que *Equi* se haya aplicado, le tocará a *Pasivización,* y *Equi* ya no podrá volver a aplicarse.

Es evidente entonces que, si bien el principio de aplicación ordenada de las transformaciones es necesario, es contrario a los hechos, por lo que, si queremos conservarlo, tenemos que proponer otro procedimiento más para la aplicación de las transformaciones. Obsérvese ahora que el problema consiste esencialmente en aplicar las transformaciones en varias ocasiones y en distintas cláusulas. Por tanto, podemos pensar que la solución consistiría en permitir que la lista de las transformaciones se pase en cada cláusula, yendo de la cláusula más baja en el diagrama hacia la cláusula más alta. Es decir, podemos desarrollar un principio como el siguiente:

92. Principio de ciclicidad:
Dado un indicador sintagmático con varias cláusulas, las transformaciones se aplicarán en él de la manera siguiente: primero se pasará la lista de las transformaciones en la cláusula más baja, sin tomar en cuenta las cláusulas de arriba, y se aplicarán las transformaciones cuyas DE sean satisfechas. Luego se pasará a la cláusula inmediatamente superior, procediendo de la manera indicada; después a la cláusula inmediatamente superior, y así sucesivamente hasta llegar a completar todo el indicador sintagmático.

El principio (92), que ha sido desarrollado a partir de Chomsky (1965), nos permite generar (89) a partir de (90). En efecto, siguiendo este principio, cuando estamos en el ciclo primero, es decir, en O_3, no aplicamos ninguna transformación. Luego, cuando pasamos al ciclo O_2, aplicamos *Equi* entre SN_3 y SN_4. Nótese de paso que la aplicación de *Equi* se hace según el Principio (92), ya que lo que no se puede hacer es tomar en cuenta lo que hay por encima de O_2, ni se puede aplicar una regla que afecte únicamente O_3; pero *Equi* afecta dos SN, de los cuales uno está en O_2 y otro en O_3. Después de haber aplicado *Equi* aplicamos *Pasivización*, poniendo SN_3 en la posición de sujeto. Luego pasamos a O_1 y aplicamos *Equi* entre SN_1 y SN_3, obteniendo así el resultado que se esperaba.

Agregaré que una aplicación cíclica de las transformaciones empezando por la cláusula principal no puede dar resultados correctos. Basta con observar que si empezamos por arriba en la estructura (90), *Equi* no puede aplicarse entre SN_1 y SN_3. Por supuesto, el problema se resolvería aplicando antes *Pasivización* en O_2 y luego *Equi*, pero eso crearía un problema para la aplicación de *Equi* entre SN_3 y SN_4, ya que SN_3 habría sido eliminado en la primera aplicación de *Equi*. En consecuencia, el único principio posible es (92). Nótese de paso que este principio no es más que otro principio de aplicación ordenada de las reglas y que, como el que planteé en el capítulo 2, sirve, entre otras cosas, para restringir el poder de las transformaciones. De más está decir que la derivación de (89) revela que *Equi* se aplica antes de *Pasivización*.

Una pregunta obvia es si todas las transformaciones son cíclicas; es decir, si todas las transformaciones están sometidas a (92). La respuesta es negativa. En efecto, un análisis atento de las transformaciones estudiadas hasta ahora nos indicaría que *Pasivización*, *Reflexivización*, entre otras, son cíclicas, pero *Elisión del sujeto pronominal*, *Concordancia*, *Inserción de que* y algunas más no lo son. Por ejemplo,

Concordancia no puede ser cíclica por lo siguiente: Supongamos que tenemos una estructura profunda como la siguiente:

93. $\left[\underset{O}{\text{Luis quiere}} \left[\underset{O}{\text{Pedro respetar a Luis}}\right]\right]$.

Si *Pasivización* se aplica en la subordinada de (93), *Equi* se aplicará; si *Pasivización* no se aplica, *Equi* no se aplicará, y se obtendrán las dos oraciones (94) y (95), respectivamente:

94. Luis quiere ser respetado por Pedro.

95. Luis quiere que Pedro le respete.

Ahora bien, *Concordancia* se aplica en la subordinada cuando *Equi* no se aplica entre la principal y la subordinada. Por ello, *Concordancia* debe regresar a la cláusula subordinada para hacer que el verbo concuerde con el sujeto subordinado. Pero esto no lo permite el principio (92), puesto que *Concordancia* es una transformación limitada a una sola cláusula. En consecuencia, *Concordancia* no puede ser cíclica, como tampoco lo pueden ser *Elisión del sujeto pronominal* e *Inserción de que*, ambas posteriores a *Concordancia*[9].

A las transformaciones que no son cíclicas las llamaré post-cíclicas, y diré que su aplicación se hace de acuerdo al principio siguiente:

94. Principio de post-ciclicidad:
    Las transformaciones post-cíclicas están incluidas en una lista; es decir, están ordenadas, y se aplican después de que el último ciclo se haya completado. Las transformaciones post-cíclicas se aplican, en el orden indicado en la lista, al diagrama arbóreo derivado después de la aplicación de las transformaciones cíclicas, sin respetar el principio (92); esto es, se aplican a ese diagrama arbóreo dondequiera que sus DE sean satisfechas. Las transformaciones post-cíclicas pueden aplicarse al mismo tiempo en varios lugares del diagrama arbóreo.

En conclusión, tenemos dos tipos de transformaciones, cíclicas y post-cíclicas, cuyas aplicaciones están determinadas por (92) y (94), respectivamente. No hay otro tipo de transformaciones, por lo menos en español, pues yo no he podido comprobar la existencia en esta lengua de las transformaciones llamadas por algunos lingüistas pre-cíclicas, es decir, transformaciones que se aplican antes de las cíclicas y que obedecen a un principio parecido al de las post-cíclicas.

---

[9] En el capítulo 18 volveré a discutir algunos aspectos del orden de aplicación de las reglas.

Capítulo 9
Elevación de SV

Las oraciones (1) y (2) tienen un mismo tipo de estructura superficial:

1. Luis quiere cantar.
2. Luis empezó a cantar.

Este hecho podría hacer pensar que la derivación de la oración (2) es igual a la de la oración (1). Sin embargo, como veremos en este capítulo, (2) no se deriva de la misma manera que (1), y para demostrarlo elaboraré dos hipótesis, con el fin de seleccionar la correcta.

La primera hipótesis que podría elaborarse, y que llamaré HA, dice que (1) y (2) tienen una misma derivación. De acuerdo con esta hipótesis, (1) y (2) se derivarían de un mismo tipo de estructura profunda, representada en (3):

3.

```
            O₁
           /  \
         SN₁   SV
         Luisᵢ /  \
              V    SN
           quiere   |
          empezó a  O₂
                   /  \
                 SN₂   SV
                Luisᵢ   |
                        V
                      cantar
```

Para obtener (1) y (2) se aplicarían a (3) *Equi* y otras transformaciones ya conocidas.

La segunda hipótesis, HB, dice que la derivación de (1) es la que se propone en HA, pero la derivación de (2) es totalmente distinta. En esta hipótesis, la estructura profunda de (2) es (4):

4.

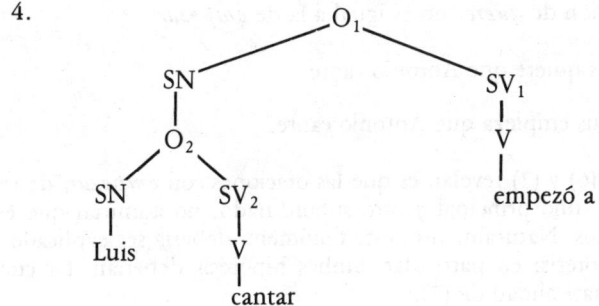

Para derivar (2), (4) sería sometida a una transformación, *Elevación de SV*[1], cuyo efecto es el de desplazar SV_2, al lado de SV_1, obteniéndose así, después de la poda de O_2, (5):

5.

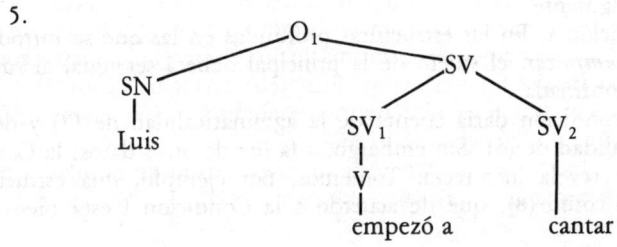

Es evidente que HA y HB son equivalentes en lo que respecta a la derivación de (1), pero en lo que respecta a oraciones como (2) hacen predicciones completamente distintas. Si me atuviera únicamente al análisis de (1) y (2), no habría manera de decidir cuál de las dos hipótesis es correcta. Por ello, siguiendo esencialmente los lineamientos de la demostración de la validez de *Equi* empleados en el capítulo anterior, veré de qué manera las dos hipótesis son compatibles con otros datos y otras transformaciones.

---

[1] Esta regla ha sido llamada generalmente *Elevación de sujeto* (Subject-Raising. Cfr., por ejemplo, Emonds, 1976), puesto que en la mayoría de los análisis se dice que la regla en cuestión mueve el sujeto de la subordinada a la posición de sujeto de la principal. En D'Introno (1979) ofrezco algunos argumentos que permiten concluir que el análisis adecuado es el que propongo en este capítulo. Uno de éstos es que si se asume que la estructura profunda de oraciones con *empezar* es la que doy en (4), entonces, para obtener los resultados correctos, se necesita, además de *Elevación de sujeto, Elevación de SV*. Ahora bien, el análisis que propongo hace uso de esta última regla solamente, más una poda de O en la configuración $[_{SN} [_O [SN]]]$.

9.1. El primer punto sobre el cual quisiera comparar HA y HB es el de una diferencia entre estructuras con el verbo *querer* y estructuras con el verbo *empezar*. En efecto, las oraciones (6) y (7) muestran que la distribución de *querer* no es igual a la de *empezar*:

6. Luis quiere que Antonio cante.

7. *Luis empieza que Antonio cante.

Lo que (6) y (7) revelan es que las oraciones con *empezar*, de tener dos sujetos, uno principal y otro subordinado, no admiten que éstos sean distintos. Naturalmente, este fenómeno debería ser explicado por las dos hipótesis; en particular, ambas hipótesis deberían dar cuenta de la agramaticalidad de (7).

Analicemos antes la HA. Para dar cuenta de la agramaticalidad de (7), HA debería contener una condición que especificara el tipo de marcador sintagmático en el que podría aparecer *empezar* o, alternativamente, debería contener un rasgo de subcategorización para este verbo. Supongamos que HA contenga una condición; ésta rezará de la manera siguiente:

Condición I: En las estructuras profundas en las que se introduce el verbo *empezar*, el sujeto de la principal deberá ser igual al sujeto de la subordinada.

Esta condición daría cuenta de la agramaticalidad de (7) y de la gramaticalidad de (6). Sin embargo, a la luz de otros datos, la Condición I se revela incorrecta. Tomemos, por ejemplo, una estructura profunda como (8), que de acuerdo a la Condición I está bien formada:

8.

$$
\begin{array}{c}
O_1 \\
SN_1 \quad SV \\
Luis_i \quad V \quad SN \\
empezó\ a \quad O_2 \\
SN_1 \quad SV \\
Luis_i \quad V \quad SN \\
estimar\ a \quad Juan
\end{array}
$$

En esta estructura podemos aplicar *Pasivización* en O_2, obteniendo así (9):

9. $\left[_O \text{Luis empezó a } \left[_O \text{Juan es estimado por Luis}\right]\right]$

(9) ya no puede ser sometida a *Equi* y la oración resultante sería (10), que es agramatical

10. *Luis empezó a que Juan fuera estimado por él (= Luis).

La derivación de (10) revela entonces que la Condición I no es adecuada.

Nótese ahora que si *Pasivización* no se aplica en (8), *Equi* podrá aplicarse y podrá generarse la oración (11):

11. Luis empezó a estimar a Juan.

Por ello se podrá asumir que la condición correcta sería la Condición II:

Condición II: En las estructuras profundas en las que se introduce el verbo *empezar,* el sujeto de la principal deberá ser igual al sujeto de la subordinada, y éste no podrá ser desplazado por ninguna transformación.

Esta condición explicaría los fenómenos y ejemplos estudiados hasta ahora, pero resulta incompatible con lo dicho en el capítulo 7 sobre el carácter facultativo de *Pasivización*. Es decir, esta transformación puede aplicarse en (8), pero la Condición II se lo impide. Este resultado es evidentemente incorrecto, y nos hace sospechar de la validez de la Condición II.

Otro fenómeno que nos hace sospechar de la validez de la Condición II es que, además de (11), existe la oración (12):

12. Luis empezó a ser estimado por Antonio.

De acuerdo con la HA, la estructura profunda de (12) debería ser (13):

13.

```
            O_i
           /   \
        SN_1    SV
         |     /  \
       Luis_i V    SN
              |     |
          empezó a  O_2
                   /  \
                 SN_2   SV
                  |    /  \
               Antonio V   Sn_3
                       |    |
                    estimar a Luis_i
```

Sin embargo, (13) contradice la Condición II, ya que SN_1 y SN_2 no son idénticos. Además, para generar (12), (13) debe ser sometida a *Pasivización*. Es decir, la derivación de (12) a partir de (13) obedece a una condición diametralmente opuesta a la Condición II. Está claro entonces que esta condición es errónea.

Supongamos ahora que queramos resolver los problemas planteados, usando, en lugar de la Condición II, una condición más general y menos fuerte; por ejemplo, la Condición III:

Condición III: En las oraciones con el verbo *empezar,* el sujeto de la principal puede ser igual o distinto al sujeto de la subordinada. Si es igual, *Pasivización* no puede aplicarse; si es distinto, *Pasivización* deberá aplicarse.

Los resultados parecen ser buenos, pues la Condición III, incorporada a la HA, permite generan tanto (11) como (12).

Evidentemente, la Condición III es muy poco natural, y eso ya la invalida, pero hay otras razones para creer que también la Condición III es incorrecta. Supongamos, en efecto, que tenemos una estructura profunda como (13), en la que SN_3 no es *Luis,* sino otro nombre; por ejemplo, *Juan.* De acuerdo con la Condición III, en ese caso habrá que aplicar *Pasivización,* y se obtendrá (14):

14. $\left[\text{Luis empezó a} \left[\text{Juan ser estimado por Antonio} \right]_O \right]_O$

(14) no puede ser sometida a *Equi* y la oración resultante será agramatical. Nótese de paso que también sería agramatical la oración que se obtuviera de la misma estructura profunda sin aplicación de *Pasivización*. En consecuencia, la Condición III tampoco es correcta.

Si revisamos ahora todos los hechos presentados, se verá que hay una generalización que se me ha escapado y que puede enunciarse como una condición de la manera siguiente:

Condición IV: En las oraciones con el verbo *empezar,* el sujeto de la principal debe ser igual al sujeto de la subordinada cuando el ciclo de transformación ha concluido en O_2, de manera que *Equi* se aplique.

Es decir, el sujeto de la principal debe ser igual no al sujeto de la subordinada en la estructura profunda, sino al sujeto derivado de dicha cláusula al finalizar el primer ciclo.

La Condición IV es en realidad correcta y una revisión de los ejemplos citados lo confirmaría. De manera, pues, que la HA resultaría descriptivamente adecuada si se le agregara la Condición IV.

Ahora bien, la discusión anterior me ha servido tanto para revelar las dificultades implícitas en la HA como para llegar a formular la Condición más apropiada para salvar la HA. Lo que quisiera señalar ahora es que si bien la Condición IV resuelve los problema planteados en relación con el verbo *empezar* y la HA, en realidad tal Condición no es una 'explicación' de por qué (7), por ejemplo, es agramatical.

La Condición IV no explica, sino que legisla acerca de la buena o mala formación de ciertas estructuras a las cuales debe aplicarse una transformación, y en tal sentido no puede considerarse como una solución adecuada para los problemas planteados. En principio, condiciones como la IV pueden aparecer en las gramáticas de las lenguas naturales, pero resultan siempre un tanto sospechosas, en cuanto podrían estar ocultando ciertas regularidades explicables en otros términos. Además, cuando una condición como IV se incluye en una gramática, la pregunta que el lingüista debería hacerse es cuáles son todas las consecuencias teóricas y empíricas que se derivan de la presencia de tal mecanismo en la gramática de la lengua.

No es éste el momento para tratar de dilucidar este problema, pues sólo me había propuesto comparar HA y HB, así que no seguiré discutiendo sobre la validez de la Condición IV y pasaré a analizar la HB.

Como dije al comienzo de este capítulo, en la HB la estructura profunda de oraciones como (2), con el verbo *empezar,* es la (4). Ahora bien, en esta hipótesis el problema de oraciones como (7) no se plantea, simplemente porque el sujeto de *empezar* no puede ser distinto del de la subordinada. La razón es que el sujeto superficial de *empezar* no aparece como tal en la estructura profunda; al contrario, es el sujeto de la subordinada que pasa a ser sujeto de la principal por medio de la regla que he llamado *Elevación de SV*. Dicho de otra manera, oraciones como (7) no pueden ser generadas por la HB porque en esta hipótesis no puede haber dos sujetos nominales distintos, uno en la principal y otro en la subordinada. En consecuencia, la HB no necesita ninguna condición como la que contiene la HA.

Por otra parte, en la HB oraciones con pasivo no constituyen ningún problema. Por ejemplo, una oración como (12) tiene una estructura profunda como (15):

15.

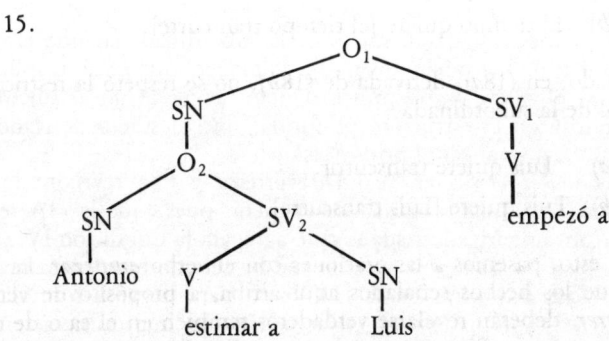

En (15), *Pasivización* puede aplicarse en O_2. Si se aplica, *Luis* pasa a ser sujeto de O_2 y *Antonio* pasa a ser agente y va debajo de SV_2.

Éste es luego desplazado al lado de SV$_1$ y se obtiene (12). Si *Pasivización* no se aplica, se obtiene (16), que es gramatical y sinónima de (12):

16. Antonio empezó a estimar a Luis.

Estos hechos constituyen argumentos fuertes a favor de la HB, que, como vemos, da cuenta de ellos de manera coherente y explícita, sin recurrir a condiciones particulares. Esto es, aquellos fenómenos que representaban para la HA verdaderos problemas y para los cuales se necesitaba una condición, reciben en la HB una explicación y una solución uniforme, como una consecuencia automática del tipo de estructura y de la transformación propuestos.

9.2. El análisis presentado en la sección anterior es suficiente para considerar HB como la hipótesis correcta y para incluir en la gramática del español la transformación de *Elevación de SV;* sin embargo, quisiera aportar más argumentos a favor de la hipótesis seleccionada. Los nuevos argumentos están ligados al fenómeno de las restricciones seleccionales.

Nótese, en primer lugar, que verbos como *querer, desear, creer,* etcétera, que como hemos visto en el capítulo anterior se someten a *Equi,* tienen restricciones con respecto al tipo de sujeto con el que pueden construirse. Por ejemplo, el sujeto es generalmente humano. En la subordinada de estos verbos también hay restricciones seleccionales, entre el verbo y el sujeto. Así que en oraciones con *querer,* por ejemplo, hay dos restricciones bien diferenciables, una en la principal y otra en la subordinada. Por ejemplo, la oración (17*a*), que se deriva de (17*b*), es agramatical porque no se respetó la restricción seleccional de la principal:

17. *a)* *El tiempo quiere transcurrir.

    b) El tiempo quiere [el tiempo transcurre].

Por otro lado, en (18*a*), derivada de (18*b*), no se respetó la restricción seleccional de la subordinada.

18. *a)* *Luis quiere transcurrir.

    b) Luis quiere [Luis transcurre].

Dicho esto, pasemos a las oraciones con el verbo *empezar*. La HA predice que los hechos señalados aquí arriba, a propósito de verbos como *querer,* deberán revelarse verdaderos también en el caso de oraciones con *empezar.* Pero éste no es el caso. En efecto, *empezar* puede tener como sujeto cualquier tipo de SN, no importa cuáles sean los rasgos sintácticos-semánticos de ese SN. La única restricción que existe en las oraciones con *empezar* es la que se da entre el infinitivo y el sujeto, como se notará al analizar las oraciones siguientes:

19. Luis empezó a cantar.
20. *Luis empezó a transcurrir.
21. El tiempo empezó a transcurrir.
22. *El tiempo empezó a cantar.

Así que la HA hace unas predicciones incorrectas en cuanto a las restricciones seleccionales de *empezar,* en particular no predice que este verbo no tiene ninguna restricción propia.

No cabe duda de que lo dicho en esta sección puede incluirse de alguna manera en la HA, pero también es cierto que cualquiera que sea la solución que se dé a estos fenómenos, dentro del marco de la HA, esa solución será *ad hoc.*

Digo esto porque dentro de la HB los fenómenos señalados reciben una explicación muy coherente. Recordemos que *empezar* no tiene restricciones propias; ahora bien, en la HB *empezar,* correctamente, no puede tener restricciones propias porque en la estructura profunda, que es donde se definen las restricciones seleccionales, *empezar* no tiene un sujeto nominal. Es decir, de acuerdo con la HB, sólo en la subordinada hay un sujeto nominal, y allí habrá restricciones, pero no en la principal. El sujeto superficial de *empezar* es el sujeto profundo de la subordinada, por lo que sólo (20) y (22) resultarán anormales, pero no (19) y (20), ya que solamente en las cláusulas subordinadas de las primeras no se respetan las restricciones entre sujeto y verbo. En definitiva, entonces, la HB resulta la correcta porque da cuenta, entre otras cosas, de los fenómenos señalados en esta sección acerca de las restricciones seleccionales.

9.3. Otros argumentos a favor de la HB se podrían deducir del análisis de la compatibilidad de esta hipótesis con otras transformaciones estudiadas, además de *Pasivización,* que ya analicé en la sección (9.1). Pero no voy a desarrollar este punto y me limitaré a señalar que HB es compatible con *Reflexivización.* Por ejemplo, la oración (23) es derivada de (24) aplicando *Reflexivización, Elevación de SV,* etc.:

23. Luis empezó a mirarse en el espejo.
24. $\left[\left[\text{Luis mirar a Luis en el espejo} \right]_O \text{empezó a} \right]_O$.

9.4. Hay algunos aspectos del análisis que he desarrollado en este capítulo que merecen ciertas aclaraciones. En primer lugar, es importante que diga que *Elevación de SV* es una transformación cíclica obligatoria que se aplica en el ciclo correspondiente a la cláusula en la que aparece el verbo *empezar,* y tiene la siguiente formulación[2]:

25. T Elevación de SV:

DE: SN SV SV   obl
      1   2   3   ⇒
CE: 1   ϕ   3 # 2

Condición: 3 es un verbo tipo 'empezar'.

En segundo lugar debo agregar que *empezar* no es el único verbo que aparece en una estructura como (4), ni el único al cual *Elevación de SV* se aplica. Otros verbos con esas mismas características son los siguientes:

26. *a)* Aspectuales: comenzar a, ir a, acabar de, terminar de, etcétera, y empezar a.
       b) Modales: deber, tener que, poder, etc.
       c) Otros verbos: parecer.

En tercer lugar, vale la pena hacer notar que en la estructura derivada, después de la aplicación de *Elevación de SV,* el SV_2 pasa al lado de SV_1 debajo de un nuevo nudo SV, que no estaba presente en la estructura profunda, como se podrá apreciar en la estructura (5). Este

---

[2] Como me lo hace notar J. N. Rojas (comunicación personal), la formulación que propongo para *Elevación de SV* no daría cuenta de oraciones 'impersonales' como 'empezó a llover'. Este problema podría resolverse de dos maneras. La primera solución consistiría en sustituir el SN de la DE de (25) por una variable. Esta solución, más general que la segunda, no 'afirma' nada acerca de la estructura profunda de oraciones con verbos impersonales: éstas pueden o no tener un sujeto. La segunda solución, que es la que yo implícitamente adopto, consistiría en asumir que los verbos impersonales tienen un sujeto con los rasgos [3.ª persona, + singular], pero morfofonológicamente nulo; esto es, los verbos impersonales tendrían el rasgo de subcategorización [Δ ___], donde Δ es un símbolo complejo con los rasgos ya mencionados. Ahora bien, considero que ésta es la solución correcta porque si los verbos impersonales no tuvieran sujeto no podría explicarse coherentemente cómo *Concordancia* actúa en estos casos (a menos que se formulara una nueva regla de *Concordancia* para estos verbos). Por estas mismas razones he propuesto la formulación (25), que hace referencia a un SN sujeto de la subordinada.

Agregaré que una prueba de que los impersonales tienen sujeto es la siguiente: si se toma una oración como (i) se ve que en ésta se aplicó *Equi* entre el sujeto de *querer* y el sujeto de *llover,* que, de acuerdo a mi hipótesis, es en los dos casos Δ:

    i. Parece que quiere llover.

Si no se postularan esos sujetos, (i) no podría derivarse, o debería derivarse de una manera arbitraria, *ad hoc.*

hecho se debe a que cuando SV₂ es desplazado por *Elevación de SV* al lado de SV₁, la configuración resultante es del tipo [SV   SV] : los
 SV
dos SV van dominados por un nuevo nudo SV, porque la unión en este caso es de tipo Chomsky (cfr. capítulo 4, sección 4.5).

Por último, quería decir que el verbo *empezar* aparece no sólo en oraciones como las que he estudiado en las secciones anteriores, sino también en oraciones como las siguientes:

27. La fiesta empezó,

28. Luis empezó un libro,

en las que *empezar* no se encuentra en una perífrasis verbal y funciona como intransitivo, (27), o como transitivo, (28). Ahora bien, es probable que haya una sola manera de tratar los tres verbos *empezar,* pero, por el momento, no intentaré unificarlos, y mantendré la posición de HB, similar a la que adopta Perlmutter (1970) en su análisis del verbo inglés *begin*[3].

9.5. En esta sección quisiera discutir brevemente dos pequeños problemas que se plantean en el análisis que he desarrollado. El primero es que en algunas variedades no estándar del español, además de (29) pueden darse (30) y (31), todas derivadas de la misma estructura profunda.

29. La escuela empieza a ser construida.

30. La escuela es empezada a construir.

31. La escuela es empezada a ser construida.

Ahora bien, aunque (30) y, sobre todo, (31) no sean plenamente gramaticales para muchos hablantes, el problema es saber cómo se deberían derivar, por lo menos cómo deberían generarse para los hablantes que las usan. En mi opinión, (30) y (31) se derivan de la manera siguiente: su estructura profunda es esencialmente (32), con un sujeto subordinado indefinido que represento con Pro:

32. $\left[_O \left[_O \text{Pro construir la escuela} \right] \text{empezar a} \right]$.

---

[3] Lo que distingue superficialmente *empezar* seguido de infinitivo de *empezar* de oraciones como (27) y (28) es que el primero va acompañado de *a*, pero no el segundo. Por estas razones, podría decirse que el primero es *empezar a* y el segundo *empezar*.

Si a (32) se aplica *Pasivización* en la subordinada y luego se aplica *Elevación de SV* se obtiene (29). (30), por el contrario, se deriva aplicando primero *Elevación de SV* y luego *Pasivización*, que en este caso toma *empezar a construir* como un solo verbo. (31) se deriva aplicando *Pasivización* en la subordinada, luego *Elevación de SV* y de nuevo *Pasivización*, tomando la secuencia *empezar a ser construido* como un solo verbo. En conclusión, (30) y (31) se obtendrían al aplicar *Pasivización* a una perífrasis verbal, como si tal perífrasis fuera un solo verbo, o, mejor dicho, como si fuera un auxiliar seguido de verbo. Sin embargo, esto no quiere decir que *empezar a* para las personas que usan (30) y (31) sea un auxiliar como lo es el verbo *haber*. En efecto, el mismo hecho de que (29), (30) y (31) puedan derivarse de la manera indicada a partir de la estructura profunda (32) prueba que *empezar a* debe aparecer en una cláusula distinta de la que contiene el verbo *construir* y, por tanto, no puede ser un auxiliar. Lo que pasa es que, después de *Elevación de SV*, los dos verbos pasan a formar parte de una construcción muy similar a la que se da con el auxiliar *haber*, y el hablante la analiza de esta forma aplicando *Pasivización*, de manera que toda la secuencia corresponda al símbolo V de la DE de esta regla.

Otro problema que surge del análisis que he desarrollado es que la preposición *a* que acompaña al verbo *empezar* en la estructura profunda, en realidad se comporta como una parte del verbo que sigue[4]. Por ejemplo, si se pregunta (33) se puede contestar (34), elidiendo el verbo *empezar*:

33. ¿Empezó a cantar?

34. No. A reír.

Como se ve, en este caso la *a* no se elide, sino que permanece junto al verbo infinitivo. ¿Cómo explicar este hecho? La respuesta creo que debe ser esencialmente la siguiente: las preposiciones que forman parte de los verbos y aparecen así en el léxico pasan a formar parte de los elementos que las siguen en los marcadores sintagmáticos. Esto es, la *a* de los verbos transitivos, la *a* de *empezar*, *de* de *burlarse*, *con* de *combinarse*, etc., siguen la suerte del elemento que aparece detrás de ellas en un determinado marcador sintagmático. De allí que si el verbo se elide, la preposición permanece si permenece el elemento que le sigue.

---

[4] Debo esta observación a Brunilda Cerceau (comunicación personal).

Capítulo 10
Extraposición

La oración (1) se deriva a partir de la oración (2):

1. Es dudoso que Juan tenga razón.
2. Que Juan tenga razón es dudoso.

En efecto, la cláusula subordinada *que Juan tenga razón* es el sujeto de *ser dudoso,* y puede ser desplazada al final —a la derecha— de la principal por medio de una transformación que llamaré, empleando la misma terminología que Ross (1968), *Extraposición*. Esta regla puede formularse de la manera siguiente:

3. T Extraposición:

   DE: X O Y
        1 2 3   ⇒
   CE: 1 φ 3 # 2

Condición: Y no es nulo.

De acuerdo con la formulación (3), *Extraposición* puede mover, al final de la principal, cualquier cláusula subordinada que esté seguida por un elemento de la principal[1]. Así que *Extraposición* es la que deriva (1) a partir de (2), y (4) a partir de (5):

---

[1] *Extraposición* no se aplica en (i) para mover la subordinada relativa, a pesar de que la oración satisfaga la DE de la regla (debo esta observación a J. N. Rojas):

  i. El muchacho que llegó es Juan.
  ii. *El muchacho es Juan que llegó.

Para evitar que *Extraposición* se aplique a una relativa se podría modificar la formulación de la regla haciendo explícita la condición de que la subordinada no sea una relativa. Pero hay otra solución posible: Ross (1967) ha propuesto una condición sobre la aplicación de las transformaciones de movimiento (la condición del SN complejo) que impide que una transformación mueva una parte de la estructura [$_{SN}$SN[$_O$]] fuera de la

4. Luis le dijo a Pedro que Juan tenía razón.

5. Luis le dijo que Juan tenía razón a Pedro.

Sin duda alguna, para muchos hablantes (4) es más natural que (5), que debe pronunciarse con una pequeña pausa antes de *a Pedro*. Pero esto puede explicarse por un principio general que parece afectar a todas las lenguas del mundo y que enunciaré de la manera siguiente:

6. Las construcciones autoincrustadas tienden a convertirse en ramificadas.

Las construcciones autoincrustadas son, por ejemplo, las del tipo $\left[_O X \left[_O Y\right] Z\right]$, y las ramificadas son las del tipo $\left[_O X \left[_O Y\right]\right]$, o bien del tipo $\left[_O \left[_O Y\right] X\right]$ (cfr., por ejemplo, Chomsky, 1964, y Kuno, 1972).

Así que el principio (6) dice que las construcciones autoincrustadas, por ejemplo (5), se convierten en ramificadas, por ejemplo (4), por ser éstas últimas más aceptables.

En español hay, además del caso estudiado, otros en los que la construcción ramificada es preferida a la autoincrustada, como, por ejemplo, en las relativas del tipo (7) y (8):

7. Leí el libro que el muchacho que te saludó te regaló (autoincrustada).

8. Leí el libro que te regaló el muchacho que te saludó (ramificada).

El principio (6), naturalmente, no impide construir y usar oraciones con autoincrustación, por lo que (7), por ejemplo, es perfectamente gramatical, aunque menos usual que (8). Ese principio puede también verse como una tendencia a poner al final de la oración aquellos elementos que son más 'pesados', es decir, que contienen

---

misma estructura. Ahora bien, las relativas tienen esta estructura, como lo veremos en el capítulo 15; por tanto, *Extraposición* no podría aplicarse a (i) para mover la elativa, porque la condición del SN complejo se lo impdería. En mi opinión, la condición de Ross —de la cual volveré a hablar en otros capítulos y sobre todo en el capítulo 18— es el mecanismo adecuado para resolver este problema y no una reformulación de *Extraposición*.

Quisiera agregar que en el capítulo 15, al hablar de las relativas, mostraré que existe una regla de *Extraposición de la relativa* cuyo efecto es mover una relativa junto con su antecedente, es decir, toda la estructura $[_{SN} SN[_O]]$, y, por tanto, no es afecta a la condición mencionada.

más elementos léxicos. Por ejemplo, la oración (5) resultaría más aceptable y se preferiría a la (4) si en lugar de *a Pedro* tuviera el siguiente objeto indirecto:

9. A todos los amigos que fueron a verlo durante su enfermedad.

Volviendo ahora a *Extraposición* diré que es una regla facultativa, pues es eso lo que se deduce del análisis de las oraciones presentadas hasta ahora. Sin embargo, cuando el SV de la principal está constituido por un solo elemento léxico, como en (10), la regla parece aplicarse obligatoriamente, pues (11) es mucho mejor que (10), que debería llevar pausa antes de *parece*[2]:

10. ??Que Luis comprende chino parece.

11. Parece que Luis comprende chino.

Antes de concluir quisiera hacer observar que el verbo *parecer* admite *Elevación de SV*, por lo que la oración (10) puede también convertirse en (12):

---

[2] Nótese la difencia entre (i) y (ii), de las cuales la segunda es mejor que la primera:

i. Que Luis se vaya molesta.
ii. Que Luis se vaya me molesta.

A propósito de oraciones como (10) y (i) no creo que deberían considerarse agramaticales; quizá se trate sólo de oraciones poco aceptables, puesto que (i), por ejemplo, si se pronuncia con la entonación apropiada y pausa antes de *molesta*, no resulta tan anormal.

Nótese también que al lado de (10) existe (iii), que, pronunciada de una manera adecuada resulta normal porque se obtiene aplicando a (11) una regla que llamo *Formación de parentética* (ver capítulo 17), anterior a *Inserción de que*:

iii. Luis comprende chino, parece.

Ahora bien, lo importante es que, en mi opinión, la anormalidad de (10) y (i) puede explicarse apelando a lo que dije a propósito de las oraciones (5), (7) y (8) acerca de los elementos 'pesados'. Se podría, por ejemplo, decir que los elementos 'pesados' —es decir, los que contienen, por ejemplo, una subordinada— tienden a desplazarse al final de la oración, sobre todo si el SV contiene solamente un elemento léxico. De esta manera estaríamos justificando la diferencia entre (10) y (11), (i) y (ii) e inclusive entre (iv) y (v), puesto que (iv) es menos aceptable que las otras:

iv. El muchacho que llegó ayer llamó.
v_a. Llamó el muchacho que llegó ayer.
v_b. El muchacho que llegó ayer llamó y dijo...
v_c. El muchacho que llegó ayer llamó por teléfono.

De ser cierto lo que dije, entonces la anormalidad de (10) y (i) no podría atribuirse a *Extraposición*, sino a un principio o condición general acerca de las características de las estructuras superficiales de las oraciones. En consecuencia, *Extraposición* debería considerarse una regla facultativa.

12. Luis parece comprender chino.

10.1. En el capítulo 8 planteé la necesidad de ordenar *Formación de clíticos* antes de *Equi*, a fin de poder dar cuenta de la aplicación de esta segunda transformación en estructuras como la siguiente:

13. $\left[_O \text{El vigilante ordenó} \left[_O \text{yo entrar}\right] \text{a yo}\right]$.

La razón de ello es que para que *Equi* se aplique en (13) hace falta que el *yo* de la principal preceda al *yo* de la subordinada. Ahora bien, los mismos resultados se obtienen al ordenar *Extraposición* antes de *Equi*. En efecto, si aplicamos *Extraposición* a (13) obtenemos (14), y ésta satisface la DE de *Equi*:

14. $\left[_O \text{El vigilante ordenó a yo} \left[_O \text{yo entrar}\right]\right]$.

Así que al ordenar *Formación de clíticos* y *Extraposición* antes de *Equi* estamos ofreciendo dos soluciones posibles al problema planteado en el capítulo 8[3].

---

[3] En el capítulo 18 volveré a hablar del orden de aplicación de las transformaciones y demostraré que *Equi* es cíclica y *Formación de clíticos* post-cíclica. En consecuencia, esta segunda regla no puede aplicarse antes de *Equi*, lo cual revela que la solución correcta al problema planteado en esta sección es aplicar *Extraposición* antes de *Equi*. Ahora bien, como *Extraposición* es facultativa en estos casos, al no aplicarse, *Equi* no puede operar y se obtienen oraciones como (i). Esto es, si a (13) se aplica *Extraposición* se obtiene (14), que pasa a (ii) por *Equi*:

i. El vigilante me ordenó que entrara.
ii. El vigilante me ordenó entrar.

Pero si *Extraposición* no se aplica, *Equi* tampoco se aplica y se obtiene (i).

Capítulo 11

Elevación del objeto y elevación del sujeto

11.1. Elevación del objeto.

Las oraciones (1) y (2) se derivan de una misma estructura profunda. Asumiré que ésta es la que doy en (3).

1. Leer estos libros es fácil.

2. Es fácil leer estos libros:

3.

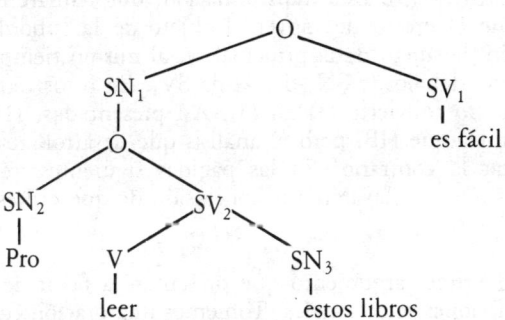

En la estructura profunda (3) está presente un elemento, Pro, del cual hablaré en el capítulo 17, y que por el momento consideraré un pronombre indefinido que no tiene realización fonológica y caracterizado por el rasgo [+ Humano].

En este capítulo quisiera plantear el problema de la derivación de oraciones como (4).

4. Estos libros son fáciles de leer.

Se podría pensar que la derivación de (4) está ligada a la de las oraciones (1) y (2); esto es, que (4) tiene la estructura profunda (3); o bien que la derivación de (4) es independiente de la derivación de las oraciones (1) y (2); esto es, que la estructura profunda de (4) sería esencialmente (5):

5.

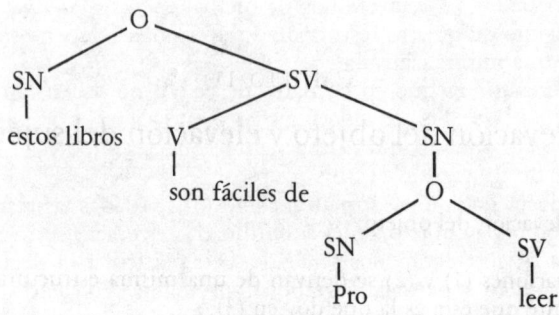

La hipótesis en la que (4) se deriva de (5) la llamaré HA; la hipótesis en la que (4) se deriva de (3) la llamaré HB. En la HA no se necesita prácticamente ninguna transformación para derivar (4), mientras que en la HB se necesita una nueva transformación para derivar (4) a partir de (3). Esta transformación, que llamaré *Elevación del objeto*, tiene el efecto de mover el objeto de la subordinada (SN_3) a la posición de sujeto de la principal, y, al mismo tiempo, de mover lo que queda debajo de SN_1 detrás de SV_1. En otros términos *Elevación del objeto* convierte (3) en (5). Así presentadas, HA parece ser más económica que HB, pero el análisis que desarrollaré me permitirá demostrar lo contrario. En las páginas siguientes iré elaborando argumentos que me llevarán a la conclusión de que HB es la hipótesis correcta.

11.1.1. El primer argumento que presentaré a favor de la HB es el de las restricciones seleccionales. Tomemos una oración como (6), que es agramatical:

6. *Este vino es fácil de leer.

La agramaticalidad de (6) se debe a la incompatibilidad de restricciones seleccionales entre el sujeto *este vino* y el verbo *leer*. Más exactamente, la incompatibilidad se debe al hecho de que *este vino* no puede ser objeto de *leer*. En otros términos, no se puede decir *leer este vino* y, por tanto, tampoco se puede decir (6).

Ahora bien, si se quiere explicar este fenómeno dentro del marco de la HA se deben elaborar restricciones seleccionales bastante complejas. Por ejemplo, se debe elaborar una restricción que diga esencialmente lo siguiente:

7. El sujeto del verbo *ser fácil* en estructuras como (5) debe ser de la misma clase a la cual podría pertenecer el objeto del verbo de la subordinada.

La restricción (7) resolvería los problemas, pero es *ad hoc* y contraria al principio de que las restricciones seleccionales deben establecerse dentro de una misma cláusula[1].

Lo interesante es que en el marco de la HB no hacen falta restricciones como (7); sólo se necesitan las restricciones normales entre verbo y objeto, puesto que, de acuerdo con esta hipótesis, el sujeto superficial de *ser fácil* es el objeto profundo del verbo de la subordinada. Es decir, dada una estructura como (3), y fijadas las restricciones entre el verbo y el objeto de la subordinada, esto será suficiente para dar cuenta de los fenómenos señalados, en particular el de la restricción entre sujeto superficial y verbo subordinado. Volviendo a la oración (6), la HB dirá que es agramatical porque se deriva de la estructura (8) en la que no se han respetado las restricciones entre el verbo *leer* y el objeto *este vino*:

8. $\left[_O [_O \text{Pro leer este vino] es fácil}\right]$.

En definitiva, la HB resulta más adecuada que la HA en lo que respecta a las restricciones seleccionales.

11.1.2. El segundo argumento a favor de la HB está basado en un análisis de los tipos de verbos que pueden aparecer en oraciones como (4). Como se podrá deducir de los ejemplos siguientes, el verbo de la subordinada no puede ser intransitivo.

9. *Este libro es fácil de caer.

10. *Este niño es fácil de dormir.

Para dar cuenta de este fenómeno, la HA deberá contener una condición que especifique que el verbo de la subordinada debe ser transitivo, pero esta condición sería totalmente inútil en la HB. La razón de ello es que en la HB el verbo de oraciones como (4) puede ser solamente transitivo, ya que *Elevación del objeto* sirve precisamente para desplazar el objeto de un verbo transitivo. Es decir, en la HB el verbo subordinado de oraciones como (4) no puede ser intransitivo porque la regla no se aplica si no hay objeto directo.

---

[1] Las restricciones seleccionales de las cuales hablo aquí son las que se establecen entre un verbo y los SN de la misma cláusula (sujeto, objeto, etc. Naturalmente, hay restricciones seleccionales que no se establecen en una misma cláusula, pero éstas no afectan al SN. Restricciones de este último tipo son las que se dan entre un verbo principal y un verbo subordinado, por ejemplo.

En conclusión, la presencia de verbos transitivos en la subordinada de oraciones como (4) es una consecuencia automática de la aplicación de *Elevación del objeto,* y esto constituye una prueba evidente de que HB es la hipótesis correcta.

11.1.3. Otro argumento a favor de la hipótesis HB se puede deducir de la observación de que oraciones como (11) son agramaticales porque contienen un objeto directo después del verbo subordinado.

11. *Estos libros son fáciles de leer estas notas.

Si se quisiera explicar este hecho dentro del marco de la HA haría falta una condición que impidiera incluir en estructuras como (5) un objeto directo detrás del verbo subordinado. Salta a la vista que esta condición sería innecesaria dentro de la HB, pues esta hipótesis dice que si en la subordinada hay un objeto, éste admite movimiento por *Elevación del objeto;* un verbo puede tener un solo objeto, por tanto, una vez aplicada esta transformación no hay posibilidad alguna de que el verbo subordinado lleve otro objeto directo.

11.1.4. El último argumento que quisiera presentar a favor de la hipótesis HB tiene que ver con la interpretación semántica de las oraciones. Volvamos por un momento a la oración (4) repetida aquí como (13).

13. Estos libros son fáciles de leer.

De acuerdo con la hipótesis HB, la estructura profunda de (13) es es (5), con *estos libros* como sujeto de *ser fácil.* En consecuencia, la interpretación semántica es que lo fácil consiste en unos libros, es decir, en una cosa, un objeto concreto.

De acuerdo a la hipótesis HB, la estructura profunda de (13) es (3), con *Pro leer estos libros* como sujeto de *ser fácil*. Por tanto, la interpretación semántica aquí es que lo fácil consiste no en unos libros, sino en la acción, por parte de alguien, de leer esos libros. Ahora bien, la interpretación correcta de (3) es precisamente esta última: lo que resulta fácil no es el conjunto de libros en cuestión, sino la lectura de los mismos. Y ésta es también la interpretación que les asignamos a (1) y (2) que, de acuerdo con la hipótesis HB, tienen la misma estructura profunda de (13). Por estas razones no hay duda alguna de que la estructura profunda de (13) es (3) y que en español existe la transformación llamada *Elevación del objeto.*

11.1.5. Antes de formular la regla de *Elevación del objeto,* cuya necesidad ha quedado plenamente demostrada, debe señalarse que esta regla se aplica a una estructura del tipo (3) sólo si el SV_1 contiene los verbos o las expresiones verbales siguientes: *ser fácil, ser difícil, ser duro,* y unas cuantas más. La formulación que propongo es la siguiente:

14. T Elevación del objeto:

DE: SN   V   SN   X   SV   fac
      1   2   3   4   5   ⇒
CE: φ   φ   3   φ   5 de 2 4

Condiciones: *a*) 5 es *ser fácil, ser difícil,* etc.
             b) 1 es Pro.

De la formulación (14) se deduce que *Elevación del objeto* no puede aplicarse si el sujeto de la subordinada es distinto de Pro. Así que oraciones como (15) se derivan de una estructura en la que el SV principal contiene un SP del tipo 'para yo':

15. Para mí estos libros son difíciles de leer.

Claro está, (15) tiene dos interpretaciones. En una de las interpretaciones, *para mí* es casi sinónimo de 'en mi opinión', y su derivación no es pertinente para lo que estoy discutiendo, así que no tomaré en cuenta esta interpretación. En la otra interpretación, la oración es casi sinónima de (16), en la cual *me* es un clítico que se deriva de un SP del tipo *a yo* del SV principal:

16. Me es difícil leer estos libros.

Por tanto, se podría decir que *para mí* de (15) es un SP del SV principal. Sin embargo, podría también suponerse que *para mí* de (15) se deriva del sujeto de la subordinada. En otros términos, se podría pensar que la estructura profunda de (15) es (17) y no (18):

17. $\left[_O [_O \text{Yo leer estos libros}] \text{ es difícil}\right]$,

18. $\left[_O [_O \text{Pro leer estos libros}] \text{ es difícil para yo}\right]$,

en cuyo caso, *Elevación del objeto* debería formularse de manera tal que convirtiera el sujeto subordinado *yo* en *para mí*.

El problema es bastante complejo, pues si bien desde el punto de vista semántico (17) parece más adecuada que (18), desde el punto de vista sintáctico (18) es más conveniente, puesto que permite generar (19) y (20), por ejemplo:

19. Para mí es difícil leer estos libros.

20. Leer estos libros es difícil para mí.

Nótese que los mismos problemas se enfrentarían al analizar la derivación de (16).

Realmente, los problemas planteados aquí arriba merecen un estudio más atento, así que por el momento mantendré la solución antes propuesta; es decir, seguiré considerando (18) como la estructura profunda correcta de (16) y seguiré asumiendo que (14) es la formulación más apropiada para *Elevación del objeto*.

11.1.6. El último aspecto de este análisis que quisiera discutir es referente a la derivación de oraciones como (21), que para algunos hablantes es gramatical:

21. Estos libros son fáciles de ser leídos.

Para mí, como para la mayoría de los hablantes, (21) no es gramatical, y su agramaticalidad se explica de la manera siguiente: La estructura profunda de (21) sería (3). En la subordinada de (3) hay una oración transitiva con objeto directo, por lo que *Pasivización* se puede aplicar en ella; pero si *Pasivización* se aplica, el objeto directo pasa a ser sujeto, y *Elevación del objeto* ya no puede aplicarse, así que (21) no será generada.

Pero el problema es explicar por qué (21) es agramatical para algunos hablantes. Mi respuesta es que *Elevación del objeto* puede ser vista como un conjunto de transformaciones, dos de las cuales son similares o idénticas a las que aparecen en *Pasivización;* esto es, *Elevación del objeto* incluiría una regla de *Posposición del sujeto*, y una regla de *Anteposición del objeto*, que, como hemos visto, forman parte de *Pasivización*. En esta última también se encuentra una regla de *Inserción de ser* que no forma parte de *Elevación del objeto*. Suponiendo que esto sea correcto, podría decirse que en la derivación de oraciones con la estructura (3), algunos hablantes aplican *Posposiciones del sujeto*, *Anteposición del objeto* y también *Inserción de ser* por analogía con la derivación de oraciones pasivas. Es decir, estos hablantes estarían aplicando todas las reglas de *Pasivización,* cuando deberían haber aplicado sólo dos de ellas[2]. Ésta es la explicación que

---

[2] Vale la pena señalar que también en la derivación de oraciones como (i), derivada de (ii),

   i. Las ventanas se cerraron,
   ii. Se cerraron las ventanas,

intervienen *Posposición del sujeto* (en este caso *se*) y *Anteposición del objeto (las ventanas)*, pero no interviene *Inserción de ser*. En el capítulo 17 volveré a hablar de la derivación de este tipo de oraciones.

ofrezco, sin pretender que sea la correcta, porque sigo creyendo que la derivación de (21) es anómala.

11.2. Elevación del sujeto.

En esta sección me propongo demostrar que oraciones como (22) y (23) se derivan de la misma estructura profunda (24):

22. (Ellos) consideran que César fue el mejor emperador de Roma.

23. (Ellos) consideran a César el mejor emperador de Roma.

24.

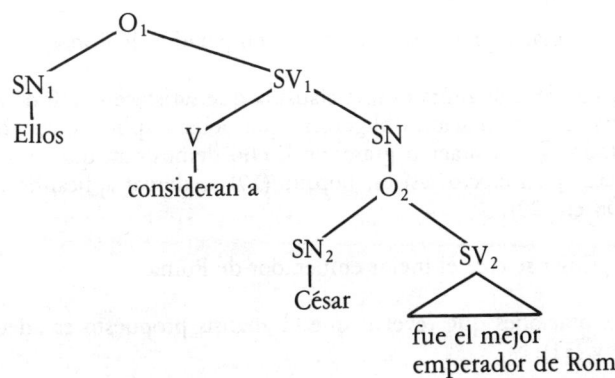

La derivación de (22) es bastante simple, y no voy a estudiarla en detalle. La derivación de (23) merece una explicación. Asumamos por un momento que (24) es la estructura profunda de (23); entonces, para obtener la oración en cuestión debemos suponer la existencia de una transformación cuyo efecto es el de desplazar SN_2 debajo de SV_1, convirtiéndolo en objeto directo del verbo principal. La misma transformación, que llamaré *Elevación del sujeto*, elidiría el verbo *ser* de SV_2.

Los argumentos que aportaré en favor de este análisis son los siguientes:

En primer lugar, el hecho de que (22) y (23) tengan esencialmente el mismo significado puede considerarse un argumento a favor del análisis, puesto que dos oraciones sinónimas parten siempre de una misma estructura profunda.

En segundo lugar, el análisis dice que el SN_2, sujeto de la subordinada, pasa a ser objeto de la principal. Y eso es correcto, ya que si SN_2 es un pronombre, puede ser convertido en el clítico *lo,* como en (25), por ejemplo.

25. (Ellos) lo consideran el mejor emperador de Roma.

También es cierto que cuando el SN_2 pasa a ser objeto, la principal se convierte en una cláusula que satisface la DE de *Pasivización*, que puede aplicarse, por ejemplo, a (23), dando lugar a (26):

26. César es considerado (por ellos) el mejor emperador de Roma.

Otro argumento a favor de este análisis es que si partimos de una estructura profunda como (27) y aplicamos *Elevación del sujeto,* el resultado es (28):

27. César cree [$_0$César es el mejor emperador de Roma] .

28. César cree a César [$_0$el mejor emperador de Roma] .

La principal de (28) ahora es una cláusula que satisface la DE de *Reflexivización*, transformación obligatoria que deberá aplicarse en (28). Si el resultado es una oración gramatical, ello demostrará que el análisis es correcto, y en efecto, así es, porque (29) se deriva aplicando *Reflexivización* en (28):

29. César se cree el mejor emperador de Roma.

Otras oraciones que revelan que el análisis propuesto es adecuado son (30) y (31):

30. Luis se consideró traicionado por sus amigos.

31. El caso fue considerado cerrado por el juez.

(30) se deriva de (32) aplicando *Pasivización* en la subordinada, luego *Elevación del sujeto* y *Reflexivización,* entre otras, en la principal:

32. Luis considera [$_0$sus amigos traicionan a Luis] .

(31), por su parte, se deriva de (33) en la interpretación que me interesa analizar, aplicando *Pasivización* en la subordinada; luego *Elevación del sujeto* y de nuevo *Pasivización* en la principal:

33. Pro considera [$_0$ el juez cerró el caso] .

Otro argumento que quisiera aportar a favor de *Elevación del sujeto* es el siguiente: El hecho de que en la estructura profunda de oraciones como (34) haya dos cláusulas, de las cuales la subordinada es *César era el mejor emperador,*

34. Los romanos consideraban a César el mejor emperador,

queda comprobado al comparar (34) con (35),

35. Los romanos consideraban a César el mejor emperador, y en efecto lo era,

puesto que (35) debe tener una estructura profunda aproximadamente como (36):

36. Los romanos consideraban [$_o$César era el mejor emperador] y en efecto [$_o$César era el mejor emperador] .

De manera que el primer *César* pronominalice el segundo —que luego se elide— y el primer *el mejor emperador* pronominalice el segundo. Esto es, en la estructura profunda de (35) debe haber dos cláusulas idénticas[3] coordinadas para que estos procesos de pronominalización, y en particular el segundo, puedan tener lugar. Nótese que las dos cláusulas deben tener el mismo verbo, en este caso, *ser*[4]. Es por esta razón por lo que, por ejemplo, (37) resulta agramatical, ya que la segunda cláusula coordinada es *César sólo emulaba al mejor emperador:*

37. *Los romanos consideraban a César el mejor emperador, pero sólo lo emulaba.

Los argumentos aducidos creo que son bastante convincentes como para considerar el análisis correcto, así que daré por concluida esta parte y pasaré a explicar otros aspectos de *Elevación del sujeto*.

---

[3] La igualdad entre las dos cláusulas no debe ser absoluta, puesto que, por ejemplo, la primera puede ser negativa y la segunda afirmativa. Es decir, la identidad aquí es del tipo que Ross (1967) llama 'sloppy identity'.
Véase también la nota siguiente, 4, donde se muestra que una de las coordinadas puede tener una secuencia de verbos y la otra no.

[4] J. N. Rojas me ha hecho notar que no es del todo correcto hablar de identidad de verbos, puesto que la oración (i) es posible:

i. Los romanos consideraban a César el mejor emperador de Roma, pero en realidad sólo lo parecía.

En consecuencia, creo que sería más acertado hablar de igualdad en tipo de estructuras y tipo de verbos. Por ejemplo, en (i) las dos cláusulas tienen un mismo tipo de verbo, digamos 'copulativo' —*parecer* se comporta como un copulativo en oraciones del tipo 'Juan parece un atleta, pero no lo es'—, seguido de un predicado.
Hay otra explicación posible para (i). Es posible que una oración como 'Juan parece un atleta' se derive de 'Juan parece ser un atleta', con elisión de *ser*. En este caso, *lo parecía* de (i) se derivaría de *parecía serlo*. Una prueba indirecta de ello es la siguiente: 'Juan solía ser un atleta' no puede pasar a 'Juan solía un atleta', aquí no se elide *ser*. De la misma manera, si la segunda coordinada de (36) fuera 'César no solía ser el mejor emperador' se podría obtener 'César no solía serlo', pero no 'César no solía'.

En primer lugar, deseo aclarar que *Elevación del sujeto* es una transformación facultativa y se aplica a estructuras como (24) sólo si el verbo principal es *considerar, creer, juzgar, imaginar, proclamar,* etcétera. Otra condición necesaria para la aplicación de la regla es que el verbo de la subordinada sea un copulativo, es decir, *ser* o *estar.* Recuérdese ahora que he dicho que la regla elide estos verbos. Sin embargo, si se asume que los copulativos no están en la estructura profunda, como lo sugiere, por ejemplo, Contreras (1976), entonces la transformación no los elide, y simplemente habrá que decir que la regla que introduce el verbo copulativo no es aplicable cuando *Elevación del sujeto* tiene lugar.

Un último detalle importante, a propósito de este análisis, es la presencia de la preposición *a* delante de SN_2, cuando éste pasa a ser objeto del verbo principal. Esta *a* es la que aparece en la estructura profunda después del verbo principal, que como verbo transitivo lleva *a*. En consecuencia, si a (24), por ejemplo, se le aplica *Elevación del sujeto,* la *a* permanece delante del nuevo objeto, como se deduce de (23). Si *Elevación del sujeto* no se aplica, la *a* se elide porque el objeto del verbo es una cláusula, y eso es lo que se deduce al observar (22).

Ahora quisiera pasar a postular una formulación de la regla asumiendo que el verbo *ser* aparece en la estructura profunda, por ejemplo, (38):

38. T Elevación de sujeto:

```
DE:   SN   V   SN   ser   Predicado
      1    2   3    4     5                fac
CE:   1    2   3    φ     5                ⇒
```

Condición: 2 es considerar, creer, etc.

Notemos, sin embargo, que la formulación (38) presenta un problema, pues no hace explícito un aspecto importante de la regla, el que 3 de la DE pasa a ser objeto directo de la principal. ¿Cómo remediar esta falla? Algunos lingüistas han propuesto que la formulación de las transformaciones se haga representando la estructura sintáctica no como una simple secuencia lineal de símbolos, sino como una secuencia con encorchetamiento rotulado. Por ejemplo, la DE de *Elevación de sujeto* sería en este caso SN V [$_o$ SN ser Predicado] y el CE sería SN V SN [$_o$ Predicado]. Si se adopta este nuevo formalismo, el problema planteado queda resuelto, porque así formulada, la regla revela explícitamente que el segundo SN pasa a ser objeto directo. Pero hay otros lingüistas propensos a considerar el encorchetamiento un procedimiento injustificado. Personalmente, veo los dos formalismos como equivalentes, como variantes notacionales —y esto es lo que se deduce de Chomsky (1965: 98)—, pero prefiero guardar la formulación en la que no se hace uso del encorchetamiento por razones que Chomsky (por ejemplo, 1965, 1977 y otras publicaciones) explica del punto de vista matemático (cfr. la condición de la analizabilidad de Boole en Chomsky, 1965), en cuyo caso es necesario que ofrezca otra solución al problema planteado. La solución que propongo, y que se hará más evidente cuando trate de las subordinadas en el capítulo 14, consiste en proponer para (38) la DE: SN V Comp SN ser Predicado, y el CE: SN V SN Comp Predicado, donde el símbolo Comp (complementizador), del que hablaré en el capítulo 14, introduce la subordinada y permite así decir que en (38) el segundo SN sale de la subordinada para pasar a la posición de objeto de la principal. En otros términos, adelantándome a lo que plantearé en el capítulo 14, estoy mostrando que la regla puede reformularse como una secuencia lineal de símbolos sin encorchetamiento y puede hacer explícito el cambio funcional del segundo SN, recurriendo a un símbolo (Comp) que, como lo demostraré, aparece en la estructura profunda al comienzo de las cláusulas subordinadas.

Para concluir este análisis es importante que agregue que, después de la aplicación de *Elevación de sujeto,* el nudo O de la subordinada se poda.

CAPÍTULO 12
Dislocación y topicalización

12.1. En este capítulo me propongo estudiar oraciones que tienen al comienzo, o al final, un elemento que constituye el 'tópico' de lo que se expresa en el resto de la oración, es decir, en el 'comentario'. Dicho elemento es en la mayoría de los casos un SN o un SP, pero a veces puede ser, por ejemplo, un SV o un V. A pesar de ello, a fin de simplificar la exposición, me limitaré a estudiar oraciones que tienen como tópico un SN o un SP, como las que doy a continuación:

1. Hablando de Pedro... ¿Cuándo lo viste por última vez?

2. ¿A Pedro? Lo vi ayer por la tarde.

3. A Pedro, lo atrapó un policía.

Las oraciones (1-3), que manifiestan la característica común de tener tópico al comienzo y copia pronominal de éste (*lo*), no son las únicas oraciones con tópico posibles en español. Las oraciones (4) y (5) son ejemplos de otros tipos de oraciones; la primera sin copia pronominal del tópico, y la segunda con tópico al final:

4. Caramelos, no quiero.

5. Creo que lo atraparon ayer por la tarde, a tu amigo Juan.

En este trabajo me limitaré a analizar oraciones como las que he dado, y en particular oraciones como (2-5), estudiando primero las oraciones (1-3) y luego las oraciones (4) y (5).
Las oraciones (1-3), a pesar de las similitudes señaladas, son distintas tanto desde el punto de vista fonológico como desde el punto de vista sintáctico y semántico. Por ejemplo, (1) y oraciones similares tienen la característica particular de llevar al comienzo un tópico precedido por un topicalizador[1]: *hablando de, en cuanto a, a propósito de,*

---

[1] Éste es el término que usa también Contreras (1976:80).

etcétera, se pronuncian con pausa después del tópico y consecuente cambio de entonación, y generalmente no se usan para contestar preguntas, sino para informar o preguntar algo nuevo sobre un tema de la conversación. Oraciones como (2) no tienen topicalizador, se pronuncian con entonación 'interrogativa'[2] sobre el tópico y pausa después de éste, y generalmente se usan para contestar preguntas acerca del tópico[3]; de allí que éste sea repetición o 'eco' de algo ya dicho. Por ejemplo, (2) puede ser la respuesta a (1). Oraciones como (3), por otra parte, no llevan topicalizador, tienen entonación 'declarativa'[4] sobre el tópico y una pequeña pausa después de éste, que puede a menudo hacerse imperceptible. Oraciones como (3) generalmente se usan para contestar preguntas[5]; por ejemplo, (3) puede ser la respuesta a (6):

6. ¿Quién atrapó a Pedro?

Las diferencias que se han señalado al respecto de las oraciones (1-3) se reflejan en sus derivaciones sintácticas. Por ejemplo, (1) se deriva, en mi opinión, de una estructura profunda en la que el tópico y el comentario pertenecen a dos cláusulas o dos oraciones distintas, cada una con el SN *Pedro*. El segundo de éstos luego se pronominalizaría, dando lugar a (1).

En cuanto a la derivación de (2), creo que ésta debería hacerse partiendo de una estructura profunda en la que hay dos oraciones, siendo la primera de éstas una repetición de la pregunta, con los cambios morfológicos necesarios, y la segunda, una oración en la que aparece un SN idéntico al tópico. Supongamos, por ejemplo, que la pregunta sea (1); entonces, la respuesta que daría origen a (2) ten-

---

[2] Por entonación interrogativa entiendo la melodía que tienen las oraciones interrogativas y que se representa ortográficamente por medio de los signos ¿ ? Está definición es bastante imprecisa, pero para los fines de este trabajo es suficiente para describir el patrón entonacional más común de estos tópicos. Agregaré que otra entonación posible con este tipo de tópico es la exclamativa, como, por ejemplo, la que tendría *la mujer* en la oración siguiente:

i. ¡La mujer! ¡Cuántas injusticias se han cometido contra ella!

En este trabajo no analizaré este tipo de oraciones con tópico exclamativo, pero creo que podrían analizarse esencialmente como las oraciones con tópico interrogativo.

[3] En realidad, (2) puede usarse también como respuesta a una afirmación del tipo:

i. Seguramente ayer viste a Pedro.

[4] Por entonación 'declarativa' entiendo una entonación no-interrogativa. Esta definición 'intuitiva' permite cubrir una serie bastante variada de pronunciaciones, cuya descripción detallada no sólo es difícil de lograr, sino que, además, escapa a los fines de este trabajo.

[5] También pueden ser usadas para 'responder' afirmaciones o, con la entonación adecuada, pueden ser usadas como preguntas.

dría, a nivel de estructura profunda, aproximadamente la forma siguiente:

7. ¿(Tú me preguntas) Cuándo yo vi a Pedro por última vez?
   Yo vi a Pedro ayer por la mañana.

Para convertir (7) en (2) haría falta pronominalizar el segundo *Pedro* y elidir en la primera oración todos los elementos excepto el tópico, que, naturalmente, guardará la entonación interrogativa. Una prueba de que ésta es la derivación más adecuada para este tipo de oración es que, en efecto, los procesos de elisión y pronominalización que he propuesto no son obligatorios. De hecho, (7) puede permanecer casi idéntica y puede servir de respuesta a (1). Así que, a nivel de estructura profunda, oraciones como (2) tendrían dos oraciones distintas. Esto es confirmado no sólo por lo que ya he dicho, sino también por el fenómeno siguiente: si se hace una pregunta del tipo 'sí-no', es decir, una pregunta sin pronombre interrogativo, la respuesta lleva la afirmación oracional *sí* o la negación oracional *no*. Ahora bien, cuando la respuesta contiene un tópico interrogativo, estos dos elementos aparecen entre el tópico y el comentario. Es más, en estos casos expresiones como *bueno...!, qué va!*, etc., que se usan para introducir oraciones, pueden aparecer entre el tópico y el comentario. Prueba de ello son las oraciones en (9), todas ellas posibles respuestas a (8):

8. ¿Estaban hablando de Pedro?

9. *a)* ¿De Pedro? bueno...! Sí. Estábamos hablando de él/Pedro.

   b) ¿De Pedro? bueno...! No. (No estábamos hablando de él/Pedro). Estábamos discutiendo acerca de las próximas elecciones.

   c) ¿De Pedro? Qué va! No. (No estábamos hablando de él/Pedro). Estábamos discutiendo acerca de las próximas elecciones.

Pasemos ahora a la oración (3), que repito aquí con el número (10):

10. A Pedro, lo atrapó un policía.

Como lo dije antes, entre el tópico y el comentario de (10) puede haber pausa y cambio de entonación, pero es evidente que éstos tienen características distintas de los que aparecen en oraciones con tópico interrogativo. Por ejemplo, en (10) puede haber dos patrones entonacionales, uno para el tópico y otro para el comentario, pero éstos no son completamente independientes, cosa que sí se nota en las oraciones con tópico interrogativo[6]. De ser así, es evidente que la derivación de (10), repito, con tópico declarativo, debe ser partiendo de una estructura profunda en la que hay un solo nudo O para toda la oración. Supongamos entonces que la estructura profunda de (10) sea aproximadamente (11); la pregunta que deberíamos hacernos ahora es qué procesos transformacionales convierten (11) en (10):

 11. Un policía atrapó a Pedro.

Una respuesta posible es que (11) se convierte en (10) moviendo el SN *Pedro*, y la preposición que lo precede, al comienzo de la oración, dejando en su lugar una copia pronominal con preposición, *a él* —como en (12*b*)—, que es luego convertida en el clítico *lo*. Esta es la solución que ofrecen, por ejemplo, Ross (1968) y Contreras (1976). Otra solución posible es la siguiente: (11) se convierte en (12*a*) por medio de una regla que copia a *Pedro* delante de la oración; luego *Pronominalización* transforma el segundo SN *Pedro* en *él*, obteniéndose (12*b*), que pasa a (10) por medio de *Formación de clíticos* y otras reglas más. Entre éstas debe incluirse, para ambas soluciones, *Inversión de sujeto-verbo*, una transformación que presentaré con más detalles en los capítulos 15 y 17.

 12. *a*) A Pedro, un policía atrapó a Pedro.
   b) A Pedro, un policía atrapó a él.

Las dos soluciones presentadas son equivalentes en cuanto las dos permiten derivar la oración en cuestión, y pueden considerarse variantes notacionales. Sin embargo, por razones que explicaré en la sección (12.8), adoptaré la primera, y llamaré la regla que convierte (11) en (12*b*) *Dislocación*, siguiendo la terminología de Ross (1968).

 Una cuestión que todavía no me he preguntado es si realmente (10) tiene un solo nudo O a nivel de estructura superficial. Para contestar, podríamos revisar la posición de la afirmación oracional *sí* o de la negación oracional *no* en oraciones con tópico declarativo. Pues bien, si la pregunta es del tipo 'sí-no', como en (13), que, dicho sea de paso, tiene tópico del tipo que estoy analizando, la respuesta lleva estos elementos delante del tópico, y si se

---

[6] En las oraciones con tópico interrogativo, el comentario puede tener entonación declarativa, como en los ejemplos que he dado. Pero en las oraciones con tópico declarativo, el comentario tiene también una entonación declarativa, como en (10). Naturalmente, (10) podría pronunciarse como una pregunta, pero en este caso, el tópico y el comentario tendrían entonación interrogativa.

inserta una expresión como *bueno...!*, ésta también aparece delante del tópico, como, por ejemplo, en (14)[7], lo cual muestra que estas oraciones tienen un solo nudo O:

13. ¿A Pedro, lo atrapó un policía?
14. *a*) Bueno...! Sí. A Pedro, lo atrapó un policía.
     b) Bueno...! No. A Pedro, no lo atrapó un policía.

Notemos ahora que si el análisis que he venido desarrollando es correcto, y si, en particular, el tópico interrogativo se deriva de una O distinta del comentario, pero el tópico declarativo se deriva de la misma O del comentario, entonces los dos tipos de tópicos no se excluyen y podrían aparecer en una misma oración. Y esto es cierto, puesto que (15), que es una respuesta posible a (13), es una oración de este tipo:

15. ¿A Pedro? Bueno...! No. A Pedro, no lo atrapó un policía.

En conclusión, el tópico declarativo aparecerá a nivel profundo y a nivel superficial dominado por el mismo nudo O que domina al comentario. Pero, ¿cómo explicar la pausa y el cambio de entonación después del tópico? Pues bien, existe un procedimiento formal que permite decir que un nudo A puede anexarse a un nudo B de manera tal que A y B aparezcan dominados por un nuevo nudo B. Este procedimiento, llamado 'unión tipo Chomsky' (ver capítulo 4, sección 4.6), podría resolver el problema, porque nos permitiría decir que al aplicar *Dislocación* a (16*a*), la configuración sintáctica derivada es (16*b*), en la cual *a Pedro* ha 'salido' de O_1 para caer bajo el dominio de un nuevo nudo O_2, que también domina a O_1:

16.

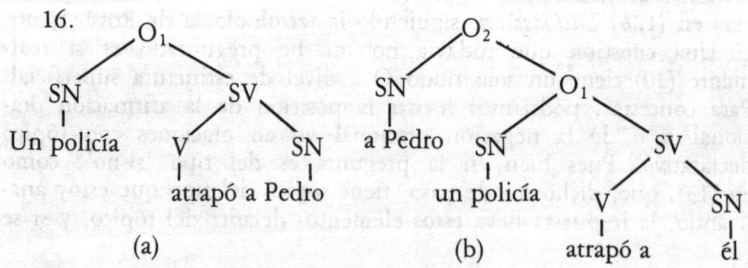

(a)   (b)

---

[7] Otra respuesta posible a (14) es (i), con la negación *no* después del tópico:

i. ¡A Pedro no! No lo atrapó un policía.

Este tipo de oración será analizado en la sección (12.7).

De esta manera, el componente fonológico interpretaría la estructura (16*b*), asignando a #, el símbolo convencional de la unión tipo Chomsky (cfr. Contreras, 1976:83), presente entre el tópico y el comentario, una pausa y consecuente cambio de entonación. Para explicar los casos donde la pausa se hace imperceptible bastaría con decir, o bien que la regla fonológica que asigna pausa a # es facultativa, o bien que, a consecuencia de la aplicación de una regla de reajuste morfológico, la pausa se reduce o desaparece.

12.2. Hasta aquí he hablado de las derivaciones de (1-3). Ahora quisiera investigar un poco más a fondo las características sintácticas de los tópicos interrogativos y declarativos. Obsérvense las oraciones siguientes:

17. ¿De Pedro? No quiero ni oír hablar de él.

18. ¿Para mis niños? No sé qué traerá San Nicolás para ellos.

19. ¿De Juan? Voy a leer el libro de él hoy.

Estas oraciones, para que sean plenamente gramaticales, deben pronunciarse con entonación interrogativa sobre el tópico; si éste se pronunciara con entonación declarativa, las oraciones en cuestión se harían agramaticales. Lo que esta diferencia revela es que un tópico interrogativo puede ser un SN o un SP —cosa que se comprende muy bien si se tiene en cuenta que este tipo de tópico se obtiene por un proceso de elisión—, que un tópico declarativo no puede ser un SP y que, por tanto, la aplicación de *Dislocación* debe ser restringida a SN. Veamos ahora si esto es correcto. Los ejemplos que he dado hasta ahora contenían un objeto directo o un complemento. Estos últimos resultaban agramaticales si el tópico era declarativo. Pero, ¿qué pasa si el tópico es un sujeto o un objeto indirecto? Las oraciones que siguen tienen como tópico un sujeto o un objeto directo, y puesto que pueden pronunciarse de las dos maneras, revelan que la generalización correcta no es que *Dislocación* no puede aplicarse a SP, sino que no puede aplicarse a complementos:

20. Las flores, quisiera que fueran blancas.

21. A Luis, no le regalé nada.

En definitiva, lo que he dicho debe resumirse en la condición siguiente —derivable del principio propuesto en el capítulo 6—: *Dislocación* se aplica hasta el nivel funcional 3. Una prueba más de que ésta es la condición correcta es que si partimos de un estructura profunda como (22) y dislocamos el SP *de Juan,* el resultado es una oración agramatical (como lo hice notar al hablar de 19); pero si dislocamos todo el objeto directo, *el libro de Juan,* el resultado es (23), es decir, una oración gramatical:

22. Yo voy a leer el libro de Juan hoy.

23. El libro de Juan, lo voy a leer hoy.

Otra condición necesaria en la aplicación de *Dislocación* es que ésta sea cíclica. Para entender el por qué de esta condición sugiero que se analicen las derivaciones de (23*a*) y (23*b*):

23. *a)* Creo que a Pedro, lo atrapó un policía.
    b) A Pedro, creo que lo atrapó un policía.

La estructura profunda de (23*a*) y (23*b*) es la misma, con una subordinada que contiene el objeto directo *Pedro.* Para obtener (23*a*) hace falta que *Dislocación* se aplique en el primer ciclo, de manera que el tópico aparezca al comienzo de la subordinada, llegando a ser dominado por un nudo O que también domina al comentario, como se deduce del hecho de que *Inserción de que* coloca el *que* entre la principal y el tópico. Por el contrario, para derivar (23*b*) hace falta que *Dislocación* se aplique en el segundo ciclo, a fin de poder colocar el tópico delante de la principal. Cosa que, además, no contradice el principio de ciclicidad, puesto que *Dislocación* afecta tanto la principal como la subordinada: la regla debe tomar en cuenta el SN de la subordinada para colocarlo delante de la principal. En consecuencia, si *Dislocación* puede aplicarse en distintos ciclos, es una regla cíclica.

A propósito de esto, vale la pena señalar que (20) se obtiene aplicando *Dislocación* en el segundo ciclo, de manera que el sujeto de la subordinada pase a ser tópico al comienzo de la principal, dejando en su lugar un pronombre que será luego elidido, en este caso, obligatoriamente, por medio de *Elisión del sujeto pronominal.* También sería posible dislocar *las flores* en el primer ciclo, y de hacerlo así, se obtendría (24), que deberá pronunciarse con pausa —representada por una coma— y cambio de entonación después del tópico:

24. Quisiera que las flores, fueran blancas.

12.3. Un aspecto de este análisis que vale la pena resaltar es que *Pronominalización,* que como lo he dicho en el capítulo 6, es una regla obligatoria, actúa facultativamente entre el SN de un tópico interrogativo y el SN del comentario. Esta particularidad puede explicarse de una manera general diciendo: 1.°) que las reglas que dan cuenta de la anáfora, es decir, de la relación de correferencialidad entre SN, por ejemplo, y que no estén limitadas a una sola cláusula pueden aplicarse entre oraciones distintas y contiguas, tanto en el caso de que éstas sean dichas por un mismo hablante como en el caso de que éstas sean dichas por hablantes distintos que participen en una misma conversación[8]; 2.°) que las reglas en cuestión se aplican facultativamente en estos casos. De acuerdo con esto, *Pronominalización* y otras reglas similares operan de manera facultativa en contextos del tipo [O] X [O], donde X es el símbolo de límite de oración.

12.4. En esta sección quisiera elaborar un análisis para la oración (4), repetida aquí como (25):

25. Caramelos, no quiero.

Lo que caracteriza a la oración (25) es que ésta, a diferencia de las oraciones estudiadas en las secciones anteriores, no contiene una copia pronominal del tópico. Es más, si esta copia apareciera, la oración resultaría agramatical, excepto en el caso de que el tópico se pronunciara con entonación interrogativa. En efecto, (26) es agramatical sólo con la pronunciación interrogativa sobre el tópico:

26. ¿Caramelos? No los quiero.

Es más, en (26), pronunciada de la manera indicada, *los* es un pronombre facultativo; si se suprime, (26) sigue siendo gramatical[9].

¿Cómo explicar estos hechos? La respuesta es un tanto difícil y requiere el estudio de otros fenómenos y otras oraciones. En tal sentido sugiero que se examinen las oraciones (27-33), de las cuales algunas han sido ya estudiadas, tomando en cuenta el hecho de que (27) tiene en la posición de tópico un nombre propio; (28), un nombre común con determinante y (29-33) un nombre común sin determinante:

27. A Pedro, lo atrapó un policía.

28. El libro, lo leí ayer por la noche.

29. *Agua, la conseguimos.

---

[8] De esta generalización debería excluirse *Equi*.
[9] En realidad, hay hablantes que no aceptan oraciones como (26). Por tanto, es necesario que enfatice sobre lo siguiente: (26), que de hecho constituye un pequeño problema para mi análisis, no es gramatical para todos los hablantes, por lo menos en Venezuela. En consecuencia, la explicación que ofreceré para (26) es válida únicamente para ciertos hablantes de Venezuela y de otros países. Pero todos los hablantes aceptan (26) sin el pronombre *los*.

30. *Caramelos, no los quiero.

31. *Justicia, se le hará. Se lo prometo.

32. *Hambre, la tengo; pero no comeré este pan.

33. *Libros, los he leído muchos; sin embargo, no he encontrado ninguno sobre Dislocación.

No todas las oraciones (27-33), pronunciadas con entonación declarativa sobre el tópico, son gramaticales. En particular, las que tienen como tópico un nombre común sin determinante no son gramaticales.

Si (27-33) se pronunciaran con entonación interrogativa sobre el tópico, las cosas cambiarían: tanto (27) y (28) como (29) y (30) resultarían gramaticales, pero (31-33) seguirían siendo agramaticales. ¿Por qué (29) y (30) se hacen gramaticales con esta entonación, pero no (31-33)? Obviamente, la respuesta no puede ser la falta de determinante delante del tópico, pues (29-33) todas tienen esta característica. De manera que la razón de la diferencia entre (29) y (30), por un lado, y (31-33), por el otro, debe residir en otros factores, como lo veremos más tarde. Por el momento quisiera poner de relieve otras características de las oraciones (27-33). Nótese que éstas tienen copia pronominal del tópico en el interior de la oración. ¿Qué pasa si dicha copia pronominal no aparece? Esta vez los valores cambian en el sentido opuesto, como se deduce de la lista siguiente:

34. *A Pedro, atrapó un policía.

35. *El libro, leí ayer por la noche.

36. Agua, conseguimos.

37. Caramelos, no quiero.

38. Justicia, se hará. Se lo prometo.

39. Libros, he leído muchos; sin embargo, no he encontrado ninguno sobre Dislocación.

Al faltar la copia pronominal, las primeras dos resultan agramaticales[10], mientras que las otras resultan gramaticales. Es más, los va-

---

[10] Oraciones como (34) y (35), sin embargo, se usan en ciertos estilos particulares que no tomo en cuenta en mi análisis.

lores que he asignado a (43-48) no cambian al pasar de la pronunciación con entonación declarativa sobre el tópico a la pronunciación con entonación interrogativa.

Las observaciones hechas muestran así que la gramaticalidad de las oraciones con tópico varía de acuerdo a una serie de factores, entre ellos la entonación, la presencia de determinante delante del tópico, y la posibilidad de tener copia pronominal del tópico al interior del comentario. El problema ahora es cómo reducir todos estos factores a los mínimos necesarios y cómo elaborar un análisis adecuado. Con el fin de dar una respuesta a estos planteamientos, examinaré con más detenimiento los ejemplos que he dado y otros que puedan ayudar a dilucidar el problema, tomando en cuenta únicamente casos donde el tópico corresponde a un SN; por ejemplo, a un objeto directo.

Considérense las oraciones de (40), de las cuales la primera es una pregunta y las otras son posibles respuestas a esa pregunta:

40. *a)* ¿Quién atrapó a Pedro?

 b) *A Pedro, atrapó un policía.

 c) *Atrapó un policía.

 d) *¿A Pedro? Atrapó un policía.

 e) ¿A Pedro? Lo atrapó un policía.

 f) A Pedro, lo atrapó un policía.

 g) Lo atrapó un policía.

El hecho de que (40*b-d*) sean agramaticales y (40*e-g*) gramaticales revela que cuando se contesta a una oración como (40*a*), que contiene un SN específico[11], como lo es el nombre propio *Pedro*, la respuesta puede ser una oración en la que el SN no aparece en su posición post-verbal. Tal oración puede tener tópico o no, pero, en todo caso, el verbo debe ir acompañado del clítico correspondiente al objeto. Si el clítico no aparece, la oración resulta agramatical[12].

Examinemos ahora las oraciones de (41):

---

[11] Por SN 'específico' entiendo un SN que refiere a uno o más entes particulares. Por oposición, un SN 'genérico' no refiere a entes particulares. Esta definción intuitiva de 'genérico' será modificada y precisada en el capítulo 15.

[12] En (40) y en los otros ejemplos que siguen hay oraciones que son agramaticales en ese contexto particular, pero en otros contextos podrían ser gramaticales. Por ejemplo, (40*c*) es agramatical como respuesta a (40*a*), pero en otro contexto podría resultar gramatical.

Demás está decir que para comprender mi posición es imprescindible atenerse a los ejemplos y patrones que doy. No tiene sentido preguntarse si (40*a*), por ejemplo, tiene otros tipos de respuesta.

41. a) *¿Cuándo vas a leer libro?
    b) ¿Cuándo vas a leer el libro?
    c) *Libro, voy a leer esta noche.
    d) *¿Libro? Voy a leer esta noche.
    e) *Voy a leer esta noche.
    f) *El libro, voy a leer esta noche.
    g) *¿El libro? Voy a leer esta noche.
    h) El libro, lo voy a leer esta noche.
    i) ¿El libro? Lo voy a leer esta noche.
    j) Lo voy a leer esta noche.

Las primeras dos de estas oraciones muestran que un nombre común con el rasgo [+ Contable][13] no se usa en singular sin determinante, puesto que si tiene valor genérico debe ir en plural, y si tiene valor específico debe llevar determinante[14]. De allí que (41a) sea agramatical y (41b) gramatical. La misma explicación podría darse para (41c) y (41d), puesto que éstas son agramaticales por tener un tópico constituido por el nombre común *libro* sin determinante. En cuanto a las oraciones (41e-j), éstas muestran, al igual que las oraciones de (40), que una respuesta a una pregunta con un SN específico, en este caso un SN constituido por un nombre común precedido por determinante, debe llevar copia pronominal del SN junto al verbo, tanto en el caso de que el SN haya sido dislocado como en el caso de que el SN haya sido suprimido; si la copia pronominal no aparece, la oración resulta agramatical como en (41e) y (41f), por ejemplo.

Analicemos ahora las oraciones de (42):

42. a) ¿Quieres caramelos?
    b) No. Caramelos, no quiero.
    c) No. No quiero.
    d) ¿Caramelos? No. No quiero.
    e) ¿Quieres los caramelos?
    f) No. Los caramelos, no los quiero.
    g) No. No los quiero.
    h) ¿Los caramelos? No. No los quiero.
    i) ¿Caramelos? No. No los quiero.

---

[13] El rasgo [+ Contable] es el que a veces se ha llamado [Discontinuo]. Para mayores detalles sobre el valor y uso de estos rasgos, cfr. Chomsky, 1965.
[14] Esta afirmación no debe tomarse como una generalización, sino como una explicación relativa a los hechos y fenómenos que presento en este capítulo. Para una más completa clasificación de los SN en términos de rasgos véase el capítulo 15.

Estas oraciones confirman lo que dije en el párrafo anterior: (42a) contiene un SN genérico en plural, *caramelos;* (42e) contiene un SN específico con determinante, *los caramelos,* y, por tanto, ambas son gramaticales. Es más, las respuestas más apropiadas para (42a) son (42b-d), y las más apropiadas para (42e) son (42f-h), y no al revés; lo cual revela una vez más que una respuesta a una pregunta con SN específico constituido por nombre común y determinante debe llevar copia pronominal del SN. Las oraciones (42a-d) muestran por su lado el patrón opuesto: si la pregunta contiene un SN genérico, la respuesta no contiene copia pronominal. La única excepción a esta generalización la constituye la oración (42i), que, a pesar de ser poco común, se puede usar como respuesta a (42a) y a (42b).

Veamos otros ejemplos. Obsérvense las oraciones de (43):

43. a) ¿Consiguieron agua?
    b) Sí. Agua conseguimos.
    c) Sí. Conseguimos.
    d) ¿Agua? Sí. Conseguimos.
    e) ¿Consiguieron el agua?
    f) Sí. El agua, la conseguimos.
    g) Sí. La conseguimos.
    h) ¿El agua? Sí. La conseguimos.
    i) ¿Agua? Sí. La conseguimos.

Estas oraciones confirman plenamente lo dicho hasta ahora: en (43a), el SN *agua* es genérico, porque a pesar de ser singular tiene el rasgo [—Contable]; en (43e), el SN *el agua* es específico; ambas oraciones son gramaticales y sus respuestas más apropiadas son sin pronombre en el primer caso y con pronombre en el segundo caso. Una vez más, la excepción la constituye la oración (43i).

Un patrón distinto del que manifestaban las oraciones anteriores es el que caracteriza a las oraciones de (44) y (45):

44. a) ¿Se hará justicia?
    b) Sí. Justicia, se hará.
    c) Sí. Se hará.
    d) ¿Justicia? Sí. Se hará.
    e) *¿Se hará la justicia?
    f) *Sí. La justicia, se la hará.
    g) *Sí. Se la hará.
    h) *¿La justicia? Se la hará.
    i) *¿Justicia? Sí. Se la hará.

45. a) ¿Tienes hambre?
    b) Sí. Hambre, tengo; pero no comeré este pan.

c) Sí. Tengo; pero no comeré este pan.
d) ¿Hambre? Sí. Tengo; pero no comeré este pan.
e) *¿Tienes el hambre?
f) *Sí. El hambre, la tengo; pero no comeré este pan.
g) *Sí. La tengo; pero no comeré este pan.
h) *¿El hambre? La tengo; pero no comeré este pan.
i) *¿Hambre? Sí. La tengo; pero no comeré este pan.

Lo que las oraciones de (44) y (45) muestran es que aquí, al contrario de lo que pasaba con las oraciones de (41), el nombre no puede llevar determinante, y la razón de ello se debe no tanto al carácter genérico del SN, sino más bien al hecho de que expresiones como *hacer justicia, tener hambre, dar vergüenza*, etc., son expresiones fijas que generalmente no admiten modificadores ni pluralización de los nombres. En todo caso, lo importante es que aquí el nombre no puede llevar determinante. De manera que, de acuerdo con mi hipótesis, las respuestas en las que aparece una copia pronominal deberían resultar agramaticales; y esto es precisamente lo que se deduce de estas oraciones. En consecuencia, (44) y (45) confirman la hipótesis de que una respuesta a una pregunta con SN constituido por un nombre propio o por un nombre común precedido por determinante llevará copia pronominal siempre que tal SN no aparezca en la respuesta en su posición original.

La generalización que acabo de mencionar da cuenta de la mayoría de los fenómenos señalados, pero no da cuenta del hecho de que oraciones como (43*i*), repetida aquí con el número (46), pueden contestar a preguntas con SN específico o genérico:

46. ¿Agua? Sí. La conseguimos.

Para resolver este problema, se podría ampliar la generalización anterior diciendo que una respuesta a una pregunta con SN genérico puede tener copia pronominal si contiene un tópico interrogativo, pero no un tópico declarativo. Pero ahora se nos presenta la dificultad de explicar la diferencia entre (46) y (45*i*), por ejemplo, repetida aquí como (47), puesto que, de acuerdo con lo que he dicho, (47) debería ser gramatical, pero no lo es:

47. *¿Hambre? Sí. La tengo; pero no comeré este pan.

Esta dificultad se obviaría si enunciamos la modificación a la generalización anterior en los siguientes términos: una respuesta con tópico interrogativo constituido por un nombre común sin determinante puede tener copia pronominal si en la estructura sintáctica de la que se deriva el comentario, es posible insertar un determinante. Me explico: el comentario de (46) es (48*a*), y en la estructura de la que éste se deriva es posible insertar un artículo, como en (48*b*); mientras que el comentario de (47) es (49*a*) y en la estructura de la que éste se deriva, (49*b*), no es posible insertar un artículo.

48. *a*) La conseguimos.
    b) Nosotros conseguimos (el) agua.

49. *a*) La tengo.
    b) Yo tengo (*el) hambre.

Dicho de otra manera, la diferencia entre oraciones como (46) y oraciones como (47) se debe a que *Pronominalización* queda bloqueada en los casos en que el SN es un nombre común que no puede llevar determinante, hecho que queda comprobado por los ejemplos que doy en (50), donde se ve que un nombre precedido por *mucho(s)* —o bien *varios, tanto(s), bastante(s),* etc.— no puede llevar determinante, y esto hace que (50*h*) sea agramatical:

50. *a*) ¿Y ha leído muchos libros?
    b) Bueno...! Libros, he leído muchos; pero ninguno me ha gustado.
    c) Bueno...! He leído muchos; pero ninguno me ha gustado.
    d) ¿Libros? Bueno...! He leído muchos; pero ninguno me ha gustado.
    e) *¿Y ha leído los muchos libros.
    f) *Bueno...! Los libros, los he leído muchos; pero ninguno me ha gustado.
    g) *Bueno...! Los he leído muchos; pero ninguno me ha gustado.
    h) *¿Libros? Bueno...! Los he leído muchos, pero ninguno me ha gustado.

Resumiendo ahora todo lo que he dicho y refiriéndome únicamente a las oraciones con tópico, propongo la generalización siguiente:

51. *a*) Una oración con tópico declarativo tiene copia pronominal de éste sólo si el SN del que se origina es específico; esto es, si es un nombre propio o un nombre común precedido por un determinante.
    b) Una oración sin tópico declarativo, pero con tópico interrogativo, tiene copia pronominal de éste si el SN correferencial con el tópico es pronominalizable.

Antes de volver al tema central de esta sección, es decir, el análisis de oraciones con tópico declarativo y sin copia pronominal, quisiera abrir un pequeño paréntesis para aclarar que una oración como (41c), repetida aquí como (52), es agramatical porque se deriva de una estructura profunda incorrecta, como lo es (53):

52. *Libro, lo voy a leer esta noche.

53. *Yo voy a leer libro esta noche.

Veamos ahora cómo debería derivarse, por ejemplo, (42b), repetida aquí con el número (54):

54. Caramelos, no quiero.

Hay dos análisis posibles para derivar (54) a partir de una estructura profunda del tipo (55):

55. Yo no quiero caramelos.

La primera solución, que podría llamarse HA, hace uso de *Dislocación*. Ésta convertiría (55) en (56), que pasaría a (54) por medio de *Elisión del sujeto pronominal* y otra regla de elisión que afectaría el pronombre *ellos/éstos:*

56. Caramelos, yo no quiero ellos/éstos.

Esta segunda transformación consistiría en una regla de anáfora que elidiría un nombre común sin determinante, o su pronombre, por ser correferencial con un N anterior. Dicha regla se aplicaría obligatoriamente en una misma oración, y facultativamente, entre oraciones distintas. Por ejemplo, en (56) la regla en cuestión, que podría llamarse *Elisión de N genérico,* elidiría obligatoriamente el SN, en este caso un pronombre. Por otra parte, si (55) no se convirtiera en (56), la regla se aplicaría al SN *caramelos* de (55) por ser correferencial con un SN presente en la pregunta, dando lugar a (57), o bien no se aplicaría, derivándose así (55):

57. No. No quiero.

Huelga decir que es necesario formular *Elisión de N genérico* de manera tal que no se aplique ni a tópicos generados por *Dislocación* ni a SN específicos.
 Otra solución posible para (54) y oraciones similares consiste en suponer que no se obtienen por *Dislocación,* sino por *Topicalización,* una regla que desplaza al comienzo de la oración un SN

sin dejar copia pronominal de éste en el interior del comentario. De acuerdo con esta solución, llamémosla HB, (54) se obtendría al topicalizar *caramelos* en (55), sin pasar por la estructura intermedia (56). Así que HB no hace uso de *Elisión de N genérico* para derivar (54). Sin embargo, esta regla debe también formar parte de esta segunda hipótesis, puesto que *Elisión de N genérico* es en todo caso necesaria para generar (57). Esto es, esta transformación de elisión operaría, facultativamente, en HB sobre un SN genérico que no haya sido topicalizado. En otras palabras, en el marco de esta hipótesis, si (55) no pasa a (54) por *Topicalización,* puede convertirse en (57) por *Elisión de N genérico.*

Ahora bien, las dos soluciones propuestas, HA y HB, son ambas empíricamente adecuadas y en cierta medida equivalentes. Inclusive creo que, ateniéndonos a los datos presentados hasta ahora, es prácticamente imposible escoger entre las dos; razón por la cual adoptaré la segunda sin tratar de justificar por el momento esta elección.

En resumen, el análisis que he desarrollado para las oraciones con tópico declarativo hace uso de tres reglas, entre otras. La primera, *Dislocación,* desplaza un SN específico al comienzo de la oración, dejando una copia pronominal del SN en su lugar de origen. La segunda, *Topicalización,* desplaza al comienzo de la oración un SN constituido por un nombre común sin determinante, sin dejar copia pronominal[15]. La tercera, *Elisión de N genérico,* elide un nom-

---

[15] Sin embargo, la ausencia de determinante delante de un nombre no parece ser el factor clave para impedir que *Dislocación* se aplique. En efecto, oraciones como (i) son posibles:

i. A muchos estudiantes, los he visto sentados delante de tu casa.

¿Cómo explicar que *Dislocación* se aplica en (i), pero no en (50*f*), por ejemplo? Una solución posible consiste en decir que *Dislocación* actúa tomando en cuenta ciertos rasgos de los SN, o quizá el rasgo [+ específico], presentes en *a muchos estudiantes,* pero no en *muchos libros.* Otra solución consistiría en suponer que *Dislocación* toma en cuenta la presencia de *a* delante de objetos directos. Las dos soluciones son equivalentes, pero se diferencian en el sentido de que la segunda, pero no la primera, quedaría subordinada a las condiciones que determinan la *Elisión de a.* Por estas razones, creo que la segunda es más adecuada. En efecto, es necesario establecer ciertas condiciones para la aplicación de *Elisión de a* y no sería económico establecer las mismas condiciones para *Dislocación:* si se fijan para la primera regla, se puede hacer depender la segunda de la presencia de *a*. Nótese, por ejemplo, que (ii) y (iii) son gramaticales, y la primera se convierte en (i), pero la segunda se convierte en (iv):

ii. He visto a muchos estudiantes sentados delante de tu casa.
iii. He visto muchos estudiantes sentados delante de tu casa, pero ninguno se parecía a Pedro.
iv. Estudiantes he visto muchos sentados delante de tu casa, pero ninguno se parecía a Pedro.

Otro ejemplo en el que la presencia de *a* y no el determinante hace que *Dislocación* se aplique es el siguiente:

v. A algunos de tus amigos, los odio como si fueran mis enemigos.

bre común que no vaya precedido por determinante y que sea correferencial con otro nombre presente en la oración anterior.

12.5. Analicemos ahora la derivación de oraciones como (42*i*) y (42*d*), repetidas aquí con los números (58) y (59), respectivamente:

    58. ¿Caramelos? No. No los quiero.

    59. ¿Caramelos? No. No quiero.

De acuerdo con el análisis que he desarrollado, oraciones con tópico interrogativo —y sin tópico declarativo— se derivan a partir de estructuras profundas con dos oraciones, aplicando *Pronominalización*, pero no *Dislocación* o *Topicalización*. Recordemos, además, que (58) puede ser una respuesta a una pregunta con SN específico o con SN genérico. Cuando (58) es la respuesta a una oración con SN específico, la estructura profunda es (60); a ésta se aplica, facultativamente, *Pronominalización*, luego *Formación de clíticos*, *Movimiento de clíticos*, etc., y se obtiene (58):

    60. ¿(... los) caramelos? No. Yo no quiero los caramelos.

Lo único particular en esta derivación es que la elisión de los elementos que aparecen en la primera oración abarca también el determinante del tópico.

    La derivación de (58), cuando ésta es una respuesta a una pregunta con SN genérico, se hace, por el contrario, a partir de la estructura profunda (61):

    61. ¿(...) caramelos? No. Yo no quiero caramelos.

A (61) puede aplicarse *Elisión de N genérico*. Si esta regla se aplica, el segundo SN *caramelos* es elidido, y se obtiene (59); pero si tal elisión no tiene lugar, *Pronominalización* puede convertir el segundo SN *caramelos* en pronombre, y después de *Formación de clíticos* y otras reglas conocidas se obtendría (58).

    Naturalmente, de (60) y (61) se pueden obtener otras oraciones. Por ejemplo, si a (61) no se aplica *Elisión de N genérico* ni *Pronominalización*, la oración resultante es, por ejemplo, (62*a*), que a su vez puede pasar a (62*b*) por *Topicalización*:

    62. *a*) ¿Caramelos? No. No quiero caramelos.
        b) ¿Caramelos? No. Caramelos, no quiero.

La oración (45*d*), aquí con el número (63), tiene una derivación similar a la de (58) con SN genérico:

63. ¿Hambre? Sí. Tengo; pero no comeré este pan.

En efecto, la estructura profunda de (63) es (64), que pasa a (63) por medio de *Elisión de N genérico* y *Elisión del sujeto pronominal*:

64. ¿(...) hambre? Sí. Yo tengo hambre, pero yo no comeré este pan.

Lo interesante en este caso es que si dejamos de aplicar *Elisión de N genérico* en (64), a pesar de que *Pronominalización* tendría ocasión de operar no podría hacerlo porque (45*i*), repetida aquí como (65*a*), no es gramatical, mientras que (65*b*) sí lo es:

65. *a)* *¿Hambre? Sí. La tengo; pero no comeré este pan.
    b) ¿Hambre? Sí. Tengo hambre; pero no comeré este pan.

En consecuencia, se hace necesaria una condición para *Pronominalización* que le impida aplicarse a estructuras del tipo (64), como ya lo señalé en la sección anterior[16]. Tal condición podría rezar aproximadamente de la manera siguiente: *Pronominalización* no se aplica a un nombre N sin determinante de una oración X si no existe una oración bien formada Y idéntica a X, con la excepción de que N en Y vaya precedido por un determinante[17]. Al incorporar esta condición a mi análisis, se pueden generar todos los ejemplos que he dado, pero no el ejemplo siguiente:

65. *c)* ¿Vino? No. No lo hay.

---

[16] Hay casos donde *Elisión de N genérico* no puede aplicarse, pero *Pronominalización*, sí. Por ejemplo, la primera no puede afectar un SN que se encuentre en una cláusula encabezada por un relativo o por 'el hecho de que', mientras que la segunda sí puede. Para dar un ejemplo, obsérvense las oraciones siguientes, que, si no me equivoco, no pueden pronunciarse con entonación declarativa sobre el tópico, lo cual muestra que *Dislocación* y *Topicalización* no pueden extraer un SN incluido en una cláusula del tipo señalado:

i. *¿Tomates? Conozco a un tipo que produce.
ii. ¿Tu libro? Conozco a un tipo que lo ha leído.
iii. *¿Tomates? Me molesta el hecho de que no produzcas.
iv. ¿Tu libro? Me molesta el hecho de que Pedro no lo haya leído.

[17] Esta condición tiene un carácter muy particular en el sentido de que restringe la aplicación de *Pronominalización* en una oración X tomando en cuenta la derivación de otra oración Y. Condiciones como éstas han sido llamadas 'transderivacionales' y han sido criticadas por varios transformacionalistas. Yo mismo no estoy seguro de su validez. Además, creo que el problema que planteo puede resolverse recurriendo a otro tipo de condición, pero, por el momento, sugiero que se adopte tentativamente la que he propuesto.

En efecto, de acuerdo con lo que he dicho, (65c) debería ser agramatical, pero no lo es. No tengo una explicación satisfactoria para ello, por lo que tendré que asumir que oraciones con el verbo impersonal *haber* caen dentro del dominio de *Pronominalización*, a pesar de que estas oraciones tengan un N que no puede ser precedido por un determinante.

12.6. En las secciones (12.4) y (12.5) he hablado de oraciones que se obtienen por *Topicalización*, limitándome a ejemplos en los que el SN que se topicaliza aparece en la estructura profunda inmediatamente detrás del verbo; por ejemplo, SN que son objetos directos. En esta sección quisiera ampliar el análisis para determinar cuál es el alcance de esta regla. Veamos entonces a qué otros tipos de SN o SP se aplica *Topicalización*.

A pesar de que haya rarísimas oraciones con sujetos constituidos por un nombre común sin determinante, puesto que (66a) puede convertirse en (66b) podemos decir que *Topicalización* se aplica a sujetos:

66. a) Creo que jóvenes y viejos deberían recibir este tipo de ayuda.
    b) Jóvenes y viejos, creo que deberían recibir este tipo de ayuda.

Más difícil es determinar si *Topicalización* se aplica a objetos indirectos, por un lado porque son raras las oraciones donde el objeto indirecto es un nombre común sin determinante, por otro lado porque el objeto indirecto puede dejar copia pronominal gracias a la aplicación de *Formación de clíticos a partir de SN no pronominal* (cfr. capítulo 14). Sin embargo, en vista de que (67a) y (67b) son ambas posibles, podemos concluir que *Topicalización* es aplicable a objetos indirectos:

67. a) A muchos estudiantes, no entregamos nada.
    b) A muchos estudiantes, no les entregamos nada.

Vale la pena agregar, a propósito de estas oraciones —de las cuales la segunda parece ser la más aceptable—, que *Topicalización* debe aplicarse a un objeto indirecto copiando al comienzo de la oración todo el SP y no sólo el SN o el N. Si esto último fuera posible, se generarían incorrectamente oraciones como (68):

68. *A estudiantes, no (les) entregamos nada (a) muchos.

Pero cuando *Topicalización* se aplica a un objeto directo puede copiar todo el SN, o sólo el N; como en los dos casos siguientes:

69. *a*) Muchos libros, he leído, y ninguno me ha gustado.
    b) Libros, he leído muchos, y ninguno me ha gustado.

Evidentemente, (69*a*) y (69*b*) no se pronuncian exactamente de la misma manera; por ejemplo, (69*a*) puede llevar un acento contrastivo (fuerte) sobre *muchos*, y quizá no tengan exactamente el mismo significado, pero en vista de que se derivan de una misma estructura profunda y pueden contestar a la misma pregunta (70), deberé concluir que estas diferencias son consecuencia de la doble posibilidad de aplicación de *Topicalización* en este caso:

70. ¿Has leído algún libro que realmente te haya gustado?

Continuando con el análisis de los SP, recordemos que en la sección (12.1) dije que *Dislocación* no se aplica a los complementos, de allí que (71*a*), por ejemplo, sea agramatical con la entonación declarativa sobre el tópico; (71*b*), por su lado, muestra que *Topicalización* puede aplicarse a un complemento:

71. *a*) *De Juan, no quiero ni oír hablar de él.
    b) De Juan, no quiero ni oír hablar.

Otros ejemplos en los que *Topicalización* se aplicó a un complemento son los que doy a continuación:

72. Entre Pedro y Juan, no hay mucha diferencia de edad.

73. De caramelos, no quiero ni oír hablar.

74. Para mis niños, compraría todos los juguetes del mundo.

75. Acerca de esto, no se ha escrito nada.

76. Para ir a Madrid, hay que tomar este camino.

Otros dos ejemplos de *Topicalización* son los que doy en (78), ambos derivados de (77), el primero topicalizando el segundo SP *entre Pedro y Juan*, y el segundo topicalizando el pronombre que se obtiene de este SP aplicando *Pronominalización*:

77. ¿Entre Pedro y Juan? No. No hay mucha diferencia de edad entre Pedro y Juan.

78. *a*) ¿Entre Pedro y Juan? No. Entre Pedro y Juan no hay mucha diferencia de edad.
    b) ¿Entre Pedro y Juan? No. Entre ellos no hay mucha diferencia de edad.

En conclusión, *Topicalización* es una regla que se aplica por un lado a sujetos, objetos directos y objetos indirectos que sean genéricos, y por otro lado, a todo tipo de complemento[18]. Además, *Topicalización,* al igual que *Dislocación,* es una regla cíclica, como se deducirá del hecho que (79a) y (79b) se derivan de una misma estructura profunda:

79. *a)* Caramelos, supongo que no deberías comer.
     b) Supongo que caramelos, no deberías comer.

Volviendo ahora al tema planteado al final de la sección (12.4) de cómo justificar *Topicalización,* creo que la respuesta es esencialmente la siguiente: esta transformación, cuya existencia ha sido plenamente comprobada también para el inglés (cfr., por ejemplo, Ross, 1968), debe formar parte de la gramática del español si queremos dar cuenta de las oraciones que tienen como tópico declarativo un complemento. Ahora bien, puesto que tal regla existe en nuestra gramática y su aplicación a SP complementos queda comprobada, se puede asumir que la misma regla opera en oraciones con objetos directos genéricos, por ejemplo; y esto es lo que yo he hecho sin descartar la posibilidad de que estas últimas oraciones puedan analizarse por medio de *Dislocación.*

12.7. Las oraciones con tópico que he analizado hasta ahora no son las únicas posibles en español. Aquí voy a estudiar otros dos tipos, sin por eso pretender que mi análisis cubra todos los casos posibles. El primer tipo que quiero presentar es el de oraciones contrastivas como (80), cuya característica más relevante es la de tener dos cláusulas coordinadas, una afirmativa y otra negativa, donde los tópicos aparecen delante de la afirmación oracional *sí* y de la negación oracional *no*:

80. A Pedro, sí, lo atrapó un policía, pero a Juan, no (no lo atrapó un policía).

Oraciones como (80) pueden también llevar al comienzo un tópico con entonación interrogativa como en (81) o inclusive exclamativa (confirmativa, por ejemplo):

---

[18] Como lo dije al comienzo del capítulo, no analizo aquí la derivación de oraciones que tienen como tópicos elementos que no sean SN o SP. Sin embargo, vale la pena agregar que *Topicalización* y no *Dislocación* es la regla que permite obtener, por ejemplo, (i) y (ii):

i. Hoy, hablaré de literatura.
ii. De literatura, hablaré hoy.

81. ¿A Pedro? A Pedro/él/ése, sí, lo atrapó un policía, pero ¿A Juan? A Juan/él/éste, no (no lo atrapó un policía).

En mi opinión, en la derivación de oraciones como (80) intervienen las mismas reglas que he propuesto en las secciones anteriores, más una regla que desplaza el tópico declarativo a la izquierda de la afirmación *sí* y de la negación *no*, siempre que la oración tenga las características señaladas[19]. De ser así, la derivación de (80) sería aproximadamente la siguiente: asumiendo que (82*a*) es la estructura profunda, a ésta se aplican *Dislocación, Formación de clíticos*, etcétera, y se obtiene (82*b*), que se convierte en (80) por medio de la regla aquí arriba propuesta:

82. *a*) Sí. Un policía atrapó a Pedro, pero No. Un policía no atrapó a Juan.
    b) Sí. A Pedro, lo atrapó un policía, pero No. A Juan, no lo atrapó un policía.

Lo único que me falta agregar acerca de oraciones como (80) es que éstas pueden obtenerse tanto a partir de estructuras en las que se aplicó *Dislocación* como de estructuras en las que se aplicó *Topicalización*.

El otro tipo de oraciones con tópico que quisiera discutir aquí es el que ejemplifico con (83), cuyo tópico aparece a la derecha de la oración.

83. No creo que lo hayan atrapado, a Pedro.

(83) tiene copia pronominal del tópico en el interior del comentario, lo cual indica que en su derivación se aplica una regla que llamaré *Dislocación derecha;* es decir, una regla que es imagen especular de *Dislocación*, puesto que opera de la misma manera que esta última, desplazando el tópico no a la izquierda, sino a la derecha. A pesar de ello, existen ciertas diferencias entre *Dislocación derecha* y *Dislocación izquierda*, nombre con el que designaré en lo que sigue a *Dislocación*. Por ejemplo, *Dislocación derecha* es menos usual que *Dislocación izquierda*, puesto que la posición de comienzo de oración es más marcada y más propicia para presentar el tópico. Además, *Dislocación derecha* afecta no sólo sujetos y objetos, sino también complementos, como, por ejemplo, en (84); sobre todo cuando éstos aparecen hacia el final de la oración:

---

[19] Para que la regla que desplaza el tópico a la izquierda de *sí* y *no* pueda actuar hace falta que haya dos cláusulas contrastivas, aunque una de éstas a veces quede 'sobreentendida'.

84. Hoy hablaré de él, de Pedro.

En conclusión, las dos reglas en cuestión tienen descripciones estructurales distintas, pero el mismo efecto de convertir un elemento en tópico, dejando una copia pronominal de éste en su lugar de origen. Este hecho me permite ahora contestar una pregunta que dejé planteada en la sección (12.3), cuando hablé de dos análisis posibles para *Dislocación izquierda*. Como se recordará, en uno de estos análisis, el que no adopté, se proponía que *Dislocación izquierda* actuara de manera tal que el SN afectado por la regla fuera copiado al comienzo de la oración. De esta manera se creaban las condiciones necesarias para que *Pronominalización* interviniera para dar lugar a la copia pronominal del tópico. Pues bien, la razón fundamental por la cual descarté ese análisis es que no puede usarse para *Dislocación derecha*. En efecto, si decimos que esta regla convierte, por ejemplo, la estructura profunda de (83), (85*a*), en (85*b*), entonces, aplicando *Pronominalización*, obtendríamos (85*c*) y no (83):

85. *a*) Yo no creo que ellos hayan atrapado a Pedro.
    b) Yo no creo que ellos hayan atrapado a Pedro, a Pedro.
    c) *No creo que hayan atrapado a Pedro, a él.

De manera que para derivar (83) a partir de (85*a*) es necesario asumir que *Dislocación derecha* no copia el SN detrás de la oración, sino que lo desplaza allí, dejando la copia pronominal del SN en su lugar de origen. Por tanto, en vista de que esta segunda solución es la adecuada para resolver los casos de *Dislocación derecha*, por extensión, podemos decir que también *Dislocación izquierda* es una regla que desplaza un SN, dejando la copia pronominal de éste en el interior del comentario.

12.8. En esta sección ofreceré una formulación para las tres reglas más importantes estudiadas en esta capítulo, *Dislocación izquierda, Dislocación derecha* y *Topicalización,* pero antes quisiera hacer notar, a manera de conclusión, que estas tres reglas no se excluyen en la derivación de una oración. Por ejemplo, en (8) se aplicaron las tres:

86. A Pedro, le dije que en mi conferencia, hablaré de ella, de María.

A Pedro se obtiene por *Dislocación izquierda; en mi conferencia,* por *Topicalización,* y *de María,* por *Dislocación derecha.*

Pasando a formular las reglas, he aquí las DE y CE que propongo:

87. ⁻T Dislocación izquierda:

DE: X   SN   Y   fac
      1   2   3   ⇒

CE: 2 # 1   2   3
          $\begin{bmatrix} Pr \\ sc \end{bmatrix}$

donde 2 es un pronombre con los mismos rasgos de Número, Persona y Género que el SN al que reemplaza.

Condiciones: *a*) Se aplica hasta el nivel funcional 3.
 b) 2 es específico, es decir, un nombre propio o un nombre común sin determinante.

88. T Dislocación derecha:

DE: X   SN   Y   fac
      1   2   3   ⇒

CE: 1   2   3 # 2
          $\begin{bmatrix} Pr \\ sc \end{bmatrix}$

Condición: 2 es específico.

89. T Topicalización:

DE: X   SN   Y   fac
      1   2   3   ⇒

CE: 2 # 1   2   3

Condiciones: *a*) 2 es genérico, es decir, un nombre común sin determinante, o es dominado directamente por SP.
 b) Si 2 es un objeto directo y contiene un cuantificador, este último puede o no topicalizarse junto con el nombre.

12.9. En este capítulo he analizado varios tipos de oraciones con tópico. Las oraciones con tópico declarativo las he explicado acudiendo a tres reglas distintas: *Dislocación izquierda, Dislocación derecha* y *Topicalización*. En cuanto a las oraciones con tópico interrogativo, las he derivado de estructuras profundas con dos oraciones haciendo uso de *Pronominalización* y *Elisión de N genérico,* que por ser reglas de anáfora pueden aplicarse entre oraciones distintas.

Una cuestión importante en el análisis presentado en este capítulo es que varios de los fenómenos que he explicado tienen que ver con la relación entre oraciones distintas; por ejemplo, con la relación entre una pregunta y la respuesta correspondiente. Ahora bien, en una teoría lingüística se pueden definir dos nociones de gramática. La primera, que es la que ha predominado en los capítulos anteriores, puede definirse como 'gramática de la oración', en el sentido de que lo que esta gramática explica son fenómenos intraoracionales, que caen, pues, dentro del dominio de la oración. La segunda, que es la que se ha perfilado en algunas partes de este capítulo, puede definirse como 'gramática del discurso', en el sentido de que los fenómenos que explica van más allá de la oración, y caen, pues, dentro del dominio de oraciones distintas. Evidentemente, estos dos tipos de gramáticas no se excluyen, al contrario, se complementan: la gramática del discurso es en realidad el objetivo final de la teoría, pero debe ser posterior a la gramática de la oración porque, por un lado, la incluye y, por otro lado, es en cierta medida una elaboración de ésta. La gramática del discurso podría, en efecto, considerarse un mecanismo capaz de explicar la relación entre oraciones, haciendo uso, entre otras, de reglas existentes en la gramática de la oración. Mi análisis reafirma este presupuesto en la medida en que *Pronominalización*, por ejemplo, es vista en este capítulo como una transformación que puede operar sobre SN de oraciones distintas. En resumen, la gramática del discurso debería verse como una ampliación de la gramática de la oración y no como otro tipo de gramática completamente distinto. Esto es lo que yo he hecho; por tanto, la gramática del discurso que he expuesto en este capítulo no cae en contradicción con mi definición inicial de gramática.

Capítulo 13

Causativos

En este capítulo me propongo demostrar que oraciones como (1) y (2) se derivan de una misma estructura profunda:

1. Luis dejó que Juan comiera la sopa.

2. Luis dejó comer la sopa a Juan.

En particular me propongo demostrar que la oración (2) se deriva de una estructura más cercana a la oración (1), por medio de una transformación cuyo efecto es el de reducir dos cláusulas a una sola. En tal sentido, mi análisis es parecido al que ofrecen Aissen (1974) y Bordelois (1974)[1].

Asumiré que tal proceso de reducción se da únicamente en oraciones que contienen un verbo causativo, es decir, *dejar* o *hacer*[2].

13.1. En esta sección demostraré que oraciones como (2), que llamaré causativas infinitivas, se comportan como oraciones simples, es decir, con una sola cláusula. Partiré del supuesto de que las causativas tienen en algún momento de su derivación una estructura como la (3):

3.

$$
\begin{array}{c}
\text{O} \\
SN_1 \quad SV \\
V \quad SN_2 \quad (SP) \\
V_1 \quad V_2 \quad P \quad SN_3
\end{array}
$$

(3) es idéntica a cualquier oración simple, excepto que en (3), V_1 es un verbo causativo. SN_2 es un objeto directo (OD); SP, un posible

---

[1] Mi análisis es similar al de estas autoras en las secciones (13.1) y (13.2), donde sigo muy de cerca el trabajo de Aissen.
[2] Existen varias diferencias sintácticas entre el verbo *hacer* y el verbo *dejar*, sobre las cuales volveré más tarde. Por el momento, asumiré que se comportan de la misma manera.

objeto indirecto (OI). El SV puede contener otros SP después del OI. El que causativas infinitivas tengan, al igual que otras oraciones simples, OD y OI, se deduce de las oraciones siguientes, las primeras dos con OD, y las otras dos con OD y OI[3]:

4. Luis hizo llorar a Juan.

5. Luis lo hizo llorar.

6. Luis hizo leer un libro a Juan.

7. Luis se lo hizo leer.

Ahora bien, existe una regla, que por el momento sólo mencionaré, que asigna a cada SN un caso, dependiendo de la función que los SN cumplan. La aplicación de esta regla permite decir, por ejemplo, qué forma morfológica tendrán los clíticos (cfr., por ejemplo, D'Introno, 1978, y López Morales, 1974), y está limitada a una sola cláusula. De manera, pues, que dicha regla se aplicará de igual manera a oraciones simples y a oraciones causativas infinitivas[4].

Otra regla cuya aplicación está limitada a una sola cláusula es *Reflexivización*, de manera que si las causativas infinitivas tienen un solo nudo O, *Reflexivización* podrá aplicarse en ellas. Y eso es correcto, ya que (8) debe convertirse en (9), y (10) en (11), por medio de *Reflexivización*:

8. *Luis dejó insultar a Luis.

9. Luis se dejó insultar.

10. *Pedro hizo enviar un paquete a Pedro.

11. Pedro se hizo enviar un paquete.

Nótese que la aplicación de *Reflexivización* en oraciones como (8) y (10) no depende de la presencia de un infinitivo. Por ejemplo, las estructuras (12) y (15) no pueden ser sometidas a *Reflexivización*, pero sí pueden ser sometidas a *Pronominalización*:

---

[3] Los OD y OI en cuestión se definen sobre la estructura superficial. En sintaxis transformacional pueden distinguirse dos tipos de funciones: propias (o profundas) y derivadas. Por ejemplo, en 'Luis ama a María', *Luis* es el sujeto propio y derivado de la oración. Pero en 'María es amada por Luis', *Luis* es el sujeto propio y *María* el sujeto derivado. En los ejemplos (4-7) estoy tomando en cuenta únicamente la función derivada, superficial.

[4] La regla en cuestión es una regla que se aplica muy tarde en la derivación de las oraciones; posiblemente es la última regla post-cíclica.

12. Pedro me permitió saludar a Pedro.

13. *Pedro me permitió saludarse.

14. Pedro me permitió saludarlo.

15. Pedro me obligó a saludar a Pedro.

16. *Pedro me obligó a saludarse.

17. Pedro me obligó a saludarlo.

Lo que las oraciones (12-17) muestran es, por un lado, que la presencia de un infinitivo no es condición suficiente para la aplicación de *Reflexivización*, y que, por otro lado, el principio de poda no se aplica a oraciones cuya estructura profunda sea del tipo (53), discutida en el capítulo 8[5].

Volviendo a las causativas infinitivas, podemos, por el contrario, concluir que son oraciones simples con un solo nudo O, porque *Reflexivización* es aplicable en ellas.

Otro argumento a favor de esta hipótesis es el siguiente: existe en español una regla, llamémosla *Inversión de OD y OI*, cuyo efecto es el invertir el orden de estos dos elementos. La regla está limitada a una sola cláusula, por lo que se aplica tanto a oraciones simples como (18), como a causativas infinitivas como (20):

18. Entregué el libro a Juan.

19. Entregué a Juan el libro.

20. Hice leer el libro a Juan.

21. Hice leer a Juan el libro.

Otro fenómeno que sirve a sustentar la hipótesis propuesta es el comportamiento de los clíticos. Los clíticos se insertan delante del primer verbo de la cláusula en la que se encuentran. Si la cláusula contiene entonces el auxiliar *haber*, el clítico va delante del auxiliar.

---

[5] En el capítulo 18 vuelvo a hablar de oraciones como (12-17) y explico la imposibilidad de aplicar *Reflexivización* en ellas por medio del principio de aplicación ordenada de las reglas y no por el principio de poda. Ahora bien, aunque las dos soluciones al problema planteado sean muy distintas, no son realmente contradictorias, más bien son compatibles. Es decir, no estoy seguro acerca de cuál es la solución correcta, y no descarto la posibilidad de que ambas sean operativas. Para un enfoque distinto sobre esta cuestión, cfr. Rivero (1971) y D'Introno (1979).

Por ello, de las oraciones (22-26), sólo las primeras dos son gramaticales:

22. Luis lo vio.

23. Luis lo ha visto.

24. *Luis ha lo visto.

25. *Luis viólo.

26. *Luis ha vístolo.

Por otro lado, si el verbo va en infinitivo como resultado de la aplicación de *Equi* o de *Elevación de SV*, y el nudo O de la subordinada es podado, *Monta de clíticos* puede desplazar el clítico delante del verbo principal, como en (28), derivada de (27):

27. Juan quiere verlo.

28. Juan lo quiere ver.

Ahora bien, en las causativas, la posición de un clítico es generalmente delante del verbo causativo; esto es, ni detrás del infinitivo, ni entre el causativo y el infinitivo. En tal sentido, las causativas infinitivas se comportan como oraciones simples, y los verbos causativos, como auxiliares. Muestra de ello son las oraciones (29-31), de las cuales sólo la primera es plenamente gramatical para todo hablante:

29. Luis lo hizo caer al suelo.

30. *Luis hízolo caer al suelo.

31. ?? Luis hizo caerlo al suelo.

La oración (31) es, para algunos hablantes, gramatical, pero los mismos hablantes encuentran que (29) es mejor que (31). Así que, de ser acertadas estas observaciones, el comportamiento de los clíticos revela una vez más que las causativas infinitivas son similares a oraciones simples.

Otra conclusión que se puede sacar de los fenómenos analizados es que las causativas infinitivas, de derivarse de una estructura profunda con dos cláusulas, no tendrán la misma historia derivacional que las oraciones que se obtienen con *Equi*. Estas últimas tienen, en efecto, un SV del tipo [SV SV], mientras que las causativas infinitivas tendrán, de acuerdo con lo que he asumido, un SV del tipo $[[V\ V]\ X]$, que es esencialmente el mismo que aparece en oraciones simples con el auxiliar *haber*. Esto implica que los causativos se comportan más como auxiliares que como verbos propiamente dichos.

Hay otras razones para creer que los causativos se comportan como auxiliares. Por ejemplo, la posición de los adverbios es de cierta importancia. En efecto, los adverbios, generalmente, no se colocan entre el auxiliar y el verbo, y lo mismo es cierto para el caso de causativos seguidos de infinitivos; pero en las oraciones derivadas por *Equi*, el adverbio puede colocarse, en muchos casos, entre el verbo y el infinitivo. Prueba de lo que acabo de decir son las oraciones (32-34), de las cuales sólo la última es plenamente aceptable:

32. ? Luis ha solamente comprado un carro.

33. ? Luis hizo solamente comprar un carro a Pedro.

34. Luis quiere solamente comprar un carro.

Otra diferencia entre oraciones con auxiliares o causativos y oraciones derivadas por medio de *Equi* es la siguiente: En las interrogativas, el sujeto puede ser desplazado a una posición postverbal: si hay un auxiliar o un causativo seguido de verbo, el sujeto va después del verbo, pero si hay un verbo como *querer* seguido de infinitivo, el sujeto, a veces, va antes del infinitivo, como puede apreciarse en las oraciones siguientes[6]:

35. ¿Ha llegado Luis?

36. *¿Ha Luis llegado?

37. ¿Te dejó salir tu papá?

38. ?? ¿Te dejó tu papá salir?

39. ¿Quiere usted acompañarme?

Un hecho más que confirma la hipótesis de que los causativos son similares a los auxiliares y se distinguen de los verbos que admiten aplicación de *Equi* o *Elevación de SV* es que la regla de elisión del verbo no-personal que se aplica en las respuestas (40*a*) y (41*a*) para derivar (40*b*) y (41*b*), respectivamente, no puede aplicarse a un verbo que vaya precedido de un auxiliar o de un causativo:

---

[6] La oración (38) es para algunos hablantes aceptable, sobre todo si el SV contiene más elementos (por ejemplo, ¿Te dejó tu papá salir a la calle el sábado pasado?), pero resulta menos 'normal' que (37).

40. Pregunta: ¿Puedes cantar?
    Respuesta *a*) Sí, puedo cantar.
    Respuesta *b*) Sí, puedo.

41. Pregunta: ¿Quieres cantar?
    Respuesta *a*) Sí, quiero cantar.
    Respuesta *b*) Sí, quiero.

Por ejemplo, esta regla no puede aplicarse a (42*a*) y (43*a*) para derivar (42*b*) y (43*b*), respectivamente, ya que éstas son agramaticales, en la interpretación que nos interesa:

42. Pregunta: ¿Lo hiciste correr?
    Respuesta *a*) Sí, lo hice correr.
    Respuesta *b*) *Sí, lo hice.

43. Pregunta: ¿Lo has leído?
    Respuesta *a*) Sí, lo he leído.
    Respuesta *b*) *Sí, lo he.

Un último argumento se deduce de la observación de que algunas oraciones derivadas por medio de *Equi* pueden tener una negación entre el verbo principal y el infinitivo, como, por ejemplo, en (44):

44. Creo no comprender muy bien lo que estás diciendo.

Sin embargo, en los casos de SV con auxiliar o causativo, la negación no puede aparecer delante del segundo verbo: de allí que oraciones como (45) y (46) sean agramaticales:

45. *He no visto nada.

46. *Me hizo no llorar.

En conclusión, a pesar de que algunos de los argumentos y de las observaciones hechas no son muy contundentes, creo que he logrado demostrar: 1) que las oraciones causativas infinitivas se comportan como oraciones simples; 2) que estas oraciones no son similares a las oraciones que se obtienen por medio de *Equi* y *Elevación de SV,* y 3) que los causativos presentan muchas características en común con el auxiliar *haber.*

Ahora quisiera demostrar que, a pesar de los varios rasgos en común entre el auxiliar y los causativos, éstos últimos no pueden considerarse verdaderos auxiliares. En efecto, hay por lo menos una transformación, *Pasivización,* que puede aplicarse a oraciones con el auxiliar *haber*, pero no puede aplicarse a oraciones causativas infinitivas. Esto se deduce de la observación de que (48) es gramatical, pero no (50)[7].

48. Pedro ha matado a Juan.

49. Juan ha sido matado por Pedro.

50. Pedro hizo matar a Juan.

51. *Juan fue hecho matar por Pedro.

La explicación que doy de esta diferencia es la siguiente: El SV de oraciones con auxiliar contiene un V del tipo (52*a*), mientras que el SV de las causativas infinitivas contiene un V del tipo (52*b*):

52.

(a)   (b)

(51*a*) y (51*b*) son casi iguales, pero se distinguen por el tipo de nudo. Las transformaciones que tratan de igual manera al auxiliar y a los causativos se aplican tomando en cuenta el nudo V_1. *Pasivización*, por su parte, se aplica tomando en cuenta la secuencia Aux V_2 y no el nudo V_1. Esto es, si reformulamos *Pasivización* usando la siguiente DE: SN (Aux) V SN X, el problema queda resuelto, puesto que la regla podrá aplicarse a oraciones con el auxiliar *haber*, pero no a oraciones con causativo[8]. Agregaré que la reformulación de *Pasivización* no cambiaría en nada lo que he dicho en el capítulo 7 sobre esta transformación.

Vale la pena señalar que los causativos pueden tener auxiliar, como en la oración (53), pero *Pasivización* no se aplicaría a (53) por no satisfacer la DE de la regla:

53. Juan ha hecho llorar a María.

---

[7] Uno de mis informantes aceptó la oración (51), supongo que por analogía con oraciones gramaticales como (49).

[8] En la sección (13.4) volveré a hablar de estas cuestiones y propondré una condición que impide que reglas como *Pasivización* y otras se apliquen en las causativas. Sin embargo, lo que diré en esa sección no contradice lo que estoy planteando aquí.

13.2. En esta sección voy a elaborar algunos argumentos que me permitan demostrar que (2), repetida aquí como (55), se deriva de la estructura subyacente a (1), repetida aquí como (54):

54. Luis dejó que Juan comiera la sopa.

55. Luis dejó comer la sopa a Juan.

En particular, lo que quiero demostrar es que (55), a pesar de ser una oración simple, con una sola cláusula, debe tener una estructura profunda con dos cláusulas; es decir, la misma estructura profunda de la que se deriva (54). Pero antes quisiera presentar brevemente la hipótesis en cuestión.

Mi supuesto es que la estructura profunda de las causativas infinitivas es esencialmente la siguiente:

56.

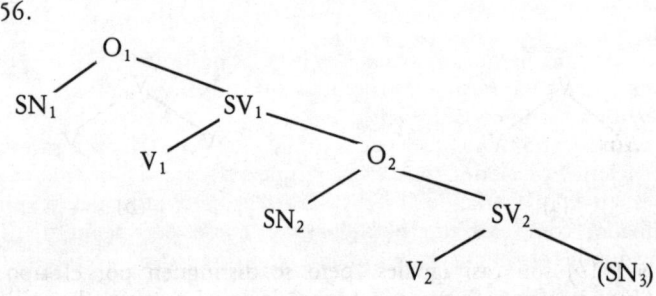

El SN_3 de (56) es un posible objeto directo, V_1 es el causativo. Para derivar oraciones como (54) a partir de (56) se aplican *Inserción de que* y *Concordancia*. Para derivar (55) se aplican dos reglas. La primera, que llamaré *Elevación de V*, desplaza V_2 al lado de V_1 (unión tipo Chomsky); la segunda, que llamaré *Movimiento del sujeto,* desplaza SN_2 detrás de SN_3, si éste está presente. Una consecuencia importante de la aplicación de estas reglas es que SN_2 pasa de la función de sujeto a la de OD si no hay un SN_3, pero si éste está presente, SN_2 se convierte en OI. Es decir, al dejar de ser sujeto, SN_2 ocupa el primer lugar libre que encuentra en la escala jerárquica: Sujeto > OD > OI > Complemento[9]. Por

---

[9] Véase también Comrie (1976), quien propone una jerarquía de funciones (Sujeto > OD > OI > Complemento) y un principio general que rige la derivación de las causativas en las lenguas naturales. Este principio reza aproximadamente de la manera siguiente: el sujeto subordinado pasa a ocupar otra función, que será la primera que se encuentre vacía en la jerarquía, yendo del sujeto al complemento. Comrie ofrece también una explicación para las pocas 'excepciones' a este principio registradas en algunas lenguas.

ejemplo, el sujeto subordinado de (54), *Juan*, pasa a OI porque ya hay un OD en la oración, *la sopa*. Pero en la oración (57) no hay OD en la subordinada, así que *Juan* pasa a ser OD, como en (58). Las oraciones (59) y (60), que contienen clíticos que reemplazan a los SN, comprueban lo dicho:

57. María dejó que Juan llorara.

58. María dejó llorar a Juan.

59. Luis se (= le) la dejó comer.

60. María lo dejó llorar.

Volvamos ahora a nuestro tema central: la demostración de que las causativas infinitivas se derivan de estructuras profundas con dos cláusulas.

El primer argumento que podría invocar es que oraciones como (54) y (55), por ejemplo, tienen el mismo significado y, por tanto, deberían tener una misma estructura profunda. Sin embargo, preferiré acudir a fenómenos sintácticos.

El primer fenómeno que voy a tratar es el de la aplicación de *Equi* en ciertas oraciones causativas. Empezaré recordando que *Equi* se aplica en la mayoría de los casos entre sujeto principal y sujeto subordinado, como sucede, por ejemplo, en la derivación de (61) y (62), donde el sujeto subordinado elidido es *yo*, correferencial con el sujeto principal *yo:*

61. (Yo) sospecho [yo] haber estado equivocado.

62. (Yo) recuerdo [yo] haber estado equivocado.

Ahora bien, en las oraciones (63) y (64) también se aplica *Equi*, pero en este caso el sujeto subordinado *yo* no se refiere a un sujeto principal *yo,* sino a un objeto *me:*

63. Esto me hace sospechar [yo] haber estado equivocado.

64. Esto me hace recordar [yo] haber estado equivocado.

(63) y (64) pueden parecer poco aceptables, pero no hay duda de que son gramaticales. Lo importante entonces es lo siguiente: en (61) y (62), *Equi* se aplica con los verbos *sospechar* y *recordar* entre dos sujetos; en (63) y (64), aparentemente, *Equi* se aplica con los mismos verbos entre un objeto y un sujeto. Es evidente que ésta es una contradicción que, de no resolverse adecuadamente, impli-

caría una complicación sustancial en la formulación de *Equi*. Pero podemos resolver el problema si asumimos, de acuerdo con la hipótesis presentada al comienzo de esta sección, que *me* es en la estructura profunda un sujeto de una cláusula subordinada al verbo causativo. En otras palabras, si asumimos que la estructura profunda de (63) y (64) es la que doy en (65), notamos que *Equi* puede aplicarse aquí entre dos *yo* en posición de sujeto:

65.

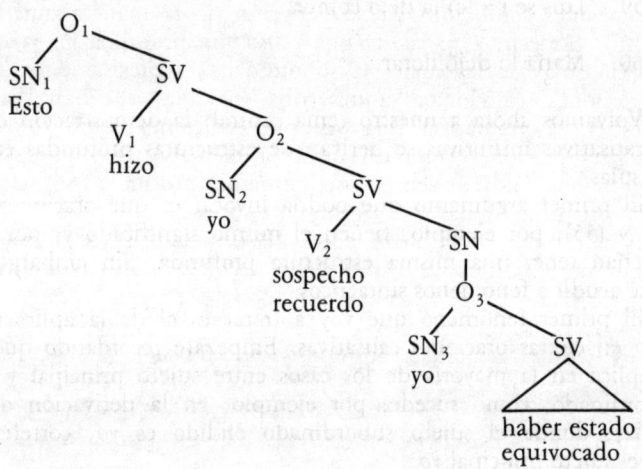

La derivación de (63) y (64) sería entonces esencialmente la siguiente: en el ciclo O_2 se aplica *Equi* entre SN_2 y SN_3, y este último se elide; luego en el ciclo O_1 se aplicaría *Elevación de V,* que desplazaría V_2 al lado de V_1, y, por fin, *Movimiento del sujeto,* que convertiría el SN_2 sujeto *yo* en el OI *me*.

Así que al proponer que la derivación de oraciones como (63) y (64), que contienen causativas infinitivas, se haga partiendo de estructuras como (65); es decir, estructuras en las que las causativas infinitivas corresponden a dos cláusulas y no a una sola —como, por ejemplo, en la estructura superficial representada en (3)—, el problema planteado a propósito de la aplicación de *Equi* desaparece. En consecuencia, éste es un argumento a favor del análisis propuesto al comienzo de la sección.

Otro argumento favorable a este análisis se desprende de la siguiente observación: En una oración como (66) hay restricciones entre el sujeto y el verbo y entre el verbo y el objeto, (67) es agramatical por no respetar esas restricciones:

66. Enrique leyó tus libros.

67. *Tus libros leyeron a Enrique.

En una oración como (68) se dan las mismas restricciones, pero esta vez entre la perífrasis *hacer leer* y el OD *(tus libros)* y el OI *(a Enrique):*

68. Pedro hizo leer tus libros a Enrique.

Si oraciones como (68) no se derivaran de la manera que he propuesto, es decir, a partir de una estructura profunda en la que hay dos cláusulas de las cuales la subordinada es precisamente (66), las restricciones seleccionales aquí arriba señaladas deberían fijarse dos veces en la gramática: una vez para oraciones como (66) y otra vez para oraciones como (68). El problema queda, pues, resuelto al decir que (68) contiene en su estructura profunda (66), de manera que las restricciones se fijan una sola vez.

Una última observación antes de pasar a las conclusiones. Un verbo como *bostezar* es intransitivo, pero en causativas infinitivas, *bostezar* va acompañado de un OD, como, por ejemplo, en (69):

69. Este trabajo hace bostezar a los lectores.

Lo mismo puede decirse de verbos transitivos que no llevan OI, excepto en las causativas infinitivas. Ese, es, por ejemplo, el caso de *comer* en (55).

Estas observaciones hacen entrever la dificultad que se presentaría si las causativas no se trataran en la estructura profunda como oraciones compuestas: cada verbo debería clasificarse dos veces, *bostezar* como transitivo y como intransitivo, *comer* como verbo con un solo objeto y como verbo con dos objetos, etc. Estas dificultades no aparecen del todo si, como lo he dicho, admitimos la hipótesis que he propuesto.

13.3. Lo dicho hasta ahora me ha permitido demostrar que la hipótesis planteada es correcta. Ahora presentaré las dos reglas mencionadas al comienzo de la sección anterior.

70. T Elevación de V:

DE: SN V SN V X
     1 2 3 4 5   fac
CE: 1 2 # 4 3 ∅ 5 ⇒

Condición: 2 es un verbo causativo.

71. Movimiento del sujeto:

DE: X   V   V   SN   SN   X
     1   2   3   4   5   6   obl
CE: 1   2   3   ∅   5   a+4 6   ⇒

Condición: 2 es un verbo causativo.

La regla (71) mueve el sujeto de la subordinada a la posición de OI sólo si la subordinada contiene un OD; es decir, sólo en el caso de que 5 de la DE de (71) esté presente.

Nótese ahora que en el caso de que (71) no se aplique, el sujeto de la subordinada permanece en su lugar, pero se convierte en OD, y como tal lleva la preposición *a* si el OD es, por ejemplo, animado. Esta preposición no puede encontrarse en la estructura profunda, así que en estos casos deberá aplicarse una regla de inserción de *a*. Esto, evidentemente, no contradice ni anula mi hipótesis de que los OD que aparecen como tales en la estructura profunda vayan precedidos de una *a*.

La aplicación de (70) y (71) no es suficiente para reducir dos cláusulas a una sola, por lo que es necesario agregar a las reglas las condiciones siguientes:

72. *a)* Si un V es movido fuera de su SV, el nudo SV se poda.
    b) Un O que pierda su SV se poda.

(70) y (71), más las condiciones en (72), permiten convertir estructuras como (56) en la estructura (3).

Si se revisan esas estructuras, en particular (56), o (65), se notará que la subordinada no va dominada directamente por un SN, como sucede con otros tipos de subordinadas; por ejemplo, las que dependen de verbos como *querer, decir,* etc. La razón por la cual no he puesto un nudo SN encima de la subordinada de los verbos causativos es que no hay prueba de que tal nudo exista en estos casos; al contrario, en ningún caso puede aplicarse a la subordinada de verbos causativos una transformación que se aplique a SN. Por ejemplo, *Pasivización* y *Seudo-hendida*, una transformación que presentaré en el capítulo 16, pueden aplicarse a oraciones como (73) para dar (74) y (75), pero no a (76) para dar (77) y (78):

73. Luis dijo que Pedro se iría.

74. Que Pedro se iría fue dicho por Pedro.

75. Lo que Luis dijo fue que Pedro se iría.

76. Juan dejó que María se fuera.

77. *Que María se fuera fue dejado por Juan.

78. *Lo que Juan dejó fue que María se fuera.

Vale la pena señalar que el pronombre de los verbos que he llamado inherentemente reflexivos a veces se elide cuando (70) se aplica. Por ejemplo, para varios de los hablantes consultados, (76) se convierte en (79), pero no en (80). Tal elisión se debe probablemente al hecho de que el sujeto de la subordinada pasa a ser OD, y como tal no puede servir de referente a un reflexivo[10]:

79. Juan dejó ir a María.

80. Juan dejó irse a María.

13.4. En esta sección hablaré de algunas condiciones que rigen la derivación de las oraciones con verbos causativos. La primera de estas condiciones es que el sujeto de la principal no puede ser igual al sujeto de la subordinada. Por ejemplo, (81) y (82) son agramaticales por no cumplir con esta condición;

81. *Luis$_i$ hizo que (él$_i$ = Luis$_i$) corriera,

82. *Luis se hizo correr,

aunque, como ya lo he hecho notar, el sujeto de la principal puede ser igual a un SN no sujeto de la subordinada, como sucede, por ejemplo, en (83) y (84):

83. Pedro dejó que (ellos) le (= a Pedro) cortaran el pelo.

84. Pedro se dejó cortar el pelo.

Otra condición que quisiera discutir tiene que ver con la aplicación de las reglas (70) y (71). Discutir en detalle la condición que voy a presentar requeriría mucho tiempo y nos llevaría muy lejos de los objetivos de este trabajo; así que trataré de decir lo más importante. En la subordinada de oraciones con verbos causa-

---

[10] Los hablantes que aceptan (89) y (90) notan una diferencia semántica entre las dos oraciones, paralela a la que se da entre (i) y (ii), de las cuales se derivan:

i. Juan dejó que María fuera...
ii. Juan dejó que María se fuera.

Vale la pena agregar que, en términos generales, cuando la subordinada contiene un verbo inherentemente reflexivo, la estructura superficial que se prefiere es con *que* y subjuntivo y no la causativa infinitiva.

tivos se pueden aplicar, siguiendo el principio de ciclicidad, las transformaciones cuyas DE sean satisfechas. Los ejemplos siguientes constituyen oraciones en las cuales se han aplicado transformaciones ya presentadas. En estas oraciones todavía no se han aplicado (70) y (71):

85. Esto hará que (tú) recuerdes haberte equivocado (Equi).

86. Esto hará que (tú) empieces a recordar lo que olvidaste (Elevación de SV).

87. Esto hará que los libros sean difíciles de leer (Elevación de objeto).

88. Esto hará que (ellos) consideren la guerra inevitable (Elevación del sujeto).

89. Luis hará que las leyes sean obedecidas (Pasivización).

Si a (85-89) aplicamos las reglas (70) y (71), no todas las oraciones resultan gramaticales:

90. Esto te hará recordar haberte equivocado.

91. Esto te hará empezar a recordar lo que olvidaste.

92. Esto les hará considerar la guerra inevitable.

93. *Esto hará ser difícil de leer los libros.

94. *Luis hará ser obedecidas las leyes.

Los juicios de los hablantes acerca de la gramaticalidad de (90-94) varían mucho; sin embargo, todos están de acuerdo en considerar (90-92) mejores que (93-94). También es cierto que, al cambiar una palabra por otra dentro de una oración, la aceptabilidad de la misma varía. En todo caso, las oraciones susodichas revelan que la aplicación de (70) y (71) depende en cierta medida de las reglas que se aplicaron en la subordinada. En particular, los ejemplos citados muestran que (70) y (71) se pueden aplicar si en la subordinada se aplicaron *Equi, Elevación de SV* o *Elevación de sujeto,* pero no si en la subordinada se aplicaron *Elevación de sujeto* o *Pasivización*. Ahora bien, estas dos últimas reglas tienen el efecto de pasar un objeto al rango de sujeto; son reglas, pues, que podrían llamarse 'ascendentes' porque elevan un SN de la función de objeto a la de sujeto (cfr. la jerarquía establecida en la sección 13.2).

Las primeras tres reglas no son 'ascendentes'; al contrario, *Elevación de sujeto* sería, por ejemplo, una regla 'descendente'. (70) y (71) también son reglas 'descendentes' porque tienen el efecto de convertir un sujeto en objeto.

Nótese ahora que el efecto de la aplicación sucesiva de una regla 'ascendente' y de (70-71) es el de elevar un objeto a sujeto y luego rebajarlo de nuevo a objeto. La aplicación de una de las otras reglas *(Equi, Elevación de SV* y *Elevación de sujeto),* seguida de la aplicación de (70) y (71), no tiene este efecto. Dada esta generalización, sugiero que la agramaticalidad de (93) y (94) se explique por medio de la condición siguiente:

95. Ninguna regla 'descendente' puede aplicarse a un SN que haya sido anteriormente elevado a un rango superior por una regla 'ascendente'.

Esta condición, probablemente universal, impediría entonces que (70) y (71) se aplicaran sobre (88) y (89) para dar (93) y (94), respectivamente[11].

Veamos ahora otras condiciones. Al final de la sección anterior dije que el pronombre de un verbo inherentemente reflexivo a veces se elide cuando el verbo es un infinitivo dependiente de causativos. Esta regla de elisión no puede aplicarse en los casos de pronombres que se obtienen por aplicación de *Reflexivización* en la subordinada. Por ejemplo, (96) se somete a *Reflexivización* y luego a (70) y (71), dando lugar a (97), que evidentemente no tiene el mismo significado ni la misma derivación que (98):

96. [Pedro dejó [Luis mirar a Luis en el espejo].

97. Pedro dejó mirarse en el espejo a Luis.

98. Pedro dejó mirar en el espejo a Luis.

Sin embargo, algunos hablantes consideran que (97) no es aceptable. Oraciones como (97) resultan más aceptables si en lugar de *Luis* tenemos un pronombre, como, por ejemplo, en (99):

---

[11] *Elevación del sujeto* es una regla descendente, *Pasivización* es una regla ascendente. Por tanto, podrían aplicarse en este orden en la derivación de una oración. Y esto es correcto, ya que (i) se convierte en (ii) y luego en (iii), haciendo que *César* pase de sujeto a objeto y luego de nuevo a sujeto:

  i.   Los romanos consideran [César es el mejor emperador].
  ii. Los romanos consideran a César el mejor emperador.
  iii. César es considerado por lor romanos el mejor emperador.

99. Pedro lo dejó mirarse en el espejo.

Pero si el reflexivo es idéntico, desde el punto de vista morfológico, al pronombre, la oración resulta poco aceptable, como, por ejemplo, en (100) y (101):

100. Pedro te dejó mirarte en el espejo.

101. Pedro me dejó mirarme en el espejo.

Estas apreciaciones tienen en mi opinión la explicación siguiente: (97) resulta poco aceptable porque el reflexivo precede al SN *(Luis)*, al cual se refiere[12]; (99) resulta más aceptable porque el pronombre, *lo*, al cual el reflexivo se refiere, lo precede; (100) y (101) resultan poco aceptables porque el reflexivo y el pronombre al cual éste se refiere tienen la misma forma, por ejemplo, *me* y *me*. Esta explicación puede incorporarse en dos condiciones. La primera exigiría que el reflexivo esté detrás del nombre o pronombre al cual se refiere; la segunda, que ya presenté en forma detallada en D'Introno (1979), exigiría que el reflexivo no sea morfológicamente igual al nombre o pronombre al cual se refiere.

Para concluir con los reflexivos quiero señalar que una oración como (102) no es una causativa infinitiva, sino una oración que contiene una expresión verbal inherentemente reflexiva: *hacerse el loco:*

102. Luis se hace el loco.

Volviendo a las condiciones que mencioné aquí arriba cabe señalar que éstas pueden considerarse como filtros que actúan a nivel superficial para determinar si una oración es gramatical, aceptable, etc. Otra condición que actuaría a nivel superficial es la que presentaré a continuación. Supongamos que a la estructura profunda (103) aplicamos (70) y (71); el resultado será (104), que es una oración inaceptable:

103. [Luis hizo [Juan mata a Pedro].

104. Luis hizo matar a Pedro a Juan.

La razón por la cual (104) es inaceptable es que esta oración es estructuralmente ambigua. Esto es, (104) puede tener dos in-

---

[12] Por ejemplo, si *a Luis* se convierte en tópico, como en (i), la aceptabilidad de (97) mejora porque en este caso estará precediendo al reflexivo:

i. A Luis, Pedro lo dejó mirarse en el espejo.

terpretaciones posibles: o bien como 'Juan mata a Pedro', o bien como 'Pedro mata a Juan'. Ahora bien, digo que (104) es estructuralmente ambigua porque la segunda interpretación correspondería a otra derivación posible de (104). En efecto, si tenemos la estructura profunda (105) y a ésta aplicamos (70) y (71) obtenemos (106):

    105.   [Luis hizo [Pedro mata a Juan].

    106.   Luis hizo matar a Juan a Pedro.

(106) puede luego convertirse en (104) por medio de la regla que he llamado *Inversión de OD y OI*. Nótese de paso que (106) tampoco es aceptable por las mismas razones, ya que (106) puede convertirse en (104) por medio de la regla mencionada. Así que (104) y (106) son estructuralmente ambiguas porque cualquiera de los SN *Juan* y *Pedro* pueden interpretarse como OD o como OI.

La situación no cambiaría si introdujéramos el pronombre *le* en (104) o en (106), pues, como se deduce de (107), la ambigüedad persiste:

    107.   Luis le hizo matar a Pedro a Juan.

Pero la situación cambia un poco si uno de los SN es plural y se incluye el pronombre, como, por ejemplo, en (108), que a mi parecer es mejor que (104) y (106):

    108.   Luis le hizo matar a Pedro a todos los prisioneros.

Lo más importante es que las oraciones resultan aceptables si el OI es dislocado como en (109) o puesto en posición de foco como en la seudo-hendida (110). (109) y (110) se derivan ambas de (104):

    109.   A Juan, Luis le hizo matar a Pedro.

    110.   Fue a Juan a quien Luis le hizo matar a Pedro.

Hay otros fenómenos que complican la situación y sobre los cuales no voy a detenerme, puesto que lo dicho hasta ahora me permite inferir que hay una condición aplicable a oraciones como (104) y (106), pero no a oraciones como (109) y (110). Esta condición, o restricción superficial, puede enunciarse de la manera siguiente:

    111.   Si una oración contiene dos elementos contiguos morfológicamente similares, si, por ejemplo, ambos están en singu-

lar y ambos van precedidos de *a,* y si esos elementos pueden los dos interpretarse como OD o como OI del mismo verbo, la oración es inaceptable por ser estructuralmente ambigua.

La restricción (111) se aplica no sólo en español, sino también en otras lenguas, como, por ejemplo, en francés y en italiano[13].

13.5. Una cuestión que todavía no he planteado es qué tipo de causativa infinitiva corresponde a una estructura profunda como (112):

112. Pedro hizo [su hermano envió un paquete a ella].

Lo que caracteriza a esta estructura profunda es que la subordinada tiene un SP del tipo [a + SN], igual que un OI. Por esta razón, si (112) se convirtiera en una causativa infinitiva, el sujeto de la subordinada adquiriría la función de OI y se obtendría una oración que la condición (111) marcaría como inaceptable. Sin embargo, (112) tiene una estructura superficial bien formada con infinitivo, y ésta es la que aparece en (113):

113. Pedro le hizo enviar un paquete por su hermano.

¿De qué manera (112) se convierte en (113)? La respuesta es bastante obvia. Como se recordará, existe un principio general que dice que al aplicar las reglas que forman las causativas infinitivas, el sujeto subordinado cambia de función y ocupa la primera función libre que encuentre en la jerarquía Sujeto > OD > OI > Complemento. Ahora bien, si en la estructura profunda la subordinada contiene un OI, o un SP similar a éste, de acuerdo con ese principio, el sujeto pasará a tener forma de complemento. Y esto es precisamente lo que sucede cuando (112) se convierte en (113): el sujeto pasa a tener la forma de complemento de agente[14]. Lo mismo sucede al transformar (114) en (115):

114. Luis dejó [el barbero cortó el pelo a Luis].

---

[13] Por ejemplo, oraciones como (i) y (ii) son inaceptables en francés y en italiano, respectivamente:

i. J'ai fait donner un coup à Pierre à Jean.
ii. Gli ho fatto dare un colpo a Pietro a Giovanni.

[14] Lo mismo sucede en francés y en italiano, inclusive de una manera más general que en español. Por ejemplo, las oraciones de la nota anterior son aceptables bajo la forma siguiente:

i. J'ai fait donner un coup à Pierre par Jean.
ii. Gli ho fatto dare un colpo a Pietro da Giovanni.

115.   Luis se dejó cortar el pelo por el barbero.

En resumen, (113) y (115) muestran, por un lado, que el sujeto se convierte en complemento de agente cuando la subordinada contiene un SP del tipo [a + SN], y, por otro lado, que (71) debería reformularse para dar cuenta de estos casos. En particular, la reformulación debería hacerse en el sentido de que la regla simplemente debería indicar que el sujeto se pospone, puesto que la función que éste adquiriría debería deducirse del principio aquí arriba señalado.

Notemos, sin embargo, que si bien en los dos casos anteriores el sujeto pasa a tener forma de complemento de agente, en otros casos esto no sucede. Por ejemplo, hay casos donde el sujeto pasa a ser OI, a pesar de que haya un OI en la subordinada, como en (116), que, dicho sea de paso, no es afectado por la condición (111), o bien pasa a ser un SP con expresiones preposicionales del tipo *de parte de, por medio de,* etc.:

116.   Luis le hizo escribir a su secretaria una carta a María.

De manera que hay una serie de condiciones que regulan el cambio de función del sujeto en oraciones como las que estoy analizando. Estas condiciones, en mi opinión, podrían tentativamente reducirse a la siguiente:

117.   El sujeto de una subordinada con SP del tipo [a + SN] pasa a ser complemento de agente si el SP es un pronombre. Si el SP no es un pronombre, el sujeto pasa a ser OI, cuando no aparece al lado del SP, o bien un complemento del tipo [de parte de + SN].

13.5.   Al lado de causativas infinitivas, en español, como también en francés, por ejemplo, se dan oraciones como las que aparecen en (118), que en mi opinión no es una verdadera causativa infinitiva:

118.   Pedro dejó a Luis mirarse en el espejo.

Mi hipótesis acerca de la derivación de (118) es que no debería hacerse aplicando las reglas (70) y (71), sino otras. Es más, en principio hay dos análisis posibles para (118). En el primero, (118) se obtiene a partir de la estructura profunda (119), aplicando *Elevación de Sujeto:*

119.   Pedro dejó [Luis mira a Luis en el espejo].

En el segundo análisis, (118) se obtiene a partir de la estructura profunda (120), aplicando *Equi:*

120. Pedro dejó a Luis [Luis mira a Luis en el espejo].

¿Cuál de estos dos análisis es el más adecuado? En mi opinión, el segundo, puesto que para derivar una oración como (121) se necesita una estructura profunda como (122), en la que la principal tiene su propio objeto directo:

121. Pedro lo dejó que se fuera.

122. Pedro dejó a él [él se fuera].

Es decir, (121) se genera al aplicar *Inserción de que* y otras reglas, pero no *Equi;* pero para ello hace falta que la principal contenga un objeto directo.

El mismo tipo de análisis debería proponerse para (123) y para oraciones con verbos de percepción, *ver, mirar, oír, escuchar,* etcétera, como la que doy en (124), que se deriva de (125):

123. Pedro dejó a Juan recoger sus libros.

124. Vi a un hombre cruzar la calle.

125. Yo vi a un hombre [un hombre cruzar la calle].

Volviendo a los verbos causativos, vale la pena señalar que la derivación que he propuesto para (118) y (123) no puede hacerse extensiva a oraciones con el verbo *hacer*. En otros términos, lo que estoy proponiendo es que *dejar,* pero no *hacer,* puede aparecer en dos tipos de estructuras profundas. La primera, que es compartida por *hacer,* es la que da origen a las causativas infinitivas; la otra, que no es compartida por *hacer,* es la que da origen a oraciones infinitivas con *Equi*. La diferencia entre esas dos estructuras profundas es que en la segunda, pero no en la primera, el verbo de la principal, *dejar,* tiene su propio objeto directo.

Una prueba de que oraciones con *dejar* e infinitivo pueden tener dos derivaciones distintas es que en (126) el pronombre puede ser *le* o *lo:*

126. *a)* Le dejé comer la sopa.
     b) Lo dejé comer la sopa.

En (126*a*) hay *le* porque se deriva del sujeto de la subordinada que pasa a OI por medio de (70) y (71). En (126*b*) hay *lo* porque éste es el OD profundo de la principal.

Es importante ahora observar que si en lugar de *dejar* tenemos *hacer,* la forma *lo* es menos aceptable, por lo menos en algunos dialectos:

127. *a*) Le hice comer la sopa.
     b) ??Lo hice comer la sopa.

En definitiva, hay hablantes que aceptan (126*a*), (126*b*) y (127*a*), pero no (127*b*); de manera que, tomando en cuenta esos juicios, se puede concluir que *dejar,* pero no *hacer,* puede aparecer en dos tipos de estructuras profundas.

En cuanto a los verbos de percepción, éstos tienen una sola construcción y una sola derivación, la que propuse anteriormente. En efecto si reemplazamos *dejar* por *ver* en (126), el resultado es el siguiente: la forma *lo* será la aceptable y no *le*, excepto en un estilo «culto», o no típico del habla de Venezuela.

128. *a*) ?? Le vi comer la sopa.
     b) Lo vi comer la sopa.

En conclusión, en esta sección he propuesto un análisis para oraciones con el verbo *dejar,* que a pesar de tener infinitivo no son causativas infinitivas, y he sugerido que tal análisis debe hacer uso de *Equi* y debe extenderse a los verbos de percepción. Mi discusión ha sido bastante breve y seguramente deja una serie de detalles sin explicación; sin embargo, podría servir de incentivo para una investigación más atenta de los fenómenos sintácticos que caracterizan a las oraciones con verbos causativos y verbos de percepción.

Capítulo 14

Cláusulas subordinadas no infinitivas

En los capítulos anteriores he tratado de varios tipos de oraciones con cláusulas subordinadas infinitivas. En este capítulo voy a presentar un análisis de las oraciones con cláusulas subordinadas no infinitivas, con el objeto particular de definir la estructura profunda de este tipo de oraciones. A tal fin, me abocaré a la tarea de estudiar algunos aspectos semánticos de las oraciones, tanto simples como complejas. El análisis semántico será un tanto extenso, pero bastante general y poco detallado. Con él sólo me propongo justificar en parte el análisis sintáctico que desarrollaré.

Dividiré las oraciones en dos grupos, simples y complejas. Las primeras incluyen una sola cláusula, las segundas incluyen, por lo menos, una cláusula principal y una subordinada. No estudiaré aquí las oraciones coordinadas, las relativas, etc., pues lo haré más tarde, ni las oraciones con cláusulas infinitivas; éstas han sido ya analizadas. Los ejemplos que daré serán bastante uniformes. Por ejemplo, trataré de presentar oraciones en las que el verbo va en presente y el sujeto está en primera persona singular. Esto evitará que en el análisis se tomen en cuenta varios factores distintos al mismo tiempo.

Asumiré que los verbos se clasifican en dos grupos: no-subordinantes, como, por ejemplo, *amar* (transitivo) y *llegar* (intransitivo), y subordinantes, como, por ejemplo, *querer* (transitivo) y *parecer* (intransitivo). Casi todos los verbos subordinantes tienen un correspondiente no-subordinante; por ejemplo, *querer* es subordinante en (1), pero no en (2):

1. Pedro quiere que Antonio se vaya.

2. Pedro quiere una manzana.

Estos fenómenos deberían explicarse en términos de rasgos de subcategorización de los verbos, pero por el momento no abordaré esta tarea. Simplemente, distinguiré los dos grupos de verbos ya señalados y hablaré de las oraciones como si existieran únicamente esos dos grupos. Las oraciones se dividirán también en dos grupos: las que contienen sólo un verbo no-subordinante (simples), y las que contienen uno o más verbos subordinantes y uno o más verbos no-subordinantes (complejas). Aquí no hablaré de oraciones imperativas e interrogativas; sólo me limitaré a las oraciones afirmativas y negativas correspondientes.

14.1. Desde un punto de vista semántico, las oraciones que contienen sólo un verbo no-subordinante describen cómo está hecho el mundo, o, si se quiere, cómo está hecho el mundo para el hablante que las usa. Es decir, estas oraciones enuncian que un determinado estado de cosas ocurre o no, que tiene lugar o no. Repito, obviaré aquí el problema del tiempo, por lo que no me voy a referir al hecho de que estas oraciones pueden enunciar un determinado estado de cosas que tuvo, tendrá lugar, o no. (3) y (4) son oraciones de este tipo:

3. Luis ama a María.

4. Luis no ama a María.

Cuando un hablante transmite una oración a su interlocutor tiene la intención de comunicarle una información nueva (nueva para el interlocutor), que llamaré 'rema', siguiendo la terminología de Contreras (1976). En oraciones como (3) o (4), el rema puede ser toda la oración; pero también puede ser una parte de la oración si el interlocutor está familiarizado con algunas nociones de las que se está hablando. Por ejemplo, en (3) la información nueva puede ser solamente *María*, si el interlocutor ya sabe que 'Luis ama a alguien'. Cuando en una interrelación comunicativa, una oración empleada por un hablante contiene, además de la información nueva, información vieja, es decir, información compartida por el hablante y el interlocutor, decimos que tiene, además de un rema, un 'tema' (cfr. Conteras, 1976). Si en (3) el rema es, por ejemplo, *María,* el tema es *Luis ama a X.* En Contreras (1976) se dan varios principios y reglas que permiten definir cuáles son el rema y el tema en una oración, pero no voy a discutir esas cuestiones, me basta con haberlas anotado.

Además de la información, toda oración tiene un valor de verdad; esto es, toda oración describe un determinado estado de cosas que en la realidad del mundo puede resultar verdadero (V) o falso (F), así que toda oración puede ser V o F. Los valores V o F de una oración dependen de los valores de V o F del foco y/o de la presuposición de la oración. Las nociones de foco y presuposición aparecen, por ejemplo, en Chomsky (1969) casi con el mismo valor de rema y tema, respectivamente. Sin embargo, en este trabajo distinguiré dos tipos de presuposiciones. Una, que llamaré presuposición informativa, coincide *grosso modo* con el tema; la otra, que llamaré presuposición lógica, coincide con un tema cuyo valor de verdad es siempre V. En esta primera parte sólo hablaré de la presuposición informativa, y la designaré con el término de presuposición. No emplearé en lo sucesivo el término de foco, pues asumiré que foco y rema son idénticos.

Ahora bien, si tema y presuposición son esencialmente los mismos, una oración como (3) puede o no tener presuposición, de acuerdo a la interpretación que tenga en una determinada circunstancia. Por ejemplo, cuando (3) es usada toda ella como información nueva, es decir, toda la oración es rema, entonces no tiene presuposición. Así que en este caso su valor de V o F depende únicamente de la realidad del mundo: (3) es verdadera si el mundo es tal que

5. *a*) existen Luis y María.

   b) y, en efecto, Luis ama a María.

(3) es falsa si una o las dos de estas condiciones no se dan. Nótese ahora que si toda la oración (4) es usada como rema, tampoco tiene presuposición y su verdad depende únicamente de la realidad del mundo: es verdadera si el mundo es tal que

6. *a*) existen Luis y María.

   b) y, en efecto, Luis no ama a María.

(4) es falsa si una o las dos de estas condiciones no se dan. Agregaré que los valores de verdad de (3) y (4) son interdependientes, es decir, (4) es V si (3) es F, y viceversa.

Lo que ahora quisiera hacer notar es que casi nunca una oración como (3) o (4) es empleada como rema. Es un hecho de la comunicación verbal el que cuando un hablante usa (3), por ejemplo, se dirige a un interlocutor que sabe por lo menos que *Luis* y *María* existen. Si esto es así, toda oración empleada con el fin de comunicar contiene cierta información vieja, y, por consiguiente, cierta presuposición. No quisiera entrar en detalles, pero me parece que al usar una oración, lo que el hablante hace es dar por entendido que el interlocutor tiene conocimiento de la existencia de los entes o conjuntos de entes a los cuales refieren los SN, y enuncia cierta relación entre ellos. De ser así, toda oración contiene una presuposición, por lo menos la presuposición de la existencia de las cosas, personas, etc., que son designadas por los nombres. Por estas razones, cuando hablaré en lo sucesivo de presuposición no mencionaré las presuposiciones existenciales que acabo de citar, por considerarlas no una condición necesaria para definir el valor de V o F de una oración, sino más bien una condición necesaria para que haya comunicación.

Supongamos ahora que (3) es usada para informar que *María* es el rema, entonces (3) contiene el tema: *Luis ama a X*. En este caso, la presuposición es también *Luis ama a X,* y el valor de verdad de la oración depende del valor de verdad del rema y de la presuposición. Para entender este punto deberé explicar algunas cuestiones.

Creo que es necesario asumir que cuando hay interrelación comunicativa, los dos interlocutores que participan en ella se comprometen tácitamente a proporcionarse cierta información nueva sobre la base de un conocimiento común a los dos, que correspondería esencialmente a las presuposiciones. También debemos asumir que los dos interlocutores actúan 'honestamente' en el sentido de que los dos dan por entendido que el conocimiento común y, por ende, las presuposiciones son verdaderas —pues de no serlo para uno, éste estaría en la 'obligación' de manifestar su desacuerdo—. Creo que lo que acabo de decir puede considerarse un principio de la comunicación verbal. Ahora bien, puede darse el caso de que, a pesar de que los interlocutores estén actuando de acuerdo a ese principio, las presuposiciones que ellos compartan sean falsas. Es decir, el mundo podría ser tal que las presuposiciones de los dos interlocutores resultasen falsas. Si éste fuera el caso, todo lo que los dos interlocutores estarían diciendo resultaría falso. Dicho esto, pasaré a analizar la oración (3) en la interpretación en que *María* es el rema.

Como lo he dicho, en este caso *Luis ama a X* es el tema y la presuposición. Veamos ahora qué valores de V o F tiene la oración. Analizaré primero el caso donde la presuposición es verdadera: la oración resultará verdadera sólo si el mundo es tal que:

7. X, de la presuposición, es María,

y resultará falsa si (7) no se da. En el caso de que la presuposición sea falsa, entonces la oración no podrá tener el valor V. Esto es, la oración es verdadera sólo si la presuposición y el tema son verdaderos, como puede verse en el cuadro (8):

8.

Presuposición	Rema	Oración
V	V	V
V	F	F
F	V	F
F	F	F

Pasaré ahora a analizar la oración (4), cuando el rema es *María.* Hay dos maneras de definir la presuposición de (4), pero adoptaré la tradicional, según la cual una afirmativa como (3) y una negativa como (4) comparten la misma presuposición, es decir, *Luis ama a X.* Si queremos entonces guardar la hipótesis de que el tema y la presuposición son idénticos, deberíamos decir que el rema es *no María.*

Adoptaré esta solución y diré lo siguiente: en el caso de que la presuposición de (4) es verdadera, la oración es verdadera si el mundo es tal que

9. X, de la presuposición, no es María.

La oración es falsa si (9) no se da. En el caso de que la presuposición sea falsa, la oración es falsa. De esto se deduce que (4) es la negación lógica[1] de (3); esto es, si (3) es F, entonces (4) es V, y viceversa.

14.2. Pasaré ahora a analizar las oraciones complejas. Dividiré éstas en dos grupos principales: no-factitivas y factitivas.

Las oraciones complejas no-factitivas contienen una cláusula subordinada introducida por *que*, nunca por *el hecho de que*, y la cláusula principal contiene un verbo, que llamaré no-factitivo. Al usar oraciones complejas no-factitivas, el hablante emite un juicio sobre el valor de verdad de la subordinada. Distinguiré varios tipos de oraciones complejas, de acuerdo al contenido semántico del verbo de la principal. La mayoría de estos verbos ya han sido analizados en capítulos anteriores.

14.2.1. El primer tipo incluye verbos que expresan deseo (o no deseo) de que la subordinada sea V o F: *quiero, deseo,* etc. Una oración compleja con ese tipo de verbos es, por ejemplo, (10):

10. Quiero que Luis ame a María.

Oraciones como (10) podrían, quizá, ser usadas como rema únicamente, pero asumiré que (10), y en general toda oración compleja, contiene un rema y un tema.

La oración (10) puede interpretarse con varios temas y remas, pero en la interpretación que me interesa, *quiero X* es el tema, y al mismo tiempo la presuposición, y *que Luis ame a María,* el rema. En esta interpretación, lo más importante es que el valor de V o F de la oración depende únicamente del V o F de la presuposición. En efecto, la subordinada no puede tener un valor de V o F por sí misma. Así que (10) es verdadera si se cumple la condición de que la presuposición es verdadera. Esto es, (10) sería falsa si la presuposición fuera falsa, y en este caso, (11) sería verdadera:

11. No quiero que Luis ame a María.

---

[1] La negación lógica puede definirse de la manera siguiente: Una oración X es la negación lógica de una oración Y si X y Y comparten la misma presuposición y el rema en Y es A y en X es ∼ A. Cfr. Keenan (1972).

Como ya lo he dicho, (10) puede tener otra presuposición distinta de la que he analizado. Por ejemplo, la presuposición podría ser *Quiero que Luis ame a X;* pero en este caso, el rema puede ser V o F, y el valor de la oración dependería de la V o F de la presuposición y del rema. Por ejemplo, si la presuposición es verdadera y el rema es falso, la oración es falsa y su negación lógica sería (12):

12. Quiero que Luis no ame a María.

(12) es en cierta medida sinónima de (11), pues (11) implica (12)[2]; esto es, si (12) es verdadera, también lo es (11). Naturalmente, aquí no puedo detenerme a analizar las oraciones complejas tomando en cuenta varias interpretaciones, así que me limitaré a una sola, la que considero más pertinente para el aspecto sintáctico que voy a estudiar, y no tomaré en cuenta las otras. Por las mismas razones, generalmente no tomaré en cuenta las oraciones que tienen una negación en la subordinada.

En conclusión, las oraciones complejas que contienen en la principal un verbo tipo *querer* son verdaderas si la presuposición es, por ejemplo, *quiero X* y si esta presuposición es verdadera.

14.2.2. El segundo tipo de verbos al que me referiré incluye verbos que expresan creencia (o no creencia) de que la subordinada sea V o F: *creo, pienso, me imagino,* etc. En la oración (13), el verbo de la principal es de este tipo:

13. Creo que Luis ame a María.

En la interpretación que quiero analizar, *creo X* es el tema y la presuposición, y *que Luis ame a María* es el rema. Como en el caso de los verbos de (2.1), aquí la subordinada no puede ser V o F, pues al usarla el hablante no está muy seguro de la verdad de la subordinada. A pesar de su creencia de que la subordinada sea verdadera, no descarta la posibilidad de que sea falsa. Así que el valor de V o F de (13) dependerá únicamente de la V o F de la presuposición. Si ésta es V, la oración es V, pero si la presuposición es F, la oración es F, y su negación lógica (14) será V:

14. No creo que Luis ame a María.

Un análisis distinto debe atribuirse a la oración (15), que, en la interpretación en la que *creo X* es la presuposición, expresa el conven-

---

[2] Una oración X implica una oración Y si en todos los universos posibles, si X es verdadera, Y es verdadera, y si X es falsa, Y es falsa. Cfr. Keenan (1972).

cimiento (creencia fuerte) del hablante de que la subordinada, es decir, el rema, es verdadero:

15. Creo que Luis ama a María.

En este caso, pues, el hablante asigna un valor de verdad a la subordinada. Así que el valor de V o F de la oracion (15) depende tanto de la presuposición como del rema. En el caso de que la presuposición sea verdadera, la oración es V si es verdad también que Luis ama a María; en todo otro caso es F. Es decir, (15) es F si la presuposición es falsa o si es falso que Luis ama a María.

De acuerdo con este análisis, las oraciones con verbos tipo *creer* en la principal tienen las siguientes dos tablas de verdad:

16. *a*) Con subordinada en subjuntivo:

Presuposición	Tema	Oración
V	—	V
F	—	F

b) Con subordinada en indicativo:

Presuposición	Rema	Oración
V	V	V
V	F	F
F	V	F
F	F	F

14.2.3. El tercer tipo de verbos incluye los siguientes: *digo, afirmo, aseguro*, etc. En las oraciones complejas formadas con ese tipo de verbos, la principal constituye una afirmación, o negación, de que la subordinada es verdadera. En este sentido, la interpretación de oraciones como (17) es muy similar a la que he asignado a oraciones como (15):

17. Digo que Luis ama a María.

Por las mismas razones, la tabla de verdad de (17) con la presuposición *digo X* es idéntica a la de (15), es decir, (16*b*). La negación lógica de (17) es entonces (18):

18. No digo que Luis ama a María.

Huelga decir que oraciones como (17), donde *decir* expresa una afirmación, no puede tener en la subordinada un verbo en subjuntivo[3].

14.2.4. Otro tipo de verbo es el de los verbos que expresan una 'orden', en un sentido amplio, como, por ejemplo, *ordeno, obligo, pido,* etc. Una oración con ese tipo de verbos sería la siguiente:

19.   Le pido a Luis que (él = Luis) ame a María.

En la interpretación que me interesa, el tema, y la presuposición, de (19) sería *le pido a Luis X,* y el rema sería *que Luis ame a María.* Ahora bien, en oraciones como (19), al igual que en oraciones con *querer,* la subordinada no es ni V ni F, pues el hablante expresa el deseo fuerte de que un estado de cosas tenga lugar. Si esto es correcto, entonces la oración (19) es verdadera sólo si la presuposición es verdadera, y en este caso su negación lógica (20) es falsa:

20.   No le pido a Luis que ame a María.

Es decir, el valor de V o F de la oración dependería únicamente de la presuposición y no del rema.

14.2.5.   Los verbos causativos, *dejar* y *hacer,* constituyen otro grupo y expresan el aporte del hablante, o de otra persona, a la realización (o no realización) del estado de cosas enunciado en la subordinada. Así que, en cierta medida, estos verbos no expresan un juicio sobre el valor de verdad de la subordinada, y en tal sentido son distintos de los verbos anteriores. Sin embargo, los he incluido aquí porque creo que la interpretación de oraciones causativas es similar a la de oraciones con verbos como *querer.* Esto es, en mi opinión la subordinada de oraciones causativas no es ni V ni F, de manera que una oración como (21) es verdadera si su presuposición es *dejo X* y ésta es verdadera. En el caso de que la presuposición sea falsa, la oración es falsa:

21.   Dejo que Luis ame a María.

---

[3] En una oración como la siguiente:

i.   Le dije que se fuera,

decir no expresa una afirmación, sino una orden; por esta razón, (i) no se puede analizar de la misma manera que (17). Más tarde volveré a hablar del uso del subjuntivo con *decir.* Nótese también que (18) puede llevar subjuntivo, pero esto se debe a la presencia de la negación.

Para resumir el análisis propuesto para las oraciones complejas no-factitivas estudiadas hasta ahora[4] daré el siguiente cuadro, en el que se mencionan las condiciones necesarias para que las oraciones sean V:

22.

Tipo de verbo	Presuposición	Rema	Oración
querer	V	—	V
creer con subjuntivo	V	—	V
creer con indicativo	V	V	V
decir	V	V	V
pedir	V	—	V
dejar	V	—	V

Del cuadro (22) se deduce que para que las oraciones sean verdaderas hace falta que la presuposición sea verdadera. Las oraciones con verbos como *creer* con indicativo y *decir* afirmativo deben satisfacer la condición suplementaria de que el rema sea verdadero.

14.2.6. Los verbos que he tratado hasta ahora tienen de particular lo siguiente: la principal expresa un juicio del hablante (podría ser también de otra persona) sobre el valor de verdad de la subordinada. Los verbos que mencionaré aquí son verbos que no expresan un juicio personal del hablante: a) *es cierto, es falso, es verdad, es seguro,* etcétera; b) *es posible, parece, es probable,* etc. En efecto, cuando el hablante usa tales verbos expresa cuál es o podría ser el valor de verdad de la subordinada, sin atribuirse o sin atribuir explícitamente a nadie tal juicio[5].

Ahora bien, cuando una oración contiene en la principal un verbo del grupo (a), la subordinada enuncia un determinado estado de cosas, y la principal asigna valor de V o F a tal enunciado. Es decir, cuando el hablante usa una oración como (23) asevera que la subordinada es verdadera:

23. Es cierto que Luis ama a María.

Así que la oración (23) resultaría falsa si el mundo fuera tal que sería falso que Luis amara a María, en cuyo caso la negación de (23), es decir, (24), sería verdadera:

---

[4] En este análisis no he incluido oraciones con verbos de percepción, *ver, oír,* etc., pero creo que pueden analizarse de la misma manera que las oraciones con verbos como *decir*.

[5] Naturalmente, si la oración va acompañada de una expresión como *para mí, en mi opinión, me* (en *me parece),* etc., el hablante se atribuye el juicio. Sin embargo, creo que tales expresiones, que pueden agregarse a toda oración, inclusive a las oraciones simples, deben considerarse, desde un punto de vista semántico, como predicados y no como SP. Es decir, deberían tratarse de la misma manera que verbos como *creer*.

24. $\begin{Bmatrix} \text{No es cierto} \\ \text{Es falso} \end{Bmatrix}$ que Luis ama a María.

En efecto, en (24) se asigna valor de falsedad a la subordinada.

De acuerdo con este análisis, las oraciones (23) y (24) se interpretan de la misma manera que (3) y (4), repetidas aquí como (25) y (26), respectivamente:

25. Luis ama a María.

26. Luis no ama a María.

Es decir, (23) y (25), por un lado, y (24) y (26), por el otro, tienen los mismos valores de V o F, o, si se quiere, (23) implica (25) y (24) implica (26), y viceversa. En consecuencia, una oración como (23) no tiene como presuposición la principal, sino, por ejemplo, *Luis ama a X,* y el rema en este caso es la aseveración explícita de que *X* es *María.*

Los verbos del grupo (b) tienen en cierta medida las mismas características que los verbos anteriores, con la diferencia de que la principal expresa cierta 'posibilidad' de que la subordinada sea V o F. De manera que una oración como (27) tendrá valor de V si, en la interpretación en la que la presuposición es *Luis ama a X, X* es *María*:

27. Es posible que Luis ame a María.

Esto no quiere decir que la oración (27) sea sinónima de (23); sólo quiere decir que las dos oraciones tendrían, en una misma realidad, los mismos valores. Sin embargo, es posible que mi explicación acerca de los verbos del grupo (b) no sea acertada, y por el momento no la desarrollaré en detalle.

14.3. Pasaré ahora a analizar las oraciones complejas factitivas, aquellas en las que la subordinada puede ser introducida por *el hecho de que,* y el verbo de la principal es un verbo factitivo: *molesta, preocupa, significa, lamento, deploro, es signo, es significativo,* etc.[6]

La cláusula principal de estas oraciones, a diferencia de las que analicé en la sección anterior, no expresa un juicio sobre el valor de V o F de la subordinada. En efecto, al usar estas oraciones el hablante asume que las subordinada es verdadera, así como lo demuestran Kiparsky y Kipars-

---

[6] Por verbo aquí entiendo dos cosas: verbos propiamente dichos y expresiones verbales como *es signo, poner en duda,* etc. Vale la pena señalar que los verbos factitivos pueden ser subjetivos, en el sentido de que la subordinada es el sujeto del verbo *(me alegra, me asombra, es peligroso,* etc.); objetivos, en el sentido de que la subordinada es un objeto del verbo *(lamentar, ignorar, reconocer, aludir,* etc.) o un complemento *(asegurarse de, confiar en,* ect.).

ky (1971) y Keenan (1972). Es decir, al emitir una oración como (28), el hablante presupone que el estado de cosas enunciado en la subordinada es un hecho real acerca del cual expresa lo que se dice en la principal. Por consiguiente, la subordinada de oraciones factitivas es una presuposición lógica:

28. Lamento el hecho de que Luis ame a María.

En otros términos, (28) presupone lógicamente la verdad de *Luis ama a María,* porque si no fuera verdad que Luis amara a María, la oración no tendría sentido (cfr. Keenan, 1972), pues no tiene sentido lamentar algo irreal.

Ahora bien, en la interpretación de (28) que quiero analizar, *lamento X* es el tema y la presuposición, y *el hecho de que Luis ame a María* es el rema. Esta interpretación corresponde a (28), por ejemplo, cuando ésta es usada como respuesta a (29):

29. ¿Qué lamentas?

Nótese ahora que en vista de que el rema de (28) es una presuposición lógica, su valor es V, y el valor de verdad de la oración depende de la verdad o falsedad del tema *lamento*. Así que la tabla de verdad de (28) es (30).

30.

Presuposición (tema)	Presuposición lógica (rema)	Oración
V	V	V
F	V	F
V	F	—
F	F	—

De acuerdo con el cuadro (30), si la presuposición lógica de (28) fuera falsa, la oración no sería ni V ni F; esto es, no tendría ningún valor.

La negación lógica de (28) es (31) y no (32),

31 No lamento el hecho de que Luis ame a María,

32. Lamento el hecho de que Luis no ame a María,

puesto que en (32) la subordinada constituye una presuposición lógica verdadera, idéntica a la que aparece en (33), que es la negación de (32).

33. No lamento el hecho de que Luis no ame a María.

Es evidente, también, que (32) no es sinónima de (31), y (33) no es sinónima de (28).

En conclusión, los valores de V o F de las oraciones factitivas dependen únicamente del valor de V o F de la principal, puesto que la subordinada es lógicamente presupuesta como verdadera.

14.4. Después de haber presentado un análisis de algunos fenómenos semánticos, quisiera investigar en esta sección algunos aspectos sintácticos de las oraciones, para tratar de definir las estructuras profundas de éstas. No me detendré sobre las oraciones simples, pues asumiré, como lo he venido haciendo hasta ahora, que éstas tienen una estructura profunda con un solo nudo O, como en el diagrama (34a):

34a)

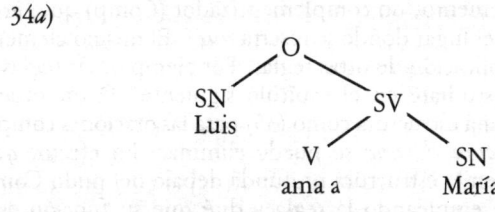

En cuanto a las oraciones complejas, modificaré en parte el análisis sintáctico propuesto en los capítulos anteriores. En esos capítulos las oraciones complejas con cláusula subordinada con función de objeto directo, por ejemplo, tenían una estructura similar a la del diagrama (34b), con o sin SN$_2$:

34b)

El *que* de la subordinada era insertado por una transformación, *Inserción de que*. La modificación que quiero introducir en este tipo de estructura tiene que ver con el nudo O de la subordinada. Éste será de ahora en adelante no el que aparece en el diagrama (34b), sino el que aparece en el diagrama (35):

35.

```
         O₁
        /  \
      SN₁   SV
           /  \
          V   (SN₂)
               |
               O₂
              /  \
           Comp   O
                  △
```

La diferencia entre (34b) y 35) radica en que la subordinada de (35) contiene un nuevo elemento, un complementizador (Comp) que, entre otras cosas, especifica el lugar donde se inserta *que*[7]. El mismo elemento es necesario para la aplicación de otras reglas. Por ejemplo, las reglas de Relativización, que estudiaré en el capítulo siguiente. Es importante notar que al adoptar una estructura como (35) para las oraciones complejas, la regla de *Inserción de que* se puede eliminar. En efecto, *que*[8] podría estar presente en la estructura profunda debajo del nudo Comp. Sin embargo, seguiré empleando la regla y diré que su función es la de insertar *que* debajo de Comp. Dicho esto, pasaré a analizar las oraciones complejas, primero las no-factitivas, luego las factitivas.

14.4.1. Los verbos que expresan deseo, y que en el capítulo 8 llamé 'volendi', aparecen en estructuras como la siguiente:

36.

```
         O₁
        /  \
      SN    SV
           /  \
          V   SN₂
               |
               O₂
              /  \
           Comp   O
                  △
```

---

[7] El análisis más completo de las estructuras profundas de las oraciones complejas es el de Bresnan (1972), quien propone que toda O sea introducida por un complementizador. Así que toda O tendría un nudo para este elemento.

[8] En este trabajo no estudio oraciones como (i), en la que la subordinada es una interrogativa indirecta introducida por *si:*

i. Me pregunto si Luis llegará hoy.

Sin embargo, vale la pena señalar que este *si* debería tratarse de la misma manera que *que*.

Lo que caracteriza sintácticamente a las oraciones con este tipo de verbos es que *Equi* se aplica en ellas cuando su DE es satisfecha. En el caso contrario, la subordinada va en subjuntivo.

Los verbos que expresan creencia, y que llamé en el capítulo 8 'cogitandi', se comportan sintácticamente como los anteriores, con la diferencia de que en los casos en que *Equi* no se aplica, la subordinada va en subjuntivo o en indicativo. Por estas razones, asumiré que la estructura profunda en la que aparecen estos verbos es la (36), quedando especificado en la subordinada, por medio de los nudos Sub o Ind, si el verbo va en subjuntivo o en indicativo.

Quiero señalar que la razón por la cual en el capítulo 8 dije que la subordinada de verbos como *querer* tenía el nudo Sub y la subordinada de verbos como *creer* tenía Sub o Ind era puramente sintáctica. Ahora bien, el análisis semántico de esos verbos presentado en las secciones (2.1) y (2.2) demostraba que la interpretación de oraciones con *querer* era similar a la de oraciones con *creer* y subjuntivo, pero distinta de la de oraciones con *creer* e indicativo. Así que el análisis sintáctico tiene también una justificación semántica.

Los verbos que estudié en la sección (2.3), por su parte, son similares tanto sintáctica como semánticamente a los verbos tipo *creer* con indicativo. Esto es, verbos como *decir*, que llamé en el capítulo 8 'dicendi', tienen una interpretación similar a la de *creer* con indicativo; en efecto, se construyen con subordinada en indicativo y no admiten, por lo general, aplicación de *Equi*. Por lo que la estructura profunda de oraciones con este tipo de verbo será la (36), con Ind en la subordinada. Vale la pena recordar que en oraciones como *le dije que se fuera, decir* se interpreta no como una 'afirmación', sino como una 'orden', por lo que este *decir* va en la clase de verbos que mencionaré a continuación.

14.4.2. Los verbos que expresan una 'orden' también fueron analizados en el capítulo 8. Allí demostré que sintácticamente estos verbos se caracterizan por lo siguiente: tienen un OD y un OI, de los cuales uno es la subordinada, y admiten aplicación facultativa de *Equi*. La estructura profunda de oraciones con verbos de este tipo será entonces (37a), con *ordenar*, por ejemplo, o (37b), con *obligar*, por ejemplo:

37.

Ahora bien, de acuerdo con lo que dije en la sección (2.4), la interpretación de oraciones con estos verbos es similar a la de oraciones con verbos como *querer*, y esto es explicable en términos del nudo Sub que aparecerá en la subordinada de (37). En efecto, los verbos de 'orden' rigen una subordinada en subjuntivo.

14.4.3. Los verbos causativos se construyen con subordinada en subjuntivo, y este hecho los hace similares a los verbos tipo *querer*. Sin embargo, como hemos visto en el capítulo anterior, los causativos se diferencian sintácticamente de los verbos 'volendi' en varios aspectos: no se someten a *Equi* y la subordinada no está dominada por el nudo SN. Esto es, la estructura profunda de las causativas será (38) y no (36):

38.

$$\begin{array}{c} O_1 \\ SN_1 \quad SV \\ V \quad O_2 \\ Comp \quad O \end{array}$$

Así que aunque estos verbos exijan que la subordinada tenga el nudo Sub, la estructura profunda y las transformaciones que los afectan son distintas de las de los verbos 'volendi'.

14.4.4. En las oraciones complejas anteriores, la subordinada va dentro del SV, mientras que en las oraciones con verbos como *es cierto, parece,* etc., la subordinada va en la posición de sujeto. La estructura profunda de estas oraciones es, en efecto, la (39), porque los verbos de este grupo son intransitivos:

39.

$$\begin{array}{c} O_1 \\ SN_1 \quad SV \\ O_2 \\ Comp \quad O \end{array}$$

Como lo he dicho en otra ocasión, estos verbos admiten aplicación de *Extraposición,* y en el caso de *parecer,* por ejemplo, también de *Elevación de SV*.

14.4.5. Los verbos que me quedan por estudiar son los que he llamado factitivos. Como lo hice notar, estos verbos rigen una subordinada encabezada por *el hecho de*. Esta cabeza nominal puede reducirse a *el hecho, el*, o puede eliminarse completamente, como puede apreciarse en las oraciones siguientes:

40. *a)* El hecho de que tú te vayas me molesta.
    b) El hecho que tú te vayas me molesta.
    c) El que tú te vayas me molesta.
    d) Que tú te vayas me molesta.
    e) Me molesta que tú te vayas.

41. *a)* Lamento el hecho de que tú te vayas.
    b) Lamento el hecho que tú te vayas.
    c) Lamento el que tú te vayas.
    d) Lamento que tú te vayas.

Es evidente que no todas las oraciones (40-41) tienen el mismo grado de aceptabilidad; hay algunas, por ejemplo, (41*b*), que resultan inaceptables para muchos hablantes. Sin embargo, las oraciones que tienen *el hecho de* son siempre aceptables. También son aceptables las que tienen simplemente *que,* pero, por ejemplo, (40*d*), para que sea plenamente aceptable, debe someterse a *Extraposición* para dar (40*e*).

En todo caso, el problema que se plantea es si, para derivar las distintas estructuras superficiales, partimos de una estructura profunda en la que la subordinada es del tipo (42*a*) o del tipo (42*b*):

42.

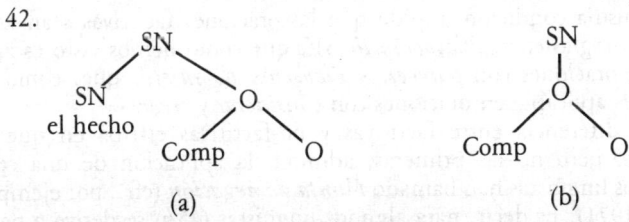

(a)   (b)

Lo que hay que determinar es si la subordinada tiene en la estructura profunda una cabeza nominal —(42*a*)— que puede reducirse, o bien si no tiene tal cabeza nominal —(42*b*)—, que podrá, entonces, introducirse. Quiero hacer notar que si suponemos que la solución correcta es (42*b*), estamos diciendo que las oraciones factitivas son esencialmente iguales a las no-factitivas.

En lo que sigue trataré de demostrar que esta suposición es incorrecta y que la solución adecuada es tomar (42*a*) como la estructura de base.

Recordemos, en primer lugar, que en la sección (3) demostré que, desde el punto de vista semántico, las factitivas se diferenciaban sustancialmente de las no-factitivas, y éste es ya un argumento a favor de la solución (42a). Pero hay otros argumentos de tipo sintáctico.

El primero es que las factitivas, pero no las otras, están sujetas a una condición que Ross (1967) llama 'Condición de la SN compleja'. Esta condición impide, por ejemplo, que una regla de movimiento extraiga un elemento que se encuentre en la subordinada, para ponerlo a comienzo de la principal. Por ejemplo, *Dislocación* puede sacar *a Pedro* de la oración (43a) para ponerlo a comienzo de (43b) o (43c), puesto que (43a) no es factitiva:

43. a) Yo creo que la policía mató a Pedro.
    b) A Pedro, yo creo que lo mató la policía.
    c) A Pedro, creo yo que lo mató la policía.

Pero *Dislocación* no podrá aplicarse de la misma manera a (44a) para dar (44b), aunque sí puede dar (44c), puesto que en esta última, *a Pedro* no ha salido de la SN compleja; es decir, de la subordinada:

44. a) Lamento el hecho de que la policía haya matado a Pedro.
    b) *A Pedro, lamento el hecho de que la policía lo haya matado.
    c) Lamento el hecho de que a Pedro lo haya matado la policía.

Nótese, sin embargo, que la agramaticalidad de (44b) se debe a la presencia de *el hecho de,* puesto que, al quitarlo, la oración se hace más aceptable.

La misma condición impide que las oraciones factitivas sean afectadas por reglas como *Elevación de SV,* que como hemos visto es aplicable en oraciones con *parecer,* y *Elevación de sujeto,* que, como sabemos, es aplicable en oraciones con *considerar* y *creer.*

Otra diferencia entre factitivas y no-factitivas estriba en que las segundas, pero no las primeras, admiten la aplicación de una regla que varios lingüistas han llamado *Monta de negación* (cfr., por ejemplo, Rivero, 1971). Es decir, para algunos lingüistas (45b) se deriva a partir de (45a) por medio de esta regla:

45. a) Parece que Luis no entiende.
    b) No parece que Luis entienda.

Sin embargo, *Monta de negación* no es aplicable a las oraciones factitivas, puesto que (46b) no tiene relación alguna con (46a):

46. a) Me molesta el hecho de que Luis no entienda.
    b) No me molesta el hecho de que Luis entienda.

Personalmente no creo que tal regla exista, y en D'Introno (1979) he explicado por qué; sin embargo, no cabe duda de que (45*a*) y (45*b*) son sinónimas, o casi sinónimas, pero esto no es cierto para (46*a*) y (46*b*). En mi opinión, esa diferencia es explicable en términos semánticos; por ejemplo, en términos de presuposiciones, valores de verdad, etc., pero en todo caso, tal diferencia existe y es muy significativa. Así que, aun en el caso en que *Monta de negación* no existiera, es cierto que la sintaxis debería reflejar esa diferencia. Por ello creo que lo dicho en este párrafo convalida la hipótesis de que la estructura profunda para la subordinada factitiva es (42*a*) y no (42*b*).

La condición de Ross antes mencionada también impide la formación de relativos en oraciones con factitivos, pero no en oraciones con verbos no-factitivos, como puede apreciarse al observar que (47) es agramatical y (48) gramatical[9]:

47. *a)* *El libro que el hecho de que Pedro haya leído, me molesta tiene 200 páginas.
    b) *El libro que me molesta el hecho de que Pedro haya leído tiene 200 páginas.

48. El libro que Luis dijo que Pedro leyó tiene 200 páginas.

Hay otras diferencias sintácticas, entre oraciones factitivas y no-factitivas, explicables por medio de la condición de Ross; sin embargo, considerando que los ejemplos dados son suficientemente ilustrativos, pasaré a analizar otro fenómeno que no implica reglas de movimiento ni la condición de Ross. Existe en español, y en otras lenguas, un proceso transformacional que permite convertir una cláusula en un SN. Este proceso, que ha sido llamado *Nominalización* y ha sido tratado en español por Campos (1977), por ejemplo, afecta únicamente cláusulas dependientes de verbos factitivos. Así que (49) puede ser convertida en (50), pero (51) no puede ser convertida en (52) por no ser factitiva[10]:

49. El (hecho de) que Pedro haya leído tantos libros me molesta.

50. El (hecho de) haber Pedro leído tantos libros me molesta.

51. No es cierto que Pedro haya leído tantos libros.

---

[9] Como en el caso de la oración (44*b*), aquí también la ausencia de *el hecho de* hace mejorar la oración. Por ejemplo, (47*b*) sin la cabeza nominal en cuestión es perfectamente gramatical:

i. El libro que me molesta que Pedro haya leído tiene 200 páginas.

[10] Para un tratamiento detallado de la nominalización en inglés, cfr. Chomsky (1970).

52. *No es cierto el haber Pedro leído tantos libros.

Los argumentos que he elaborado demuestran, entonces, que las oraciones factitivas son semántica y sintácticamente distintas de las no-factitivas, por lo que concluiré que en la estructura profunda de las factitivas la subordinada es del tipo (42a) y no (42b). Esto es, la estructura profunda de las oraciones en (54) es la que doy en (53), omitiendo algunos detalles:

53. El hecho [Comp Luis ame a María] me molesta.

54. a) El hecho de que Luis ame a María me molesta.
    b) El que Luis ame a María me molesta.
    c) Me molesta que Luis ame a María.

(54a) se obtiene aplicando a (53) una regla de inserción de *de*[11]. Esta regla es facultativa, ya que (55), con la subordinada extrapuesta, es gramatical:

55. Me molesta el hecho que Luis ame a María.

(54b) se obtiene elidiendo el N de la cabeza nominal, y (54c) se obtiene elidiendo toda la cabeza nominal y extraponiendo la subordinada. Ahora bien, puesto que la mayoría de los argumentos sintácticos que he expuesto son válidos para las oraciones que tienen *el hecho de que* y no para las oraciones que tienen *que*, deberá asumirse que el proceso de elisión de la cabeza nominal corresponde a una transformación facultativa aplicable al comienzo del ciclo, antes de que se apliquen *Dislocación* y Relativización, por ejemplo.

El análisis de las oraciones complejas que he propuesto en este capítulo es un tanto incompleto, pero, a mi parecer, fundamentalmente correcto. No cabe duda de que hay otros fenómenos y detalles que merecen una investigación más profunda. Por ejemplo, no he dicho nada acerca de oraciones que tienen una subordinada introducida por *eso, la hipótesis*, etc., ni he dicho nada acerca de oraciones no-factitivas que pueden tener una subordinada introducida por *el que*. Todos estos problemas son de por sí materia suficiente para otra monografía. En todo caso, creo haber conseguido lo que me había propuesto: definir las líneas generales de la semántica y de la sintaxis de las oraciones complejas.

---

[11] Es posible que esta regla sea la misma que aparece en el estudio de Bentivoglio y D'Introno (1977) sobre el 'dequeísmo'.

Capítulo 15
Relativización

En este capítulo me propongo estudiar los aspectos más relevantes de las cláusulas relativas. Mi análisis no será exhaustivo, pero permitirá llegar a algunas conclusiones acerca de las estructuras profundas de las relativas y acerca de las transformaciones que operan en este tipo de cláusulas.

Comenzaré mi análisis presentando un pequeño esbozo de la interpretación de los SN por un lado y de los SN con relativas por otro lado. Luego propondré una división de las cláusulas relativas en tres tipos, estableciendo diferencias semánticas, sintácticas y fonológicas entre ellas. Pasaré entonces a hablar de las estructuras profundas y de las reglas, y por fin señalaré algunas condiciones que operan en la derivación de las relativas. Concluiré este capítulo discutiendo algunos fenómenos secundarios que se plantean en la derivación de las relativas.

15.1. Las frases (1) y (2) contienen una misma cláusula relativa: *que tenga hambre*:

1. La persona que tenga hambre...

2. El que tenga hambre...

En (1), la relativa depende de un SN, *la persona;* en (2), la relativa depende de un pronombre, *el*[1]. En este estudio no voy a tratar de relativas como (2), me limitaré al estudio de relativas como (1), que dependen de un SN que llamaré 'la cabeza' o 'el antecedente' de la relativa.

Las relativas con cabeza nominal se derivan de una estructura profunda que debe satisfacer la condición necesaria siguiente: el SN del cual depende la relativa, el antecedente, debe ser correferencial con un SN, que podría llamarse 'el siguiente', presente en la cláusula

---

[1] Estoy asumiendo que *el* de la oración (2) es un pronombre, a pesar de que ortográficamente no tiene acento, porque, como lo demuestra Luján (1972), *lo, el, la,* etc., que preceden relativas sin cabeza nominal se comportan como pronombres y no como artículos.

subordinada relativa. De acuerdo con esto, la estructura profunda de una relativa debe tener la siguiente configuración:

$$\left[_{SN} SN_i \left[_O ... SN_i ... \right]\right]^2.$$

Por ejemplo, la estructura profunda de (1) es: [la persona [la persona tener hambre]. El SN antecedente puede estar constituido de un N, o de un N con artículo, demostrativo, cuantificador, adjetivo, etc. El SN siguiente está constituido de un N y un artículo definido, más los otros posibles adjuntos. Por ejemplo, 'un hombre que sepa...' tiene en la estructura profunda lo siguiente: [un hombre [el hombre saber...].

Hasta ahora me he limitado a señalar una condición general que deben satisfacer las relativas. No he descrito en detalle las estructuras profundas de este tipo de cláusulas. Dejaré esto para más tarde. Ahora quisiera decir dos palabras sobre la interpretación semántica de los SN en general, y luego de los SN relativizados.

Desde el punto de vista semántico, la función del N de un SN es la de referir a (designar) uno o más entes. La función del artículo, del demostrativo y del cuantificador que pueden acompañar al N es la de delimitar el conjunto de entes al cual refiere el N. Por ejemplo, el nombre *libros* refiere a más de uno del conjunto de todos los libros, pero el SN *los libros* refiere a todo el conjunto, puesto que *los* permite extender esa referencialidad a todos los miembros del conjunto. Así que *libros* es un N plurivalente (refiere a más de un elemento del conjunto), no-definido (no refiere necesariamente a todos los elementos del conjunto), no-específico (no presupone conocimiento por parte de los interlocutores de todos los miembros de ese conjunto)[3]. Pero *los libros* es plurivalente y al mismo tiempo definido (refiere a todos los elementos del conjunto) y específico (presupone conocimiento por parte de los interlocutores de todos los elementos de ese conjunto).

El nombre *libro* es, por su parte, monovalente (refiere a un solo elemento), no-definido, no-específico. El SN *el libro* puede interpretarse de dos maneras: o bien como monovalente, definido (en el sentido de que refiere a un conjunto constituido por un solo elemento), y específico, cuando, por ejemplo, el hablante se refiere a un libro particular previamente designado (cfr. el libro estaba sobre la mesa); o bien como plurivalente, definido y específico, cuando, por ejemplo, el hablante se refiere a todo el conjunto de libros posibles (cfr. El libro es un elemento fundamental para la cultura).

---

[2] Como lo veremos más tarde, algunas relativas tienen esta configuración no en la estructura profunda, sino en una etapa posterior, pero antes de la formación del relativo.

[3] Para mayores detalles sobre las nociones de plurivalente, definido y específico, cfr., por ejemplo, Langendonck (1976), quien en lugar de 'plurivalente' usa el término 'genérico'. Este último término yo lo uso como sinónimo de 'no-específico'.

El SN *un libro* tiene dos interpretaciones posibles: 1.ª, monovalente, no-definido, no-específico, cuando el hablante se refiere a un libro cualquiera (cfr. Busco un libro, no importa cuál); 2.ª, monovalente, definido y no específico, cuando el hablante se refiere a un solo libro particular (cfr. Busco un libro y sé cuál es y dónde está). Quizás *un libro* tenga también una interpretación en la que es plurivalente, no-definido y no-específico, cuando, por ejemplo, el hablante quiere referirse a todo el conjunto de libros posibles, pero en este análisis no tomaré en cuenta esta tercera posible interpretación de SN como *un libro*.

Los SN con demostrativos son definidos, específicos y plurivalentes (plural) o monovalentes (singular). Los SN con cuantificadores indefinidos como *algunos* son plurivalentes, no-definidos, no-específicos. Los SN con cuantificadores numerales como *dos* son plurivalentes, definidos y no-específicos (cfr. Busco dos libros); cuando van precedidos del artículo definido son plurivalentes, definidos y específicos (cfr. Busco los dos libros). Los SN con el cuantificador *todo*, sin artículo, son plurivalentes, definidos y no-específicos (cfr. Todo libro es bello), pero con el artículo definido después de *todo* son monovalentes, definidos y específicos (cfr. Todo el libro es bello). Los SN con *todos* son plurivalentes, definidos y específicos.

La clasificación de los SN que acabo de hacer y que resumo en (3) es incompleta, pero es suficiente para proceder en mi análisis de las relativas.

3.

	Tipos de SN	Plurivalente	Definido	Específico
a	Libros	+	—	—
b	Los libros	+	+	+
c	El libro	—	+	+
d	El libro	+	+	+
e	Un libro	—	—	—
f	Un libro	—	+	—
g	Estos libros	+	+	+
h	Algunos libros	+	—	—
i	Dos libros	+	+	—
j	Los dos libros	+	+	+
k	Todo libro	+	+	—
l	Todo el libro	—	+	+
m	Todos los libros	+	+	+

Pasemos ahora a hablar de las cláusulas relativas. Estas se subdividen en tres tipos: restrictivas atributivas, restrictivas apositivas y no-restrictivas. Por el momento trataré de las diferencias entre restrictivas (R) y no-restrictivas (N-R), luego hablaré de las diferencias entre R atributivas y R apositivas.

Las relativas N-R expresan un determinado estado de cosas que afecta a todos los elementos a los cuales refiere el SN antecedente. Las R, por su parte, expresan un determinado estado de cosas que afecta a sólo una parte de los elementos a los cuales refiere el SN. Por ejemplo, en las oraciones (4) y (5) las relativas son R y N-R, respectivamente:

4. Los romanos que tenían dinero iban a Grecia.

5. Los romanos, que tenían dinero, iban a Grecia.

(4) se interpreta de la manera siguiente: del conjunto de los romanos había algunos miembros que tenían dinero e iban a Grecia. (5) se interpreta de la manera siguiente: todos los miembros del conjunto de los romanos tenían dinero e iban a Grecia. Estas dos interpretaciones podrían explicitarse en lógica por medio del cuantificador existencial para (4) y del cuantificador universal para (5).

Haciendo un análisis similar en términos de los rasgos presentados en (3) se puede decir que en (4) la relativa R convierte el rasgo [+ Definido] del SN antecedente en [− Definido], mientras que en (5), la N-R no altera ese rasgo del SN.

Ahora bien, esta diferencia semántica entre relativas R y N-R va acompañada de diferencias fonológicas y sintácticas. Por ejemplo, (4) y (5) se pronuncian de maneras distintas. La primera se pronuncia sin pausa entre el SN y la relativa; la segunda se pronuncia con pausa, y el SN antecedente tiene una entonación un poco ascendente. En cuanto a las diferencias sintácticas, anotaré a continuación las más relevantes.

15.1.1. La primera diferencia sintáctica entre R y N-R que quiero señalar tiene que ver con el tipo de SN antecedente con el cual pueden construirse esos dos tipos de cláusulas. Veamos primero los SN que tienen artículo. Como vimos en la sección anterior, los dos tipos de relativas pueden construirse con un SN que tenga artículo definido plural. Los dos tipos de relativas también son posibles con un SN que tenga artículo definido singular, aunque, claro está, la interpretación no es igual en los dos casos, como podrá apreciarse al observar las oraciones (6) y (7):

6. El venezolano que tiene dinero puede viajar al extranjero (R).

7. El venezolano, que tiene dinero, puede viajar al extranjero (N-R).

En efecto, en (7), pero no en (6), *el venezolano* refiere a todo un conjunto y es [+ Plurivalente].
En el caso de los SN con el artículo *un*, sólo es posible construir una R, pero no una N-R. En efecto, (8) tiene una interpretación transparente, pero no (9):

8. Un venezolano que tiene/tenga dinero puede viajar al exterior.

9. *Un venezolano, que tiene dinero, puede viajar al exterior.

Sin embargo, creo que sería posible interpretar la relativa de (9), en ciertos contextos particulares, como una N-R si *un venezolano* se analizara con el rasgo [+ Plurivalente].

Los SN con demostrativo generalmente admiten los dos tipos de relativas. Sin embargo, hay casos donde un solo tipo de relativa es posible, dependiendo del tipo de demostrativo que se usa. En todo caso, un SN como *esos libros,* por ejemplo, se construye con R, como en (10), y con N-R, como en (11):

10. Esos libros que te regalé cuando eras niño aún no han sido forrados.

11. Esos libros, que te regalé cuando eras niño, aún no han sido forrados.

Si ahora tomamos SN con cuantificadores, indefinidos o numerales, notamos que pueden construirse con relativas R, pero no con las N-R. Por ejemplo, las oraciones de (12) son gramaticales, pero no las de (13):

12. *a)* Algunos venezolanos que tienen dinero viajan al exterior.
    b) Ningún venezolano que le tema al avión viaja al exterior.
    c) Todo venezolano que le teme al avión viaja por barco.
    d) Dos venezolanos que tengan un mismo tipo de pasaporte pueden viajar juntos.

13. *a)* *Algunos venezolanos, que tienen dinero, viajan al exterior.
    b) *Ningún venezolano, que le teme al avión, viaja al exterior.
    c) *Todo venezolano, que le teme al avión, viaja por barco.
    d) *Dos venezolanos, que tienen el mismo tipo de pasaporte, pueden viajar al exterior.

Los ejemplos que he dado en (12) y (13) no abarcan todos los casos posibles, pero muestran claramente que una relativa N-R no puede construirse con un SN que tenga cuantificador. La razón es bastante simple: el cuantificador es de por sí restrictivo, por lo que el valor restrictivo del SN antecedente no es compatible con la relativa N-R. Vale la pena notar que una frase como (14) contiene una R, y que en este caso *algunos* modifica (y restringe) no el SN antecedente *los venezolanos,* sino el SN junto con la relativa. Por estas razones, (14) quizás no sea sinónima de (12*a*), aunque, al igual que ésta, no puede construirse con una N-R:

14. Algunos de los venezolanos que tienen dinero...

Las N-R tampoco pueden acompañar un SN sin ningún modificador, como puede apreciarse al comparar las oraciones (15) y (16):

15. Conozco japoneses que no saben hablar español.

16. *Conozco japoneses, que no saben hablar español.

De las observaciones hechas hasta ahora se puede llegar a la generalización siguiente: las N-R son posibles sólo con aquellos SN que son [+ Plurivalente, + Definido, + Específico] (cfr. cuadro 3); las R, por su parte, pueden construirse con cualquier tipo de SN.

Sin embargo, esta generalización debe modificarse en parte, puesto que los ejemplos siguientes muestran que las R no son posibles en algunos casos:

17. *Tus carros que tienen frenos automáticos son veloces (R).

18. Tus carros, que tienen frenos automáticos, son veloces (N-R).

19. *Pedro y Juan que son los mejores del curso... (R).

20. Pedro y Juan, que son los mejores del curso... (N-R).

(17-20) muestran que las R no se construyen con SN muy específicos, entendiendo por muy específicos aquellos SN que tienen un referente inequívoco, como es el caso de los SN con posesivo o los SN constituidos por nombres propios. Así que la generalización anterior debe modificarse para incluir esta observación.

Nótese que la generalización hecha anteriormente prevé que los nombres propios precedidos por artículo deben poderse construir con R, puesto que su referencia no es ya inequívoca. Y eso es correcto, como puede verse al analizar oraciones como las que siguen:

21. Los Mendoza que tienen dinero viajarán al exterior.

22. Los Mendoza, que tienen dinero, viajarán al exterior.

La generalización da cuenta, por un lado, del hecho de que las R no acompañan pronombres personales —por ser muy específicos—, y, por otro lado, del hecho de que las N-R no acompañan pronombres indefinidos —por no ser específicos—, como se deduce de las oraciones siguientes:

23. *Tú que tienes dinero, vas al exterior.

24. Tú, que tienes dinero, vas al exterior.

25. *Ellos que tienen dinero, van al exterior.

26. Ellos, que tienen dinero, van al exterior.

27. No conozco a nadie que sepa cantar.

28. *No conozco a nadie, que sabe cantar.

29. Busco a alguien que sepa cantar.

30. *Busco a alguien, que sabe cantar.

En conclusión, diré que las relativas R y N-R no tienen la misma distribución, puesto que las primeras son incompatibles con SN muy específicos y las segundas son incompatibles con SN que no sean plurivalentes, definidos y específicos al mismo tiempo.

Vale la pena señalar que en los ejemplos analizados el SN cabeza de la relativa funciona generalmente como sujeto y la relativa es introducida por *que*. Naturalmente, hay otras posibilidades, por ejemplo, el SN puede ser objeto o complemento y la relativa puede ser introducida por una preposición y *que*. Sería, por tanto, necesario extender el análisis a esos casos para comprobar lo dicho en el párrafo anterior. Sin embargo, no creo que sea necesario para los fines de este trabajo, así que, aun sin justificarla plenamente, asumiré que mi conclusión es correcta.

15.1.2. Otra diferencia sintáctica entre R y N-R tiene que ver con el modo del verbo de la relativa. De hecho, las R van en indicativo o en subjuntivo, mientras que las N-R van siempre en indicativo. Este fenómeno puede apreciarse al comparar los dos ejemplos siguientes:

31. Los venezolanos que tienen/tengan dinero...

32. Los venezolanos, que tienen/*tengan dinero...

15.1.3. Otra diferencia semántico-sintáctica entre R y N-R es la que señalaré a continuación. Desde el punto de vista semántico, las relativas N-R no aportan información nueva, sólo expresan un determinado estado de cosas que se presupone es verdadero y conocido por el interlocutor. Por ello, las N-R pueden incluir expresiones del tipo 'como usted sabe', 'sin lugar a duda', etc. Así que la razón por la cual las N-R sólo pueden acompañar SN plurivalentes, definidos y específicos puede atribuirse al hecho de que estas relativas constituyen ciertas presuposiciones. A este mismo hecho puede atribuirse otra característica sintáctica y semántica de las N-R: éstas, generalmente, son imposibles al final de la oración. Esto es, de las oraciones (33) y (34) sólo la segunda es plenamente aceptable:

33. ?? No estimo a los japoneses, que no saben hablar español.

34. A los japoneses, que no saben hablar español, no los estimo.

La razón de ello es que, como lo ha demostrado Contreras (1976), el rema (información nueva) tiende a ir al final de la oración, y el tema, o presuposición, al comienzo. Ahora bien, (33) contiene en su rema una relativa N-R que, como he dicho, es presupuesta, de allí que (33) resulte poco aceptable. (34), por su parte, no contiene en su rema la relativa, ésta se encuentra en el tema; de allí que la oración resulte aceptable. En otros términos, (34) contiene como tema *A los japoneses, que no saben hablar español,* y como rema, *no los estimo,* por lo que el carácter presupositivo de la N-R es compatible con el tema y con la interpretación de la oración. Pero en (33), el rema es *A los japoneses, que no saben hablar español,* y eso es incompatible con el carácter presupositivo de la N-R.

Lo que acabo de decir explica por qué las N-R se dan casi siempre con SN sujetos, y casi nunca con SN con otra función, excepto cuando éstos se encuentran dislocados a comienzo de la oración. Por ejemplo, de las oraciones (35*a*) y (35*b*), sólo la última es totalmente aceptable:

35. *a*) ?? No se dijo nada acerca de los rusos, que construyeron el primer barco con armas nucleares.

   b) Acerca de los rusos, que construyeron el primer barco con armas nucleares, no se dijo nada.

15.1.4. La última diferencia entre R y N-R que quería hacer notar es que las últimas, pero no las primeras, se pueden parafrasear con una cláusula coordinada. Por ejemplo, la oración (36), que contiene una N-R, es sinónima de (37), que contiene dos cláusulas coordinadas, pero (38) no es sinónima de (37)[4]:

36. Los venezolanos, que tienen dinero, viajan al exterior.

37. Los venezolanos viajan al exterior y (los venezolanos) tienen dinero.

38. Los venezolanos que tienen dinero viajan al exterior.

Ahora bien, si (36) y (37) son sinónimas, o casi sinónimas, podríamos suponer que las dos se derivan de una misma estructura profunda, así como lo han propuesto varios lingüistas (cfr., por ejemplo, Contreras, 1971), y de hecho ésta será la solución que adoptaré cuando hable de las estructuras profundas para las relativas.

15.2. En las secciones anteriores presenté algunos argumentos que permiten llegar a la conclusión de que las relativas R y N-R se comportan de manera distinta, tanto sintáctica como semántica y fonológicamente. En esta sección quisiera volver a hablar de las R para distinguir las R atributivas de las R apositivas.

Los ejemplos con R que he dado en las secciones anteriores contienen relativas R atributivas como la que aparece en (38), es decir, relativas sin pausa e introducidas por *que*. Las R que voy a analizar en esta sección son como la que aparece en (39), que tiene esencialmente el mismo significado que (38):

39. Los venezolanos, los/aquellos que tienen dinero, viajan al exterior.

Lo que caracteriza a estas R, las R apositivas, es que se pronuncian con pausa y son introducidas por un artículo definido o un demostrativo; por ejemplo, *aquellos* o *esos*. Además, si la relativa depende de un SP, el artículo o el demostrativo puede ir precedido de la misma preposición que se encuentra en el SP antecedente, como se aprecia en la oración (40):

40. Me burlo de los japoneses, de los que no saben hablar español.

Mi hipótesis es que las relativas R apositivas se derivan de una estructura profunda en la que el artículo o el demostrativo forma parte de un SN yuxtapuesto al SN antecedente. Me explico. De acuerdo con esta hipótesis, (39) y (40), por ejemplo, tendrían en su derivación las estructuras derivadas (41) y (42), respectivamente:

---

[4] Estas observaciones fueron hechas también por Bello en su gramática.

41. Los venezolanos, los/aquellos venezolanos que tienen dinero...

42. Me burlo de los japoneses, de los japoneses que no saben hablar español.

(41), por ejemplo, contiene un primer SN, *los venezolanos,* al cual se yuxtapone otro, *los/aquellos venezolanos,* con su propia R atributiva. (42), por su parte, contiene un SP al cual se yuxtapone otro SP con su propia atributiva. La hipótesis es que a (41) y (42), que son gramaticales, se les puede aplicar una regla de elisión del N presente en el SN o SP yuxtapuesto, dando así lugar a las R apositivas.

Hay varias razones para creer que esta hipótesis es correcta, pero mencionaré las más relevantes. En primer lugar, si aceptamos esta hipótesis damos cuenta de la sinonimia entre (39) y (41), por un lado, y (40) y (42), por el otro. En segundo lugar, la hipótesis predice que las apositivas se interpretarían no como restrictivas del SN que las precede, sino más bien del artículo o del demostrativo. Y esto es correcto, puesto que las apositivas se interpretan de la misma manera que las relativas 'sin cabeza' como la que doy en (43)[5]:

43. Los que hayan terminado de comer pueden salir al patio.

En tercer lugar, la hipótesis es económica, puesto que trata a las apositivas de la misma manera que a las atributivas, pues, como dije, las apositivas son en realidad atributivas de un SN 'apositivo', es decir, yuxtapuesto al SN antecedente. La hipótesis sólo agrega a las reglas necesarias para derivar las R atributivas una transformación de elisión del N.

Las R apositivas, sin embargo, se distinguen de las que he llamado R atributivas en varios aspectos, además de los que ya he señalado. Por ejemplo, no pueden depender de SN que no tengan artículo definido. Este hecho se comprueba por la agramaticalidad de (44):

44. *Conozco japoneses, los que no saben hablar español.

Otra diferencia se deduce de los ejemplos que he dado: las R atributivas son introducidas por un relativo precedido o no por una preposición, dependiendo de la función que tenga el SN que se ha convertido en relativo, es decir, el SN siguiente; las R apositivas son introducidas por *que* y un artículo o un demostrativo que lleva preposición si el SN antecedente tiene esa preposición.

Una última diferencia que quiero señalar tiene que ver con la po-

---

[5] Sin embargo, de acuerdo con lo que he dicho, hay una diferencia entre relativas como (43) y las R-apositivas: las primeras son encabezadas por un pronombre; las segundas, por un artículo.

sibilidad de extraponer una R apositiva a la derecha de la oración en la cual se encuentra. Por ejemplo, (39) puede convertirse en (45):

45. Los venezolanos viajan al exterior, los/aquellos que tienen dinero.

Pero esta posibilidad no se da con las R atributivas. Por ejemplo, (38) no puede convertirse en (46):

46. *Los venezolanos viajan al exterior, que tienen dinero.

De los argumentos y ejemplos presentados puedo entonces concluir que las R se subdividen en dos grupos, atributivas y apositivas, con características sintácticas bastante distintas. Quisiera, sin embargo, insistir sobre la hipótesis de que las apositivas son en realidad atributivas dependientes de un SN o de un SP en el que se elide el N.

15.3. En las secciones anteriores he hablado de tres tipos de relativas, distinguiéndolas fonológica, semántica y sintácticamente, pero no he dicho nada acerca de las diferencias morfológicas existentes entre ellas. En esta sección quisiera detenerme un poco sobre estas diferencias, apuntando, por ejemplo, a las formas más usuales del relativo que aparece en esas cláusulas. Me limitaré a hablar de formas como *que, el cual, quien,* etc., y no diré nada sobre otras formas; por ejemplo, *cuando, donde, como,* etc.

15.3.1. En las R atributivas, cuando el relativo no va precedido de preposición se da únicamente *que,* pero en los casos en que el relativo va precedido de preposición, *que* alterna con *el cual, la cual, el que, la que,* etc.; por ejemplo, en los casos siguientes:

47. *a)* Los materiales con que se construyeron estas casas...
    b) Los materiales con los que se construyeron estas casas...
    c) Los materiales con los cuales se construyeron estas casas...

Si el relativo refiere a una persona y va precedido de preposición, también son posibles las formas *quien, quienes:*

48. Los estudiantes a quienes el profesor no entregó la nota decidieron abandonar el curso.

15.3.2. En las R apositivas, cuando el relativo no va acompañado de preposición, la forma empleada es siempre *que,* precedida tanto por un artículo definido como por un demostrativo. Cuando el relativo va precedido de preposición, las formas usuales son *el cual, la cual, el que, la que,* etc., *quien, quienes* y también *que,* precedidas por el demostrativo, como se ve en los ejemplos (49):

49. a) Los venezolanos, los/aquellos que tienen dinero...
    b) Los venezolanos, aquellos con que / los cuales / los que / quienes acostumbro reunirme, ...

De manera que las apositivas tienen las mismas distribuciones que las atributivas en lo que respecta a los relativos, y este hecho respalda la hipótesis propuesta sobre la derivación de las apositivas.

15.3.3. En las N-R, cuando el relativo no va precedido de preposición se usa la forma *que,* pero también son posibles las formas *quien, quienes,* cuando la relativa depende de un SN humano, y *el cual, los cuales,* etc. Estas dos últimas formas se dan generalmente cuando la relativa va al final de la oración y entre el relativo y el verbo hay otra cláusula. Los ejemplos siguientes contienen los tres tipos de formas aludidas:

50. a) Los venezolanos, que tienen dinero, viajan al exterior.
    b) Los venezolanos, quienes tienen dinero, viajan al exterior.
    c) Luis se burla de los japoneses, los cuales, como todo el mundo sabe, no pueden distinguir entre r y l.

En los casos en que el relativo vaya precedido de preposición, las formas usuales son *el cual, los cuales,* etc., y también *quien, quienes,* como en las oraciones (51):

51. a) Los japoneses, de los cuales tú te burlas muy a menudo, son muy inteligentes.
    b) Los japoneses, a quienes se atribuye la derrota económica de los americanos, son muy trabajadores.

15.4. Después de haber establecido varias diferencias entre los tres tipos de relativas estudiadas, quisiera pasar a proponer un análisis transformacional para cada tipo de relativa. Empezaré analizando las R atributivas.

15.4.1. Mi hipótesis acerca de la derivación de las R atributivas es que éstas tienen una estructura profunda como la que aparece en (52):

52.

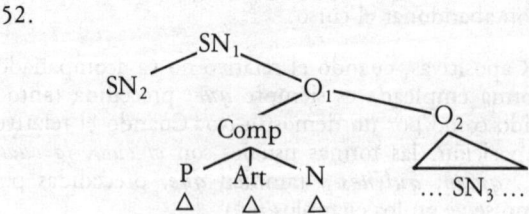

SN_1 de (52) es parte de la oración principal, que, por razones de simplicidad, no he incluido en la representación arbórea. SN_2 y SN_3 satisfacen la condición necesaria en toda relativa de ser correferenciales. SN_3 puede estar incluido en un SP. Comp contiene tres nudos, P, Art y N, cada uno con un comodín[6].

Las reglas transformacionales que se aplican a la estructura (52) son las siguientes:

53. a) *Formación de relativo*. Esta regla desplaza SN_3 debajo de Comp, poniendo el artículo debajo de Art y el sustantivo debajo de N. Si SN_3 va incluido en un SP, la preposición de ese SP también es desplazada y va debajo de P.
   b) *Inserción de que*. Esta regla sustituye el sustantivo que ha sido puesto debajo de N por *que*[7]. Éste asume los rasgos sintáctico-semánticos del sustantivo[8]. Naturalmente, el análisis sería un tanto distinto si se asumiera que *que* aparece en la estructura profunda.
   c) *Elisión del artículo*. Esta regla se aplica para eliminar el artículo, si el nudo P no ha sido ocupado por una preposición.

Veamos ahora cómo se derivaría una relativa del tipo 'los venezolanos que tienen dinero...'. En la estructura profunda (52) SN_2 sería *los venezolanos* y SN_3, correferencial con SN_2, sería sujeto de la subordinada. Después de que *Formación de relativo* se aplique, la estructura será (54):

54.
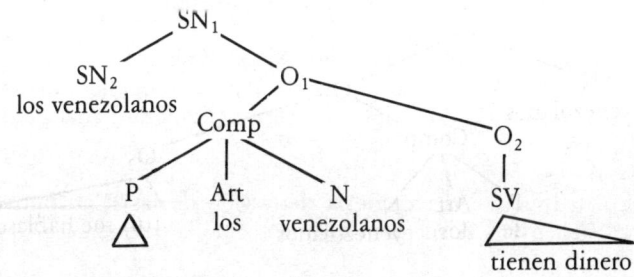

---

[6] Para el uso de este tipo de símbolo cfr. Chomsky (1965).
[7] La regla en cuestión es la misma que opera en las subordinadas sustantivas. Por esta razón quizá sea más apropiado decir que *Inserción de que* inserta *que* detrás del N y que éste es posteriormente elidido.
[8] Los rasgos en cuestión son [Humano, Concreto, etc., Singular, Masculino, etcétera]. Cfr. Chomsky (1965) para una caracterización de estos rasgos.

A (54) se le aplica *Inserción de que* y *Elisión del artículo* y se obtiene (55):

55.

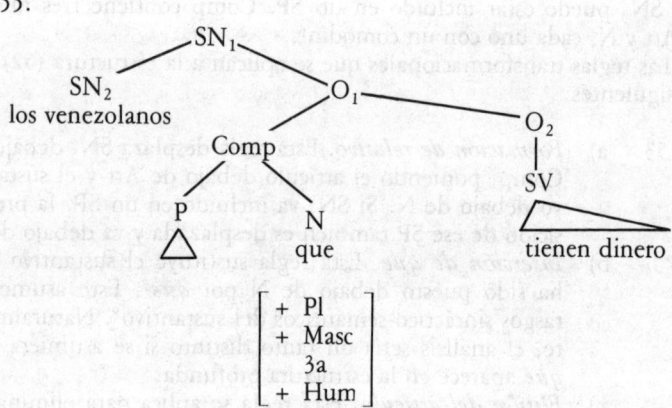

En (55), los rasgos de *que* son los del N: plural, masculino, 3.ª persona, humano. El símbolo P podría elidirse por no contener ningún elemento léxico.

Veamos ahora otro ejemplo. Tomemos la relativa siguiente: 'los venezolanos de los cuales me hablaste...'. La estructura profunda de esta relativa es esencialmente (52), con la diferencia de que SN_3 está incluido en un SP; por tanto, cuando se aplica la primera regla el resultado es el que aparece en (56):

56.

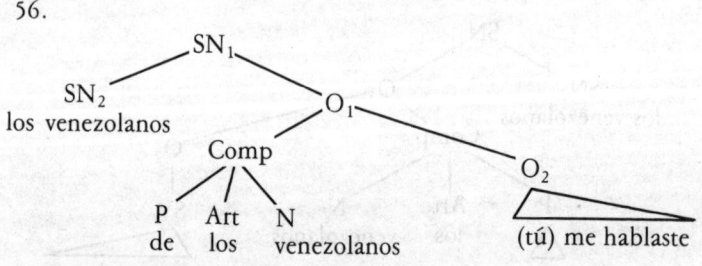

A (56) aplicamos *Inserción de que* reemplazando *venezolanos* por *que,* pero no aplicamos *Elisión del artículo.* Así que Comp dominará *de los que.* Esta secuencia será luego convertida en *de los cuales* por una regla de reajuste morfológico[9] que formularé más

---

[9] Cf. Chomsky y Halle (1968) y D'Introno (1978) para una definición de las reglas de reajuste morfológico.

tarde. Dicha regla actúa en el caso en que el artículo está presente.

Nótese ahora que muchos hablantes dicen 'los venezolanos de que me hablaste...'. Si queremos explicar esta segunda forma, debemos suponer que *Elisión del artículo* se aplica aun en el caso de que el artículo sea precedido por una preposición. En otros términos, para obtener la forma 'los venezolanos de que...' debemos aplicar *Elisión del artículo* de modo que la regla morfológica ya no pueda convertir *que* en *los cuales*.

Como dije en la sección anterior, también es posible encontrar en las R atributivas las formas *quien* y *quienes* precedidas de preposición; por ejemplo, en una relativa como 'los venezolanos con quienes acostumbro reunirme...'. Mi hipótesis es que estas formas se obtienen por una regla morfológica que convierte *que* en *quien* o *quienes* si el relativo tiene el rasgo [+ Hum].

15.4.2. Las R apositivas tienen una derivación parecida a la de las R atributivas, puesto que, según lo que he propuesto en la sección anterior, las apositivas son atributivas de un SN yuxtapuesto al SN antecedente.

La estructura profunda que propongo para las R apositivas es la que aparece en (57), donde SN_2, SN_4 y SN_5 son correferenciales:

57.

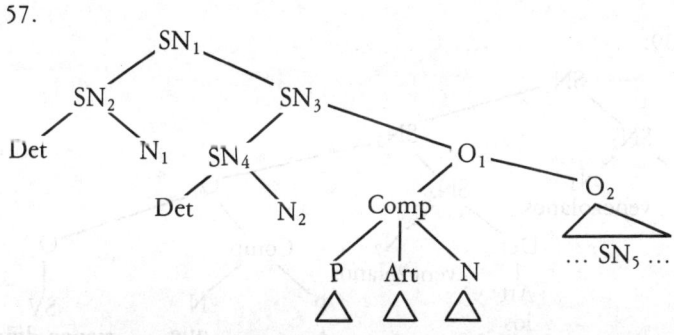

SN_2 es la cabeza de la relativa. SN_4 es el SN yuxtapuesto; esto es, SN_2 y SN_4 son en cierta medida SN coordinados. Por esta razón, si SN_1 forma parte de un SP, la preposición que precede a SN_2 se repite delante de SN_4, como lo hice notar en la sección anterior. El Det de SN_4 puede ser un artículo definido o un demostrativo.

Ahora bien, las reglas que se aplican en la estructura (57) son esencialmente las mismas que se aplican en las R atributivas. Es decir, SN_3 domina una estructura idéntica a la que he dado en (52) para las atributivas, por lo que las reglas transformacionales y morfológicas mencionadas en (53) se aplican aquí también. Para obtener las apositivas, lo que hay que agregar es una regla facultativa de elisión de N_2 de SN_4, por ser correferencial a N_1 de SN_2. Llamaré a esta regla *Elisión de N*.

Veamos ahora la derivación de una relativa, por ejemplo, de 'los venezolanos, los que tienen dinero...'. La estructura profunda de esta relativa es la que presento en (58):

58.

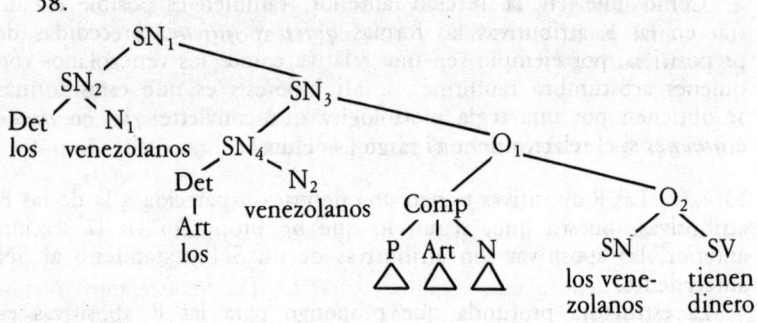

A la estructura (58) se aplican en primer lugar las transformaciones mencionadas en el punto (4.1) y se obtiene (59):

59.

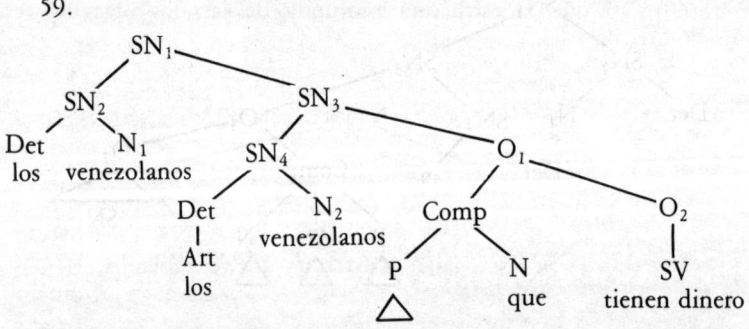

A (59) aplicamos luego *Elisión de N* y obtenemos la relativa en cuestión.

Recordemos que para derivar R apositivas con un relativo distinto de *que*, por ejemplo, *los cuales*, hace falta que el Det de SN_4 sea un demostrativo, como en el caso siguiente, 'los venezolanos, aquellos de los cuales me hablaste...'.

Quisiera agregar que, así como lo hice notar en un capítulo anterior, la estructura sintáctica superficial de una oración es pertinente para la interpretación fonológica de la misma. En consecuencia, es necesario suponer que hay reglas fonológicas que asignan pausas y entonación, de acuerdo con la estructura sintáctica de la oración. Las reglas de este tipo que actúan en las atributivas también son aplicables a las apositivas entre SN_4 y O_1, pero no entre SN_2 y SN_4, puesto que entre estos dos elementos hay una pausa inexistente en los dos casos anteriores.

En otros términos, las reglas fonológicas que operan en las apositivas sobre SN_3 son las mismas que operan en las atributivas, lo cual confirma el análisis propuesto, pero la regla fonológica que coloca una pausa entre SN_2 y SN_4 de las apositivas no es aplicable en las atributivas.

15.4.3. Veamos ahora cómo se derivan las N-R. En las secciones anteriores he establecido un paralelismo entre oraciones como (60) y (61):

60. Los venezolanos, que tienen dinero, viajan al exterior.

61. Los venezolanos viajan al exterior y (los venezolanos) tienen dinero.

Las oraciones (60) y (61) tienen esencialmente la misma interpretación y es de suponer que tienen la misma estructura profunda. Partiré del supuesto de que ésta está más relacionada con (61) que con (60), así que la estructura profunda de las dos oraciones en cuestión es (62):

62.

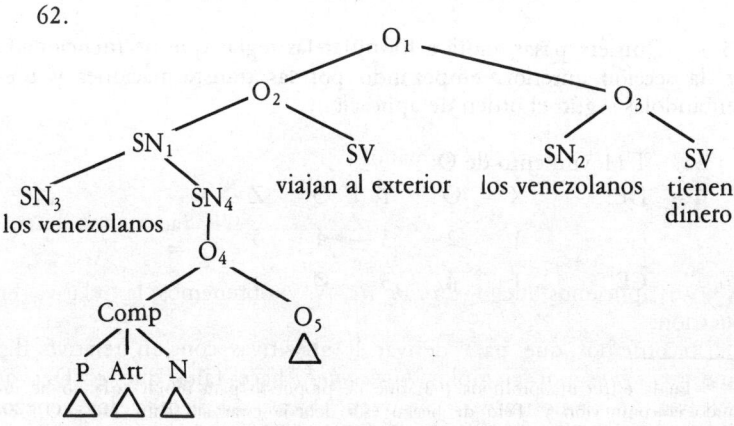

En (62), O_2 y O_3 forman una estructura coordinada. O_5 contiene un comodín que será reemplazado por O_3. Encima de O_4 he colocado un SN_4 con el fin de que la estructura tenga relación con la de las R apositivas, pero realmente no tengo argumentos que me permitan decir que O_4 es dominado exhaustivamente por un SN.

(62) está más ligada a (61), así que de no aplicársele a (62) las reglas que mencionaré a continuación, se obtendrá la oración con las dos cláusulas coordinadas. Para obtener (60) a partir de (62) se aplicarán las siguientes reglas:

63. *a)* *Movimiento de O*. Esta regla pone O_3 en la posición de O_5.[10]

    b) Las reglas transformacionales anteriormente establecidas, con *Elisión del artículo* facultativa si no hay preposición.

    c) Las reglas morfológicas antes citadas.

La aplicación de estas reglas, más unos procesos de poda, darían como resultado la estructura (64):

64.

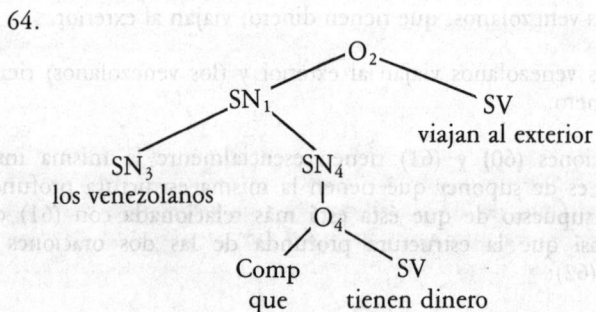

15.5. Quisiera pasar ahora a formular las reglas que he mencionado en la sección anterior, empezando por las transformaciones y presentándolas según el orden de aplicación.

65. T Movimiento de O:

DE:	X	O	Y	O	Z	
	1	2	3	4	5	fac $\Rightarrow$
CE:	1	4	3	Ø	5	

---

[10] En la estructura profunda (62) que he propuesto para (60) y (61) no he incluido la conjunción *y*. Pero de hecho ésta debería estar allí entre O_1 y O_3. En efecto, al moverse O_3 debajo de O_5, la conjunción se mueve junto a O_3, dando lugar a (i), que, pronunciada de manera adecuada, es una oración gramatical:

i. Los venezolanos, y los venezolanos tienen dinero, viajan al exterior.

Condiciones: *a)* 2 domina un símbolo vacío.
b) 1-3 y 4 son coordinadas y contienen dos SN correferenciales.

66. T Formación de relativo:

DE: X N P Art N Y P Art N 2
     1 2 3 4   5 6 7 8   9 10 $\overset{obl}{\Rightarrow}$

CE: 1 2 7 8 9 6 ∅ ∅ ∅ 10

Condiciones: *a)* 2 y 9 son correferenciales.
b) 3, 4 y 5 son dominados por Comp.
c) 3 y 7 pueden no estar presentes.

Después de la regla (66) se aplica *Inserción de que* y *Elisión del artículo*.

67. Elisión del artículo:

DE: X   Art que Y
     1   2   3   4   ⇒
CE: 1   ∅   3   4

De acuerdo con lo que he dicho, esta última regla se aplica cuando el artículo no es precedido por una peposición, excepto en las N-R, donde encontramos *los cuales* sin preposición. La regla es facultativa cuando le precede una preposición, excepto en las N-R, donde es inaplicable.

La transformación de *Elisión de N* no la formulo aquí porque volveré a hablar de ella en el capítulo 17.

Además de las transformaciones he hablado de reglas morfológicas, de las cuales las más importantes son las siguientes:

68. Formación de cual:

que → $\begin{cases} \text{cual} \ / \ \text{Art} \ \overline{[-\text{Plu}]} \\ \text{cuales} \ / \ \text{Art} \ \overline{[+\text{Plu}]} \end{cases}$

69. Formación de quien:

que → $\begin{cases} \text{quien} \ / \ \overline{\begin{bmatrix} -\text{Plu} \\ +\text{Hum} \end{bmatrix}} \\ \text{quienes} \ / \ \overline{\begin{bmatrix} +\text{Plu} \\ +\text{Hum} \end{bmatrix}} \end{cases}$

(68) y (69) se aplican en el nivel de la estructura superficial. Como lo dije antes, (69) se aplica cuando el artículo no está presente, puesto que *quien*, por ejemplo, puede reemplazar un nombre propio.

15.6. El análisis que he presentado en las secciones anteriores da cuenta de la formación de cláusulas relativas en la variedad estandarizada del español. Un análisis distinto se necesitaría para dar cuenta de otros tipos de relativas existentes en otras variedades. Por ejemplo, en una variedad del español hablado en Venezuela, y también en otros países, relativas como la que presento en (70), son posibles:

70.   Las muchachas que salí con ellas dicen...

La derivación de (70) no se hace por medio de las reglas de las secciones anteriores, sino por medio de las reglas que actúan en las subordinadas no-relativas. Para dilucidar este punto explicaré brevemente cómo se genera (70). En mi opinión hay dos soluciones posibles. La primera consiste en asignarle a (70) una estructura profunda como la que desarrollé para las relativas R atributivas, es decir, (71):

71.

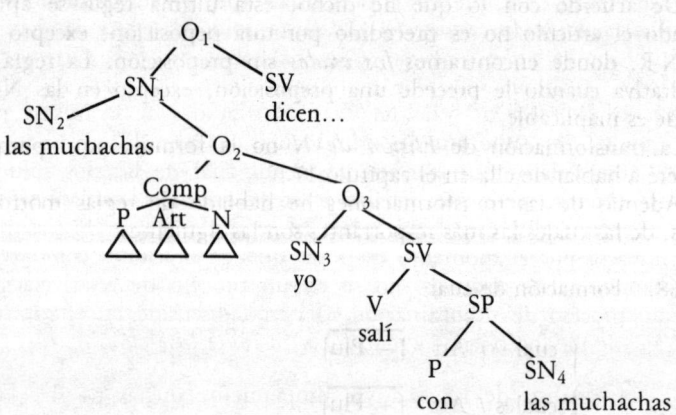

Para derivar (70) a partir de (71) no se aplicaría *Formación de relativo*, sino *Pronominalización* entre SN_2 y SN_4 y luego *Inserción de que*. Esta solución es la correcta si en la misma variedad se puede decir también (72):

72.   Las muchachas con las cuales/con que salí dicen...

En efecto, si (70) y (72) son posibles, entonces en la variedad en cuestión *Formación de relativo* es facultativa y anterior a *Pronominalización*.

La otra solución consiste en asignarle a (70) una estructura distinta de (71), por ejemplo, (73), donde Comp no domina tres símbolos vacíos:

73.
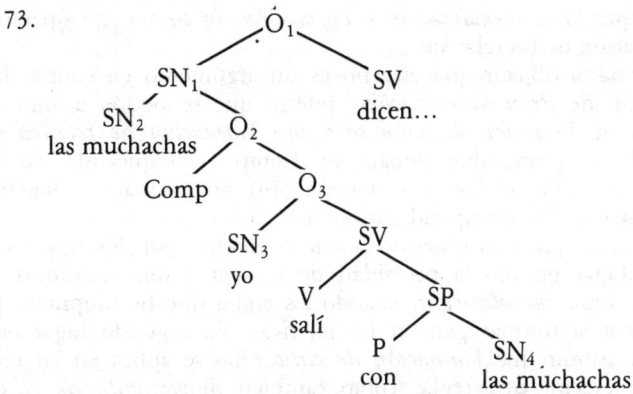

En (73), O_2 tiene la forma de una subordinada no-relativa y no puede ser relativizado. Así que en (73) podrían aplicarse únicamente *Pronominalización* e *Inserción de que*. Esta solución es la correcta si, en la misma variedad, (72) no se usa. Es decir, si en la variedad en cuestión (72) no es posible, entonces en esta variedad no existe *Formación de relativo*, y las relativas son tratadas de la misma manera que las otras subordinadas introducidas por *que*.

No tengo datos que permitan concluir cuál de las dos soluciones es correcta, pero me inclino a creer que hay hablantes que usan la primera y otros que usan la segunda. En todo caso, lo que interesa por el momento es notar que en oraciones como (70), que llamaré falsas relativas, no se da un proceso de relativización, sino un proceso de subordinación, del tipo discutido en el capítulo anterior, donde intervienen *Pronominalización* e *Inserción de que*.

15.7. Mi análisis de las relativas propiamente dichas no hace uso de *Pronominalización*, contrariamente a lo que proponen algunos lingüistas, por ejemplo, Perlmutter (1972), quien demuestra que esta regla interviene en el proceso de relativización en francés. Realmente yo no he encontrado en español ningún fenómeno que sugiera que las relativas deban ser sometidas en primer lugar a *Pronominalización*, y por ello no la he usado.

Si *Pronominalización* se aplicara en la derivación de las relativas en español, oraciones como (74) deberían ser gramaticales:

74. *Los niños que los salvé de las aguas del río se llaman Pedro y Juan.

Pero (74) es agramatical[11]. La razón de ello es que en (74) hay un clítico, *los*, que se generaría aplicando a la estructura profunda de (74) *Pronominalización, Formación de clíticos, Movimiento de clíticos* y luego *Formación de relativo*. El hecho de que (74) sea agramatical indica que *Pronominalización* y *Formación de clíticos* no operan en la derivación de las relativas.

Se podría objetar que éste no es un argumento en contra de la aplicación de *Pronominalización*, puesto que se podría asumir que después de *Pronominalización* se aplica *Formación de relativo* desplazando el pronombre debajo de Comp y bloqueando así *Formación de clíticos*. De esta manera (74) no podría ser generada, pero sí la oración correspondiente sin clítico.

Sin embargo, esta objeción puede rechazarse por dos razones. En primer lugar no veo la necesidad de recurrir a una transformación de más, *Pronominalización*, cuando las reglas que he propuesto permiten por sí mismas generar las relativas. En segundo lugar no es correcto asumir que *Formación de clíticos* no se aplica en las relativas. En efecto, esta regla, como también *Movimiento de clíticos*, se aplican en las relativas. Prueba de ello es que la oración (75) es gramatical.

75. Los niños que se bañan sin jabón no recibirán ningún regalo.

(75) se obtiene aplicando en la cláusula relativa *Reflexivización, Formación de clíticos* y *Movimiento de clíticos*. Así que (75) es prueba de que estas dos últimas reglas operan dentro de las relativas.

Nótese ahora que en (75) el clítico es un reflexivo y no un pronombre personal, así que, comparando (74) con (75), se deduce que *Pronominalización* no interviene en la derivación de las relativas, aunque *Reflexivización* sí puede intervenir en este proceso[12].

---

[11] Sin embargo, he encontrado casos esporádicos de oraciones como (74), con clíticos, en el habla de algunas personas de nivel socio-económico bajo. Ahora bien, en esta variedad, oraciones de este tipo no contienen una relativa, sino una falsa relativa.

[12] Lo que he dicho no debe interpretarse en el sentido de que *Pronominalización* no afecta una subordinada relativa, sino en el sentido de que *Relativización* es un proceso en el que no interviene *Pronominalización*. Para comprender que *Pronominalización* puede afectar un SN de una relativa (pero no el SN que se relativiza) basta con notar que (i) se convierte en (ii):

i. Luis odia al hombre [el hombre insultó a Luis].
ii. Luis odia al hombre que lo insultó.

Hay, además, casos de relativas en las que un pronombre personal clítico objeto indirecto es posible. Por ejemplo, la oración (76) es gramatical, aunque quizá resulte más aceptable sin el clítico *les:*

76. Los japoneses a los cuales Pedro cree que Juan les envió un regalo son muy simpáticos.

Lo importante en todo caso es que si (76) es gramatical, eso no indica que en su derivación intervenga *Pronominalización,* sino, simplemente, que en ella opera la regla que he llamado *Formación de clíticos a partir de SN no-pronominal* (ver capítulo 4).

En conclusión, los ejemplos analizados muestran, por un lado, que *Pronominalización* no interviene en la formación de las relativas en español, y, por otro lado, que *Reflexivización* y las reglas que producen clíticos pueden aplicarse en la derivación de estas cláusulas.

15.8. En esta sección quisiera estudiar muy brevemente el proceso de relativización en casos un poco más complejos que los anteriores. Supongamos, por ejemplo, que queramos aplicar relativización a estructuras como las que siguen (omito detalles irrelevantes):

77. Pedro [yo conozco [la casa de Pedro]$_{SN}$]$_{O}$ es un buen muchacho.

78. Pedro [yo conozco [hasta las ventanas de la casa de Pedro]$_{SN}$]$_{O}$ es un buen muchacho.

79. La libertad [nosotros hemos emprendido [la lucha por la libertad]$_{SN}$]$_{O}$ es un don sagrado.

80. El niño [yo compré [un regalo]$_{SN}$ [para el niño]$_{SP}$]$_{O}$ se llama Antonio.

(77) contiene en su subordinada el sintagma [la casa de Pedro], donde *Pedro,* el SN siguiente, va incluido en un SP, *de Pedro,* dominado por un SN. De (77) se pueden obtener dos relativas, (81*a*) y (81*b*):

81. *a)* Pedro, cuya casa conozco, es un buen muchacho.
    b) Pedro, del cual conozco la casa, es un buen muchacho.

(81*b*) se obtiene aplicando *Formación de relativo* a la secuencia *de Pedro.* (81*a*) se obtiene aplicando la misma regla a la misma secuencia, pero en este caso el SN que lo procede, es decir, *la casa,* es desplazado a comienzo de la cláusula junto con *de Pedro.* Este proceso, llamado por Ross (1967) *Pied-piping,* es aplicable sólo en el caso en que el SN siguiente aparece en una estructura como la que doy en (82), que es la que corresponde, por ejemplo, a 'la casa de Pedro':

82.

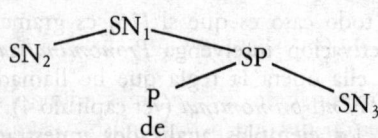

Pied-piping es entonces una condición sobre la aplicación de *Formación de relativo,* y reza, aproximadamente, de la manera siguiente: si *Formación de relativo* se aplica a SN_3 de una estructura como (82), la regla puede mover a comienzo de la relativa todo el SN_1, poniendo SN_2 detrás de SN_3. *Pied-piping* no es operativo en otros casos. Por ejemplo, al aplicar *Formación de relativo* a (78) podemos obtener (83*a*), pero no (83*b*). (83*c*) es, quizás, posible porque en este caso la parte que se movió a comienzo de la relativa contiene un SP constituido por una preposición y un SN con la estructura (82):

83. *a)* Pedro, del cual / de quien conozco hasta las ventanas de la casa, es un buen muchacho.
    b) *Pedro, cuyas hasta (las) ventanas de la casa conozco, es un buen muchacho.
    c) ? Pedro, de cuya casa conozco hasta las ventanas, es un buen muchacho.

Pied-piping tampoco es operativo en la estructura (79), porque la preposición del SN siguiente no es *de,* de allí que (84*a*) y (84*b*) sean agramaticales:

84. *a)* *La libertad, por la cual la lucha hemos emprendido, es un don sagrado.
    b) *La libertad, la lucha por la cual hemos emprendido, es un don sagrado.
    c) *La libertad, por la cual hemos emprendido la lucha, es un don sagrado.

Nótese ahora que (84*c*) tampoco es gramatical, con el sentido de (79)[13], a pesar de que en este caso no se haya recurrido a *Pied-piping.*

---

[13] (84*c*) es gramatical cuando la estructura de la cual se deriva es la siguiente:
la libertad [nosotros hemos emprendido [la lucha] [por la libertad]].

Por tanto, lo que en realidad sucede en este caso es que el SP no es relativizable. Esto es, un SP dominado por SN y con una preposición distinta de *de* no es relativizable, y, por ende, no puede someterse a *Pied-piping*. Esta generalización no afecta la estructura (80), puesto que aquí el SP no es dominado por SN. En consecuencia, (80) puede someterse a *Formación de relativo*, pero no a *Pied-piping*, y esto es correcto, puesto que (85) es gramatical:

85. El niño, para el cual compré un regalo, se llama Antonio.

Naturalmente, algunas de las oraciones gramaticales que he presentado en esta sección pueden parecer poco naturales, pero no cabe duda de que son buenas. La razón de ello es, a mi parecer, que en español la formación de cláusulas relativas es un proceso un tanto inestable y en evolución, con una tendencia quizás a la simplificación. En efecto, me parece que el uso de la forma *cuyo* es cada vez más reducido, y el uso de las falsas relativas es cada vez más general. No extrañaría, por ejemplo, que las oraciones que he presentado en esta sección resultasen más aceptables bajo la forma de falsas relativas.

15.9. En casi todos los ejemplos que he dado hasta ahora, el SN relativizable, el SN siguiente, se encuentra en una cláusula inmediatamente debajo del SN antecedente. Pero pueden darse casos donde los dos SN estén separados por varias cláusulas. Por ejemplo, en la estructura (86), el SN siguiente, *los muchachos*, aparece en una cláusula separada por otra cláusula del SN antecedente:

86. Los muchachos [Luis dijo [que Pedro creía [que [los muchachos habían robado la bicicleta]]]] son éstos.

A pesar de estas características, *Formación de relativo* es aplicable en este caso, puesto que (86) se convierte en (87):

87. Los muchachos que Luis dijo que Pedro creía que habían robado la bicicleta son éstos.

El hecho de que (87) pueda ser derivado a partir de (86) muestra que *Formación de relativo* puede mover un SN, o un SP, por encima de varios nudos O, para colocarlo en el Comp a la derecha del SN antecedente.

15.10. Un proceso al cual me he referido al hablar de las R apositivas es el de la extraposición de la relativa. Como se recordará, dije que una oración como (88*a*), con una R apositiva, podía convertirse en la oración (88*b*):

88. a) Los venezolanos, los / aquellos que tienen dinero, viajan al exterior.
    b) Los venezolanos viajan al exterior, los / aquellos que tienen dinero.

Extraposición de la relativa es la regla que convierte (88*a*) en (88*b*) y es aplicable sólo a las R apositivas, tanto después como antes de *Elisión de N,* puesto que (89) también es gramatical:

89. Los venezolanos viajan al exterior, los / aquellos venezolanos que tienen dinero.

Posiblemente, *Extraposición de la relativa* es la misma regla de *Extraposición* que he presentado en el capítulo 10, pues ambas tienen el efecto de mover un O a la derecha de la principal, aunque en el caso de *Extraposición de la relativa* se mueve no sólo el O, sino también el SN que lo domina.

15.11. Una transformación que opera en muchas relativas es la que convierte (90*a*) en (90*b*):

90. a) Los muchachos de los cuales Pedro me habló son muy simpáticos.
    b) Los muchachos de los cuales me habló Pedro son muy simpáticos.

Esta transformación, a la cual he aludido en otras ocasiones, la llamaré *Inversión de sujeto-verbo.* El efecto de esta regla es el desplazar el sujeto detrás del verbo cuando un elemento que aparece en la estructura profunda después del verbo es movido al comienzo de la cláusula o de la oración. Por ejemplo, en (90*a*) *Formación de relativo* ha desplazado el SP *de los muchachos* a comienzo de la relativa, e *Inversión de sujeto-verbo* puede actuar convirtiendo (90*a*) en (90*b*). Como se recordará, la misma regla se aplica en las oraciones sometidas a *Dislocación* y *Topicalización.*

Cuando *Formación de relativo* se aplica a un objeto directo, *Inversión de sujeto-verbo* se aplica, sobre todo, si el sujeto y el objeto directo no son del mismo tipo. Por ejemplo, (91*a*) puede convertirse en (91*b*) porque el sujeto y el objeto no son del mismo tipo y no se prestan a una confusión interpretativa:

91. a) El libro que Pedro compró es muy interesante.
    b) El libro que compró Pedro es muy interesante.

Pero *Inversión de sujeto-verbo* generalmente no se aplica a oraciones como (92*a*), puesto que en este caso el sujeto y el objeto son del mismo tipo —los dos son SN nominales con el determinante *un* y N animado—, y al desplazar el sujeto detrás del verbo se crearía entonces cierta ambigüedad. En efecto, (92*b*), que se obtiene aplicando *Inversión de sujeto-verbo* a (92*a*), tiene otra interpretación en la que *un gato* es objeto de *perseguir:*

92. *a)* No existe un ratón que un gato pueda perseguir hasta en su escondite.
    b) No existe un ratón que pueda perseguir un gato hasta en su escondite.

Naturalmente, hay casos donde el uso de la preposición *a* delante del objeto directo permite que la posposición del sujeto en oraciones como (93*a*) no cree ambigüedad, a pesar de que el sujeto y el objeto de la relativa sean ambos singulares y humanos, por ejemplo. Esto es, *Pedro* en (93*b*) no puede interpretarse como objeto por no tener la preposición *a*:

93. *a)* El muchacho que Pedro saludó...
    b) El muchacho que saludó Pedro...

Vale la pena señalar aquí que *Inversión de sujeto-verbo* es muy usada en el caso particular en que la relativa presenta una autoincrustación (cfr. Chomsky, 1965), es decir, una construcción en la cual una cláusula de un determinado tipo, en este caso relativa, va incrustada al interior de otra cláusula del mismo tipo. Por ejemplo, si tomamos una estructura como (94*a*), en la que la relativa de *el señor* contiene un sujeto, *el muchacho,* a su vez con una relativa, y aplicamos *Formación de relativo,* obtenemos (94*b*).

94 *a)* El señor [el muchacho [el muchacho paseaba con nosotros] saludó al señor] es un profesor de la U. C. V.
   b) El señor que el muchacho que paseaba con nosotros saludó, es un profesor de la U. C. V.

Ahora bien, (94*b*) es aceptable, sobre todo si se pronuncia con la entonación adecuada; sin embargo, puede resultar un tanto difícil de interpretar por presentar autoincrustación. Esta dificultad de interpretación se obvia al aplicar a (94*b*) *Inversión de sujeto-verbo,* obteniéndose así (95):

95. El señor que saludó el muchacho que paseaba con nossotros es un profesor de la U. C. V.

(95) resulta más aceptable que (94*b*), y más directamente interpretable, porque no presenta autoincrustación, sino ramificación a la derecha (cfr. Chomsky, 1965). Es decir, (95) no contiene una relativa al

interior de otra relativa, sino una relativa al final de la otra, y este hecho la hace más fácil de comprender que (94*b*) por razones que Chomsky (1965) y Kuno (1974) han atribuido a ciertas dificultades perceptuales propias del hombre.

15.12. El último punto que quisiera tratar en este capítulo es la derivación de los adjetivos y de los sustantivos apositivos. Anotaré sólo los aspectos más relevantes de estas derivaciones.

Es una hipótesis bastante general la de que los adjetivos se derivan a partir de relativas. Sin embargo, creo que es necesario distinguir varios casos, puesto que si analizamos las frases en (96) notamos que el adjetivo *bueno* tiene en cada uno de los ejemplos un significado particular:

96. *a*) El hombre bueno.
    b) El buen hombre.
    c) El hombre, el bueno.

En mi opinión, (96*a*) y (96*c*) tienen el mismo valor que una restrictiva, pero no (96*b*). Mi hipótesis es, por tanto, que (96*a*) se deriva de (97*a*), es decir, de una R atributiva; (96*c*) de (97*c*), es decir, de una R apositiva, y (96*b*) de (97*b*), es decir, de una N-R:

97. *a*) El hombre que es bueno.
    b) El hombre, que es bueno.
    c) El hombre, el que es bueno.

Si mi hipótesis es correcta, entonces, para derivar las frases de (96) a partir de las frases de (97), necesitamos una regla, que podría llamarse *Reducción de relativa,* cuyo efecto es el de elidir la secuencia *que + ser,* o, simplemente, *que* si el verbo *ser* no aparece en la estructura profunda.

Los sustantivos apositivos, como el que aparece en (98*a*), se derivan de relativas N-R, como (98*b*), por medio de la regla antes mencionada:

98. *a*) Cervantes, el autor del Quijote.
    b) Cervantes, que es el autor del Quijote.

El enfoque que acabo de esbozar puede ampliarse para derivar otros tipos de frases; por ejemplo, para derivar SN con posesivos, como lo hace Campos (1978), quien deriva (99*a*) a partir de (99*b*), por medio de *Reducción de relativa,* y (99*c*) a partir de (99*a*), por medio de otras reglas transformacionales (ver capítulo 6):

99. a) El libro mío.
    b) El libro que es mío.
    c) Mi libro.

Sin embargo, prefiero no entrar en detalles que me obligarían a extender excesivamente este capítulo, en el cual me he propuesto presentar las líneas más generales e importantes de la formación de las relativas. Sin lugar a duda, mi análisis es incompleto, pero permite tener una visión general de la derivación de este bastante complicado tipo de cláusulas.

Capítulo 16
Oraciones seudo-hendidas y oraciones interrogativas

En este capítulo voy a presentar un breve análisis de la derivación de oraciones como (1-5):

1. El que está llorando es Pedro.

2. Es Pedro el que está llorando.

3. Pedro es el que está llorando.

4. ¿Quién está llorando?

5. ¿Quién es el que está llorando?

En la primera parte del capítulo analizaré las oraciones (1-3), y en la segunda parte, las oraciones (4) y (5).

16.1. Oraciones como (1) y (2) han sido llamadas en inglés *pseudo-cleft* y *cleft,* respectivamente (cfr., por ejemplo, Akmajian, 1970). En español, estas oraciones han sido llamadas seudo-hendidas y hendidas, respectivamente (cfr. por ejemplo, Rivero, 1971).

La oración (3), pronunciada con acento contrastivo sobre *Pedro* y una pequeña pausa entre este SN y el resto de la oración, es sinónima de (1) y (2), y la llamaré seudo-hendida inversa.

Las oraciones (1-3) tienen el mismo significado: las tres pueden usarse para contestar a la pregunta (5), y las tres tienen un mismo tema *(el que está llorando es)* y un mismo rema *(Pedro).* Por tanto, asumiré que (1-3) tienen una misma estructura profunda y, además, que (2) y (3) son derivadas a partir de la estructura intermedia correspondiente a (1)[1].

La oración (3), pronunciada sin acento contrastivo sobre *Pedro* y

---

[1] Estoy asumiendo aquí, como lo hace también Akmajian (1970), que las hendidas se derivan de las seudo-hendidas. Un análisis alternativo consistiría en derivar las seudo-hendidas a partir de las hendidas.

sin pausa, no es sinónima de (1) y (2). En efecto, cuando (3) se pronuncia de esta manera, tiene como tema *Pedro es* y como rema *el que está llorando*, y puede ser una respuesta a (6), pero no a (5):

6. ¿Cuál es Pedro?

En este trabajo no trataré de la derivación de oraciones como (3) en la interpretación que acabo de señalar.

Volviendo ahora a las oraciones seudo-hendidas y hendidas, diré que hay, por lo menos, tres hipótesis posibles acerca de sus derivaciones. La primera consiste en suponer que la estructura profunda de estos tipos de oraciones es esencialmente la que presento en (7) para (1-3), omitiendo algunos detalles:

7.

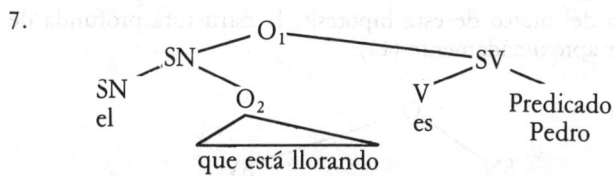

De acuerdo con esta hipótesis, (1) se derivaría de (7), que contiene una relativa sin cabeza nominal, aplicando *Concordancia;* (2) y (3) se obtendrían de (7) aplicando algunas transformaciones de movimiento. Lo más relevante de esta hipótesis es que la estructura profunda de las oraciones en cuestión es casi idéntica a la estructura superficial de las seudo-hendidas. Por el momento no voy a tratar de demostrar que esta hipótesis es inadecuada, pues esto se deducirá de la discusión de las otras dos hipótesis.

La segunda hipótesis consiste en asignarles a los tres tipos de oraciones que estamos analizando una estructura profunda en la que la relativa tiene una cabeza nominal, cuyo N es posteriormente elidido por ser correferencial con el N que aparece en el Predicado. Por ejemplo, la estructura profunda de la oración (8) sería (9):

8. Los que estoy leyendo son libros de ciencia-ficción:

9.

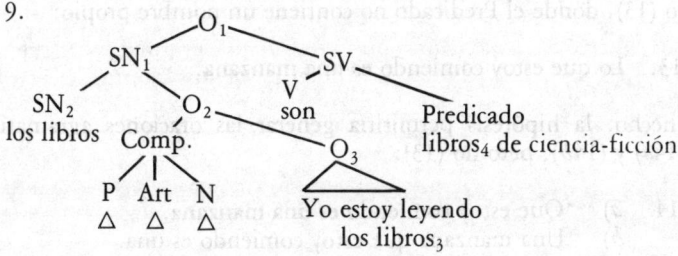

Para derivar (8), en (9) se aplican la regla de *Formación de relativo*, luego *Elisión del N* de SN_2 y otras reglas menores.

Ahora bien, esta hipótesis es adecuada para la derivación de oraciones como (8), pero no para la derivación de oraciones como (1). Trataré de explicar este punto. La estructura profunda (9) puede dar origen a otra oración sinónima de (8), es decir, (10), que se obtiene partiendo de (9), relativizando y elidiendo el N_4 del Predicado y no del SN_2:

10. Los libros que estoy leyendo son de ciencia-ficción.

(8) y (10) muestran entonces que (9) puede dar origen a dos oraciones según la regla de *Elisión de N* se aplique hacia la derecha o hacia la izquierda.

Dentro del marco de esta hipótesis, la estructura profunda de (1) debería ser aproximadamente (11):

11.

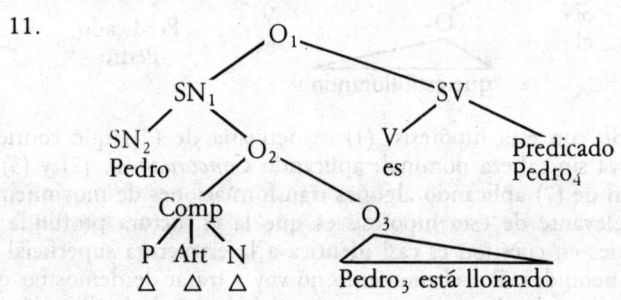

Pero (11) no puede dar origen a (1), puesto que la hipótesis sugiere que hay una elisión de N, a la izquierda o a la derecha, y si tal elisión se aplicara en (11) obtendríamos las oraciones agramaticales (12*a*) y (12*b*):

12. *a*) *Que está llorando es Pedro.
    b) *Pedro que está llorando es.

Nótese también que esta hipótesis no podría generar oraciones como (13), donde el Predicado no contiene un nombre propio:

13. Lo que estoy comiendo es una manzana.

De hecho, la hipótesis permitiría generar las oraciones agramaticales (14*a*) y (14*b*), pero no (13):

14. *a*) *Que estoy comiendo es una manzana.
    b) 'Una manzana que estoy comiendo es una.

En conclusión, esta segunda hipótesis, cuyas características esenciales son, por un lado, una estructura profunda en la que la relativa tiene una cabeza nominal correferencial con un N del Predicado y, por otro lado, una regla de elisión del N de la cabeza de la relativa o del Predicado, se revela adecuada para el análisis de oraciones como (8), pero no para el análisis de oraciones como (1) y (13).

Ahora quisiera hacer notar que, en realidad, (8) no es una seudo-hendida. Una seudo-hendida es una oración que tiene como rema el Predicado, y como tema el resto de la oración. Sin embargo, en la oración (8) el tema no es todo el Predicado, sino solamente *de ciencia-ficción*. Esto se deduce de las dos observaciones siguientes:

1.ª (8) es una oración con valor semántico contrastivo. Se puede usar, por ejemplo, como respuesta a la afirmación (15) o a la pregunta (16), y en estos casos va precedida de *no,* como en (17):

15. Estás leyendo libros de matemáticas.

16. ¿Estás leyendo libros de matemáticas?

17. No. Los que estoy leyendo son libros de ciencia-ficción.

2.ª Cuando (8) no tiene valor contrastivo, puede usarse como respuesta a las preguntas (18), pero no como respuesta a (19):

18. *a)* ¿Cuáles de los libros estás leyendo?
    b) ¿Los que estás leyendo son libros de qué?
    c) ¿Qué libros estás leyendo?

19. ¿Qué estás leyendo?

El hecho de que (8) sea apropiada para responder a (18), pero no a (19), revela que *libros* forma parte del tema, pues se encuentra en las preguntas, y no del rema.

De estas observaciones podemos deducir que oraciones como (8) no pueden tener una derivación idéntica a la de oraciones como (1) y (13): oraciones como (8), que llamaré falsas seudo-hendidas, tienen una derivación como la que propone esta segunda hipótesis; es decir, a partir de una estructura profunda en la que la relativa tiene una cabeza nominal. Los detalles de este tipo de derivación no serán estudiados aquí.

La tercera hipótesis acerca de las seudo-hendidas es la siguiente. La estructura profunda de estas oraciones es aproximadamente la que doy en (20):

20.

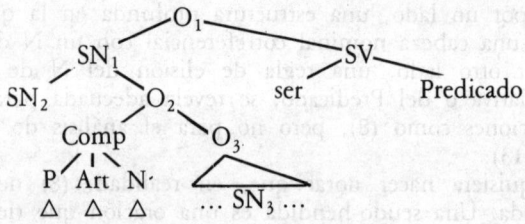

En (20), O_3 es una cláusula completa; SN_2 y Predicado dominan símbolos vacíos. Las reglas que dan origen a las seudo-hendidas son las que presento a continuación:

21. a) *Copia de SN relativizable.* Esta regla copia SN_3 debajo de SN_2.
    b) *Relativización* entre SN_2 y SN_3, puesto que se encuentran en una estructura que satisface la DE de *Formación de relativo*.
    c) *Formación de foco.* Esta regla desplaza SN_2 debajo del Predicado vacío, dejando en el lugar de SN_2 un pronombre[2].
    d) *Concordancia* y las reglas morfológicas.

De acuerdo con esta hipótesis, la derivación de una oración como (22), por ejemplo,

22. Lo que busco es el martillo,

se hace a partir de la estructura profunda (23), donde omito algunos detalles:

23.

```
                    O₁
              SN₁         SV₁
         SN₂     O₂     V
              Comp  O₃  ser    Predicado
                   SN₃   SV₂
                   yo  V    SN₄
                      busco  el martillo
```

---

[2] Como lo hice notar en la nota 1 del capítulo anterior, Luján (1972) ha demostrado muy convincentemente que el *lo* de *lo que quemaste*, por ejemplo, es un pronombre y no un artículo.

El SN_4 es copiado por la primera regla debajo de SN_2, y se obtiene la estructura (24):

24.

```
                    O₁
           SN₁              SV₁
      SN₂       O₂      V         Predicado
   El martillo          ser
              Comp    O₃
                   SN₃   SV₂
                   yo
                       V      SN₄
                      busco  el martillo
```

A (24) se aplica Relativización, y luego SN_2 es desplazado debajo del Predicado, dejando en su lugar *lo*.

La tercera hipótesis que he desarrollado, similar a la de Chomsky (1970), y en cierta medida a la de Culicover (1977), propone entonces que la estructura profunda de una seudo-hendida no contenga una relativa, o, mejor dicho, que la relativa no tenga una cabeza nominal. De acuerdo con esta hipótesis, la formación de una seudo-hendida consistiría en un proceso por el cual el rema de la cláusula subordinada sería desplazado a una posición de foco debajo del Predicado. La relativa, por su parte, sería una relativa sin cabeza (cfr. capítulo anterior) que se obtendría al dejar en la posición de SN_2 un pronombre. Huelga decir que este análisis permite generar oraciones como (1), (13) y (22), pero no oraciones como (8).

Resumiendo lo que he dicho hasta ahora, señalaré que he propuesto tres hipótesis para la derivación de las seudo-hendidas. He descartado la primera y he adoptado la segunda para el análisis de las falsas seudo-hendidas, y la tercera para el análisis de las seudo-hendidas. Para completar esta exposición, analizaré la derivación de la oración (25):

25. Los que hablaron primero fueron los congresistas venezolanos.

(25) es ambigua. En una interpretación significa que entre los congresistas hubo un grupo que habló primero y ése fue el grupo de los venezolanos. En esta interpretación, (25) es una falsa seudo-hendida y, de acuerdo con los postulados de la segunda hipótesis, su estructura profunda es (26), que se convierte en (25) al relativizar SN_2 y al elidir el N de SN_1:

26. [[Los congresistas] [[los congresistas] hablaron primero]
    $\quad$ SN$_1$ $\qquad\qquad$ SN$_2$
    fueron los congresistas venezolanos].

En la interpretación señalada, (25) podría ser una respuesta a (27), pero no a (28):

27. ¿Cuáles congresistas hablaron primero?

28. ¿Quiénes hablaron primero?

La otra interpretación de (25) es la siguiente: entre todas las personas que hablaron —congresistas y no congresistas— hubo un grupo que habló primero, y ése fue el grupo de los congresistas venezolanos. En esta interpretación, (25) es una seudo-hendida, se deriva de (29) por medio de las reglas de la tercera hipótesis y puede ser una respuesta a (28), pero no a (27):

29. [[Δ] [[los congresistas venezolanos] hablaron primero] ser [Δ]].
    $\quad$ SN$_1$ $\;$ SN$_2$ $\hspace{13em}$ Pred

Nótese ahora que la primera hipótesis que propuse es un análisis alternativo para las seudo-hendidas, y no para las falsas seudo-hendidas. La rechacé sin aportar argumentos, pero puede verse fácilmente que en ese análisis habría dificultades para determinar el número y el género del pronombre que precede la relativa. En la hipótesis que escogí, este problema puede resolverse con cierta facilidad. Trataré de dilucidar este punto.

En los ejemplos que he dado hasta ahora, las seudo-hendidas tenían delante de la relativa un pronombre: *el* (en 1), *los* (en 25), y *lo* (en 13). Los primeros dos aparecían en oraciones en las que el SN que pasa al Predicado era humano, el tercero aparecía en una oración en la que el SN no era humano. Así que la regla que daría cuenta de las distintas formas del pronombre podría ser una regla que haría concordar el pronombre en número y género con el SN si éste es humano; en los otros casos, la regla reemplazaría SN por *lo*. Así enunciada, la regla resolvería los casos analizados, pero resultaría inadecuada para casos como los que siguen:

30. Al que busco es al perro.

31. El que llegó primero fue el perro.

Estas oraciones muestan que la regla debe ser sensible a otros factores. Por ejemplo, la regla toma en cuenta la presencia de la preposición. Nótese que (30) es agramatical, pero (32) no, y (33) es agramatical, pero (34) no:

    32.   *Lo que busco es al perro.

    33.   Lo que busco es el perro.

    34.   *A lo que busco es el perro.

En otros términos, la regla copia los rasgos del SN, aun en el caso en que éste es simplemente animado, si el SN va precedido de una preposición.

La oración (31), por su parte, muestra que si el SN que se desplaza a la posición de foco es sujeto de la subordinada, el pronombre tiene los mismos rasgos del SN si éste es animado. De allí que (35) sea agramatical, por lo menos para la mayoría de los hablantes[3]:

    35.   *Lo que llegó primero fue el perro.

En consecuencia, la regla deberá tener en cuenta también de función del SN.

Lo que he señalado a propósito de las formas del pronombre, evidentemente, no es definitivo. El problema es bastante complicado, sobre todo porque hay variabilidad entre hablantes, e inclusive dentro de un mismo hablante, y tratar de resolverlo me llevaría lejos de los objetivos de este trabajo. Sin embargo, quisiera anotar otro caso. La oración (36) es una seudo-hendida, a pesar de su evidente valor contrastivo, sobre todo si se completa con *no los juguetes:*

    36.   Los que me encantan son los libros.

Por ejemplo, (36) puede usarse como respuesta a (37):

    37.   ¿Te encantan los juguetes?

(36) no puede tener una derivación como la de las falsas seudohendidas porque la cabeza nominal de la relativa no puede ser *los libros*, ni *los juguetes*. Por tanto, es una seudo-hendida en la que el pronombre va en plural posiblemente por el valor contrastivo de la oración. Esto es, el pronombre concuerda con el SN en número y

---

[3] (35)-sería gramatical si *el perro* fuera un juguete.

género si éste es sujeto de la subordinada y es usado por contraste con otro SN.

Otro fenómeno que muestra cierta variabilidad es la concordancia del verbo *ser*. Este concuerda generalmente con el sujeto, en este caso el pronombre que precede a la relativa, pero a veces concuerda con el Predicado. Por ejemplo, ambas oraciones, (38) y (39), son posibles, pero (39) es decididamente mejor que (38), lo cual muestra que *ser* tiende a concordar con el Predicado:

38. Lo que me encanta es los libros.

39. Lo que me encanta son los libros.

El hecho de que en (39) *ser* concuerde con el Predicado no debe sorprender, pues en muchos casos en español, cuando el Predicado nominal es más específico que el sujeto, el verbo *ser* concuerda con el primero y no con el segundo. Esto sucede, sobre todo, si el Predicado es un pronombre personal. Por ejemplo, (40*a*) es posible, pero no (40*b*)[4].

40. *a*) El hombre que nos robó eres tú.
    b) *El hombre que nos robó es tú/ti.

Por estas razones quizá no sea correcto hablar de 'sujeto' en oraciones con el verbo *ser*, sobre todo si se asume que este verbo no aparece en la estructura profunda. Creo que sería más acertado hablar de Predicado y no-Predicado. Predicado sería lo que se informa (rema) acerca de algo o alguien denotado por el no-Predicado (tema). El verbo *ser* concordaría entonces con aquel elemento que fuera más específico. Ahora bien, aunque este análisis es, en mi opinión, más acertado, seguiré hablando de sujeto y Predicado, entendiendo por sujeto aquel SN que aparece a la izquierda de *ser* en la estructura profunda.

16.1.1. Hasta ahora he hablado de la derivación de oraciones seudo-hendidas. En esta sección quisiera esbozar el análisis transformacional de las hendidas y de las seudo-hendidas inversas.

Las oraciones hendidas se derivan de las seudo-hendidas por medio

---

[4] Nótese también que (i) es gramatical, pero no (ii):

i. El ingeniero eres tú.
ii. *El ingeniero es tú.

Ahora bien, uno podría decir que en estos casos el sujeto no es *el ingeniero* sino *tú*, pero no creo que esta idea pueda sustentarse con muchos argumentos.

de una regla que desplaza la relativa a la derecha de la oración. Por ejemplo, (2), repetida aquí como (41), se deriva de (1), repetida aquí como (42):

41. Es Pedro el que está llorando.

42. El que está llorando es Pedro.

La regla que deriva (41) a partir de (42) puede verse o bien como la que actúa en las relativas restrictivas apositivas, y que he llamado *Extraposición de la relativa* (cfr. capítulo 15), o bien como la regla de *Posposición del sujeto*. Realmente no tengo argumentos que me permitan decir cuál de estas dos reglas es la que interviene en la derivación de (41), pero me inclino por la segunda, y es la que adoptaré.

En cuanto a las seudo-hendidas inversas, por ejemplo, (3), repetida aquí como (43),

43. Pedro es el que está llorando,

se derivan de las seudo-hendidas por medio de una regla que desplaza a comienzo de la oración el Predicado. Después de la aplicación de esta regla, que por ser similar a *Topicalización* llamaré *Topicalización del foco*, se aplica *Inversión de sujeto-verbo*, de manera que la relativa pasa detrás del verbo *ser*.

Otra solución consistiría en derivar las seudo-hendidas inversas no de las seudo-hendidas, sino de las hendidas. Por ejemplo, después de que la aplicación de *Posposición del sujeto* haya producido (41) se aplicaría *Topicalización del foco* y se obtendría (43).

No tengo argumentos que me permitan decir cuál de las dos soluciones es correcta, así que, por el momento, asumiré que la derivación de las seudo-hendidas inversas es la que propuse en la primera solución.

16.1.2. Después de haber esbozado el análisis transformacional de las seudo-hendidas quisiera pasar a estudiar otros aspectos de la derivación de estas oraciones.

La primera cuestión que quisiera plantear es la siguiente: Como se habrá deducido del análisis anterior, una seudo-hendida puede poner en la posición de foco, es decir, en el Predicado, un SN. Los ejemplos anteriores, en efecto, tienen un SN. En los ejemplos que siguen se ve que el SN puede dominar una subordinada:

44. Lo que quiero es que Antonio se vaya.

45. Lo que quiero es cantar.

En la derivación de (45), *cantar* puede también dejar en el lugar que le corresponde en la estructura profunda el pro-verbo *hacer*, obteniéndose así (46)[5]:

46. Lo que quiero hacer es cantar.

La oración (47) tiene en la posición de foco un SP:

47. Al que Antonio entregó un libro es a Pedro.

Este hecho se explica por la condición, mencionada en varias circunstancias, según la cual la preposición sigue la suerte del SN que la acompaña. Esto es, en la derivación de (47), la preposición *a* es afectada por las mismas reglas que el SN *Pedro*.

Los ejemplos que siguen muestran que las seudo-hendidas no pueden tener en la posición de foco otros tipos de elementos:

48. *Lo que eres (es) inteligente.

49. *Lo que fue cantaste.

50. *Lo que/como lo hiciste fue deliberadamente.

(48) tiene en la posición de foco un adjetivo, o un predicado adjetival; (49), un verbo, y (50), un adverbio. Sin embargo, estas oraciones resultan gramaticales en las formas (51-53):

51. Inteligente es lo que eres.

52. Lo que hiciste fue cantar.

53. Deliberadamente fue como lo hiciste.

---

[5] El hecho de que los verbos dejen en su lugar un pro-verbo complica enormemente el análisis. Inclusive hace pensar que oraciones como (46) deberían explicarse de otra manera. Nótese de paso que en (i) y (ii) el pro-verbo debe aparecer; de otra manera, las oraciones resultarían agramaticales:

i. Lo que puedo hacer es cantar.
ii. Lo que hago es cantar.

Agregaré que oraciones como (ii) contradicen lo que diré más tarde acerca de las seudo-hendidas; pues afirmo que el foco puede ser ocupado sólo por SN. Es posible entonces que oraciones como (46), (i) y (ii) no tengan una derivación como la que sugiero para las seudo-hendidas.

También quiero hacer notar que en (ii) el foco es un verbo infinitivo y no puede ser, por ejemplo, *canto*. Esto indica entonces —suponiendo que (ii) sea una seudo-hendida— que las seudo-hendidas se forman antes de aplicar *Concordancia*.

Trataré de explcar más adelante por qué (51) y (53), por ejemplo, son gramaticales; por el momento quiero hacer notar que el hecho de que (48-50) sean agramaticales revela que en las seudo-hendidas el foco puede ser ocupado sólo por un SN o un SP[6].

Las seudo-hendidas tampoco pueden tener en la posición de foco un clítico; prueba de ellos es la oración agramatical (54):

54. *Al que busco es lo.

(55), por su parte, muestra que un pronombre fuerte puede aparecer en la posición de foco:

55. Al que busco es a él.

De ello se deduce que *Formación de clíticos* debe ser posterior a la formación de seudo-hendidas. Nótese también que el impersonal *se* tampoco puede ser puesto en posición de foco por ser un clítico:

56. *El que habló de política es se.

Otro fenómeno que quisiera discutir muy brevemente es la posición de la negación. El verbo *ser* de la seudo-hendida puede tener negación. Esta aparece, por ejemplo, en la oración (57):

57. Lo que quiero comer no es queso (sino carne).

La negación puede aparecer también en el SV de la subordinada, como en (58):

58. Lo que no quiero comer es queso (pero sí quiero comer carne).

Aparentemente, (57) y (58) —sin tomar en cuenta los paréntesis— tienen un mismo significado, y se podría suponer que las dos se derivan de una misma estructura profunda. Por ejemplo, se podría primero derivar (58) y luego (57) por medio de *Monta de negación,* una regla propuesta por Rivero (1971) y mencionada en el capítulo 14. Sin embargo, un análisis como éste no tiene justificación. En primer lugar, (57) y (58), realmente, no son sinónimas, y ello se deduce fácilmente al observar que las dos no tienen las mismas presuposiciones y los mismos remas. En segundo lugar, si la negación de *ser* fuera la que aparece en la subordinada

---

[6] Para la diferencia entre (49) y (52) ver nota anterior.

de (58), una oración como (59), que contiene dos negaciones, debería resultar agramatical, pero (59) es gramatical.

59. Lo que no quiero comer no es queso (sino pan).

En tercer lugar, como lo demuestra Rivero (1971), la negación *no* no puede pasar de una cláusula a otra; por tanto, no podría pasar de la subordinada a la principal.

En conclusión, (57) y (58) tendrán estructuras profundas distintas: la primera, con la negación en la principal; la segunda, con la negación en la subordinada. (59), por su parte, tendría negación en las dos cláusulas.

Tomemos ahora la oración (60):

60. Lo que tienes no es nada.

(60) es una seudo-hendida, y *nada* se encuentra en la posición de foco, pero en la estructura profunda forma parte de la subordinada. Ahora el problema es el siguiente. Como lo demostraré en el próximo capítulo, *nada* se obtiene por una regla que convierte *algo* en *nada* si la cláusula es negativa. Si (60) se obtiene al desplazar un SN a la posición de foco, debemos preguntarnos si ese SN es *nada* o *algo*. No puede ser *nada* porque la subordinada no contiene *no*. Así que la estructura profunda de (60) debe ser esencialmente (61), y *algo* pasa a la posición de foco antes de que la regla que lo convierte en *nada* pueda aplicarse:

61. [Δ [tú tienes algo] no es Δ].

Si ahora tomamos una estructura profunda como (62),

62. [Δ [tú no tienes algo] es Δ],

el problema que se nos plantea es saber cuál es la estructura superficial de (62). Ésta debería ser (63) ó (64), pero ambas son agramaticales[7]:

63. *Lo que tú no tienes es nada

64. *Lo que tú no tienes es algo.

---

[7] En el español de Venezuela, como en el de otros países, *no es nada* se interpreta a veces como 'es cosa de poca importancia'. En el análisis que estoy desarrollando no estoy tomando en cuenta esta interpretación.

Así que (62) no tiene una estructura superficial correspondiente si el foco va a ser ocupado por el indefinido.

Este fenómeno puede explicarse apelando a una condición que impediría que un indefinido fuera extraído de una cláusula negativa para ir a la posición de Predicado. Esta condición actuaría también en la derivación de (65), que tampoco es gramatical:

65. *Lo que no quiero no es nada.

Otra cuestión que quisiera señalar a propósito de las seudo-hendidas es que en oraciones como (66), donde *ser* concuerda con *yo*, éste no puede ser elidido, pues (67) es agramatical:

66. El que llegó tarde fui yo.

67. *El que llegó tarde fui.

Elisión del sujeto pronominal no se aplica en este caso por dos razones: la primera es que un elemento en posición de foco, es decir, un rema, no puede elidirse; la segunda es que *yo* en (65), a pesar de su forma, no es sujeto. La posición de foco no corresponde, como lo decía anteriormente, a ninguna función, pero el elemento que pasa a esa posición guarda su caso y su forma, de allí que *yo*, en (65), esté en nominativo.

16.1.3. En esta sección quisiera señalar algunas diferencias existentes entre seudo-hendidas por un lado, y hendidas y hendidas inversas por el otro.

El análisis que he desarrollado hasta aquí versa casi todo sobre las seudo-hendidas, y he mencionado sólo de paso las hendidas. He asumido que estas últimas son derivadas de las primeras. Por ejemplo, (69) se obtendría de (68) por medio de una regla que desplaza la subordinada detrás del foco:

68. El que está llorando es Pedro.

69. Es Pedro el que está llorando.

Lo que me interesa hacer notar ahora es que la subordinada de estos dos tipos de oraciones es en ambos casos una relativa, practicamente idéntica a las relativas R-apositivas, pero con características morfo-sintácticas distintas. Por ejemplo, la hendida (69) puede tener *que* en lugar de *el que*, pero no la seudo-hendida (68). Es decir, asumiendo que existe una regla de elisión que convierte *(P) el que* en *que*, esta regla se aplicará sólo en las hendidas, donde el contexto es *(P) SN (P) el que,* pero no en las seudo-hendidas[8]. Así que (69) puede convertirse en (70), y (71) puede convertirse en (72), pero (68) no puede convertirse en (73):

70. Es Pedro que está llorando.

71. Es de Pedro del que están hablando.

72. Es de Pedro que están hablando.

73. *Que está llorando es Pedro.

Otra diferencia es la siguiente: El uso de *quien* es más restringido en las seudo-hendidas que en las hendidas. Por ejemplo, (74), donde *Pedro* precede inmediatamente a *quien,* es para algunos hablantes más aceptable que (75):

74. Es Pedro quien cometió el error.

75. Quien cometió el error es Pedro.

La última diferencia que quisiera señalar es la siguiente: Cuando el SP en posición de foco es un complemento de lugar, tiempo o modo y la relativa va encabezada por *donde, cuando* y *como,* la seudo-hendida es generalmente imposible, como se deduce de los ejemplos siguientes:

76. Es en Caracas donde tendrá lugar el congreso.

77. ?? Donde tendrá lugar el congreso es en Caracas.

78. Es en otoño cuando caen las hojas.

79. ?? Cuando caen las hojas es en otoño.

Este hecho sugiere entonces que las seudo-hendidas se convierten obligatoriamente en hendidas cuando el foco es un SP de lugar,

---

[8] En la sección (15.4.1) del capítulo anterior hablé de una regla de *Elisión del artículo* que elimina *el* que aparece delante del relativo *que* si no va precedido de preposición. Ahora bien, la regla que elimina *el* de las hendidas podría ser la misma. Para ello no hace falta decir que *el* de las hendidas es un artículo, pues la regla tendría en cuenta la forma y no la categoría del elemento. Sin embargo, aun en el caso de que se quisieran reducir las dos reglas a una sola persistiría un problema: la posible presencia de una preposición en las hendidas. Para obviar este problema se podría pensar que aquí actúa una regla que elide la preposición, y tal regla sería anterior a la que elide *el.*

tiempo o modo, y la relativa es introducida por *donde, cuando* y *como*.

Nótese de paso que estos tres elementos se obtienen por reglas morfológicas que convierten, por ejemplo, *en el que* en *donde*. Ahora bien, esta última regla es morfológica y posterior a la regla que elide *(P) el* delante de la relativa de las oraciones hendidas. Por ello, (76), por ejemplo, puede también realizarse como (80):

80. Es en Caracas que tendrá lugar el congreso.

En cuanto a las seudo-hendidas inversas, lo que quería señalar es que las reglas que las producen, que son facultativas, deben aplicarse obligatoriamente en los casos en que el foco haya sido ocupado por un adjetivo o un adverbio. Esto se deduce de la observación de que las oraciones seudo-hendidas (48) y (50) son agramaticales, pero las seudo-hendidas inversas (51) y (53), repetidas aquí como (81) y (82), respectivamente, no lo son:

81. Inteligente es lo que eres.

82. Deliberadamente fue como lo hiciste.

Agregaré que las hendidas correspondientes a (81) y (82) son gramaticales, pero, para algunos hablantes, menos aceptables que las seudo-hendidas inversas.

16.1.4. Para las reglas que he presentado hasta ahora, y en particular *Copia de SN* y *Formación de foco*, propongo las formulaciones (83) y (84), respectivamente[9]. Las otras reglas mencionadas no serán formuladas porque, como lo dije anteriormente, son reglas ya presentadas en capítulos anteriores, o casos particulares de reglas formuladas antes.

83. T Copia de SN:

DE:	△	X	SN	Y	Ser	△
	1	2	3	4	5	6	obl
CE:	3	2	3	4	5	6	⇒

---

[9] Las formulaciones que ofrezco son incompletas. Por ejemplo, la formulación de la primera regla no es suficiente para explicar los casos en que las hendidas tienen un adjetivo o un adverbio en posición de foco. De hecho, de acuerdo con el análisis que he desarrollado, *Copia de SN* formaría parte de una regla más general. No trataré de resolver estos problemas y, por el momento, ofreceré (83) y (84) como una primera aproximación a las formulaciones de las reglas.

84. T Formación de foco:

DE: SN   O   Ser   Δ
       1   2   3   4   obl
                              ⇒
CE: 1   2   3   1
      [Pr]

Naturalmente, a (83) y (84) deberán añadirse las observaciones y condiciones señaladas en las secciones anteriores.

16.2. En esta segunda parte del capítulo trataré muy brevemente de oraciones interrogativas como las que doy a continuación[10]:

85. *a)* ¿Usted comió qué?
    b) ¿Lo que usted comió fue qué?

86. *a)* ¿Qué comió usted?
    b) ¿Qué fue lo que usted comió?

Las interrogativas de (85) han sido llamadas tipo 'eco', las de (86) son interrogativas propiamente dichas. Las interrogativas (85*b*) y (86*b*) las llamaré interrogativas seudo-hendidas.

En la derivación de las interrogativas intervienen esencialmente dos reglas. La primera convierte un SN, SP, Adj o cuantificador indefinido del tipo *algo, en algún lugar,* etc., en el interrogativo correspondiente, esto es, *qué, dónde,* etc.

Esta regla actúa en todas las interrogativas. La segunda regla desplaza el pronombre interrogativo al comienzo de la oración. Esta regla actúa sólo en las interrogativas como (86). La primera regla la llamaré *Interrogación;* la segunda, *Anteposición de interrogativo.* Además de estas dos reglas, las interrogativas están afectas a *Inversión de sujeto-verbo* y a reglas fonológicas que les asignan la entonación apropiada.

---

[10] En este trabajo no trataré de interrogativas introducidas por *acaso* o *por qué,* ni de las interrogativas indirectas, como 'he preguntado si había comido' y 'le pregunté qué había comido'. La última interrogativa se explica de la misma manera que (86*a*). La penúltima se explica dentro del marco del análisis de las subordinadas no-infinitivas (ver capítulo 14). Las interrogativas con *acaso* y *por qué* tienen un análisis similar al de oraciones como (85*a*) y (86*a*).

Tampoco estudiaré aquí las interrogativas tipo 'sí-no', es decir, sin 'pronombre' interrogativo. Dichas oraciones deberían derivarse como si fueran declarativas introducidas por un nudo *Int* que permitiría asignarles la entonación correspondiente.

16.2.1. En esta sección voy a señalar la derivación de cada una de las oraciones anteriores y luego mencionaré algunas diferencias entre interrogativas tipo 'eco' e interrogativas propiamente dichas.

Las oraciones (85*a*) y (86*a*) tienen una misma estructura profunda, que es la que doy en (87), omitiendo algunos detalles:

87.

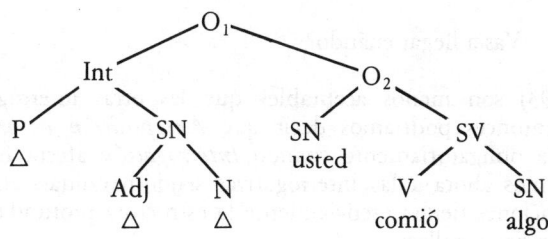

En esta estructura, el nudo Int es una especie de complementizador, debajo del cual hay tres símbolos vacíos que pueden ser llenados al aplicar *Anteposición de interrogativo*. Por ejemplo, para derivar (85*a*) se aplica sólo *Interrogación,* que convierte *algo* en *qué*. Pero para derivar (86*a*) se aplica, además, *Anteposición de interrogativo,* que desplaza *qué* debajo de N de Int. A la estructura resultante se le aplica luego *Inversión de sujeto-verbo.*

Este análisis implica entonces que las interrogativas tienen una estructura profunda que incluye un nudo particular Int, que *Interrogación* es obligatoria y que *Anteposición de interrogativo* es facultativa. Sin embargo, esto no es muy preciso, como lo veremos más tarde. Por el momento quisiera volver a la estructura (87). Como lo señalé anteriormente, *Interrogación* puede afectar a un adjetivo. Por ejemplo, si *Interrogación* afecta a un adjetivo, todo el SN o SP se desplaza debajo de Int, para las interrogativas propiamente dichas, como en (88) y (89):

88. ¿Qué libro compraste?

89. ¿De qué libro estás hablando?

Si *Interrogación* afecta un adjetivo de un SP de tiempo, lugar o modo, la interrogativa resultante será como la que aparece en (90):

90. ¿En qué lugar lo encontraste?

Las interrogativas con *dónde, cuándo* y *cómo* se podrían derivar de una manera similar, si se asumiera que hay reglas morfológicas que convierten, por ejemplo, *en qué lugar* en *dónde*.

Nótese ahora que *Anteposición de interrogativo* no es siempre facultativa, ya que las interrogativas tipo 'eco' (91-93) son inaceptables para muchos hablantes:

91. ¿Vas a comprar qué libro?

92. ¿Vas a comprar cuál de los libros?

93. ¿Vas a llegar cuándo?

Si (91-93) son menos aceptables que las otras interrogativas tipo 'eco', entonces podríamos decir que *Anteposición de interrogativo* se aplica obligatoriamente cuando *Interrogación* afecta un adjetivo.

Pasemos ahora a las interrogativas seudo-hendidas. Asumiré que estas oraciones tienen esencialmente la estructura profunda (94), omitiendo varios detalles:

94.

```
              O₁
             /  \
          Int    O₂
                / \
             SN₁   \
            /  \    SV
          SN₂   O₃  / \
                 |  V  Predicado
                 | ser
              ...SN₃...
```

Las reglas que se aplican en (94) son las siguientes: *Copia de SN₃* debajo de SN₂; *Relativización, Formación de foco, Interrogación* y, por fin, *Anteposición de interrogativo* e *Inversión de sujeto-verbo*. La derivación de (85*b*) y (86*b*), por ejemplo, es aproximadamente la siguiente: SN₃ es *algo* y se copia debajo de SN₂, luego se relativiza, y *algo* pasa debajo del Predicado. *Interrogación* lo convierte en *qué* y se obtiene (83*b*). Para obtener (86*b*) se aplican luego las últimas dos reglas: *Anteposición de Interrogativo* e *Inversión de sujeto-verbo*.

Ahora bien, las interrogativas (95) y (96) no son seudo-hendidas:

95. ¿Cuál es el libro que me vas a regalar?

96. ¿De quién es el libro que me vas a regalar?

En efecto, (95) y (96) tienen una estructura profunda con una relativa, como la que doy en (97) para la oración (95):

97.

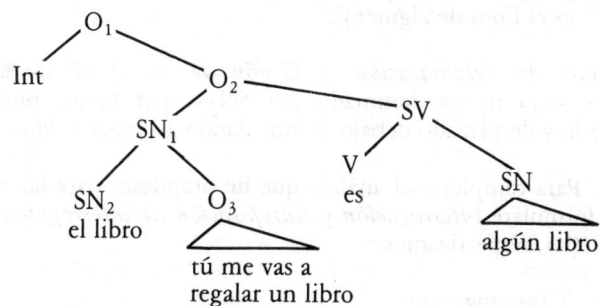

Para derivar (95) se aplican a (97) *Relativización, Interrogación, Elisión de N,* y luego *Anteposición de interrogativo* e *Inversión de sujeto-verbo.*

Nótese ahora que este último tipo de interrogativas, similares a las seudo-hendidas, son bastante frecuentes, inclusive son las únicas posibles en ciertos casos. Por ejemplo, si quisiéramos hacer una interrogativa a partir de la estructura (98) aplicando *Interrogación* sobre el SP *de alguien,* el resultado sería (99), que es agramatical:

98. [Int [tú me vas a regalar el libro de alguien]].

99. *¿De quién me vas a regalar el libro?

Inclusive suponiendo que aquí opera la condición que he llamado *Pied-piping* (ver el capítulo anterior), deberíamos entonces obtener (100), pero ésta tampoco es gramatical:

100. *¿El libro de quién me vas a regalar?

Sin embargo, la interrogativa tipo 'eco' de (98) es buena:

101. ¿Me vas a regalar el libro de quién?

Si (101) es buena, pero no (99) ni (100), entonces debemos concluir que un SP interrogado e incluido en un SN no puede ser movido a la posición de Int. Además, debemos concluir que *Pied-piping* no es operativa en las interrogativas.

Volvamos ahora a la oración (96). El hecho de que en esta oración *de quién* haya sido desplazado al comienzo de la oración comprueba que el análisis que he propuesto para este tipo de oraciones es correcto. Es decir, la estructura profunda de (96) es esencialmente (102):

102. [Int [el libro [tú me vas a regalar un libro]
    es el libro de alguien]].

Despues de *Relativización,* y *Elisión de N,* el SP *de alguien* está libre —ya no es dominado por SN—; por tanto, puede ser interrogado y desplazado debajo de Int, dando así lugar a (96).

16.2.2. Para completar el análisis que he propuesto para las interrogativas, formularé *Interrogación* y *Anteposición de interrogativo* como (103) y (104), respectivamente.

103. T Interrogación:

DE:	Int	X	Ind	Y	
	1	2	3	4	obl ⇒
CE:	1	2	3	4	
			[Int]		

Ind de la DE es un indefinido que se convierte en interrogativo.

104. T Anteposición de interrogativo:

DE:	Int	X	Ind	Y	
			[Int]		
	1	2	3	4	fac ⇒
CE:	3	2	∅	4	

Naturalmente, a (103) y (104) hay que agregar las varias condiciones señaladas en las secciones anteriores.

Capítulo 17
Otros procesos transformacionales

En este capítulo voy a tratar de varios procesos transformacionales, de los cuales algunos ya han sido mencionados en capítulos anteriores. En vista de que un análisis detallado de estos procesos requeriría mucho más espacio y escaparía a los objetivos generales de este trabajo, mi exposición será bastante concisa y se limitará a presentar los fenómenos más relevantes.

Este capítulo comprenderá cinco secciones. La primera será dedicada al *se* impersonal; la segunda, a la negación; la tercera, a algunas transformaciones de elisión, y la cuarta, a algunas transformaciones de movimiento. En la última sección resumiré las reglas mencionadas.

17.1. Existen varios análisis, bastante controversiales, sobre el *se* impersonal, pero todos pueden reducirse a dos tipos: en uno *se* impersonal se obtiene por medio de *Reflexivización* (cfr., por ejemplo, Contreras, 1974), en el otro se obtiene por medio de otras reglas o aparece en la estructura profunda (cfr., por ejemplo, Suñer, 1974 y 1975; Otero, 1972 y D'Introno, 1978).

En mi análisis aquí arriba citado, y que voy a resumir a continuación, el *se* impersonal de oraciones como (1) aparece en la estructura profunda:

1. Se dice que el universo es infinito.

De acuerdo con este análisis, *se* es un pronombre indefinido humano que es insertado en la estructura profunda y no es producido por *Reflexivización*. Hay varias razones para creer que este *se* es distinto del *se* reflexivo o del *se* alomorfo de *le*. Una de ellas es que en varios dialectos del español, donde el pronombre clítico acusativo tiene las formas *lo, la,* etc., éste pasa a *le* o *les* sólo en el caso en que vaya precedido de *se* impersonal. Por ejemplo, en (2a) tenemos *lo*, pero en (2b) *lo* pasa a *le* porque va precedido por *se* impersonal:

A2. *a)* Pedro lo considera un muchacho muy inteligente.
   b) Se le considera un muchacho muy inteligente.

Otra razón por la cual *se* impersonal no puede obtenerse por medio de *Reflexivización* es la siguiente: De acuerdo con el análisis que he desarrollado para los reflexivos, éstos se generan a partir de dos SN correferenciales. El segundo SN se convierte, por ejemplo, en *sí*, que, después de *Formación de clíticos,* puede ser elidido. En el caso de que no sea elidido se le anexa *mismo*. Así que una oración con reflexivo de tercera persona singular puede contener la expresión *a sí-mismo*. Sin embargo, esta expresión no puede aparecer en oraciones con *se* impersonal. Por ejemplo, (3) es agramatical y, por tanto, el *se* que aparece en ella no puede ser un *se* reflexivo:

3. *Se le considera a sí mismo un muchacho inteligente.

Podría aducir otras razones en contra del análisis según el cual *se* impersonal se obtiene por *Reflexivización,* pero me limitaré a las que expuse, y pasaré a presentar otros aspectos del análisis según el cual *se* impersonal aparece en la estructura profunda.

El *se* impersonal puede aparecer en la estructura profunda en varias posiciones, sujeto, objeto, etc., y puede ser afectado por las transformaciones como cualquier otro SN. Ahora bien, *se* impersonal es un clítico y como tal es desplazado al lado del verbo, pero sólo si se encuentra en la posición de sujeto cuando *Movimiento de clíticos*[1] se aplica. En los otros casos, *se* es elidido por medio de una regla que llamaré *Elisión de se*. Esto es, *se* impersonal aparece en la estructura superficial sólo cuando funciona como sujeto, como en las oraciones (1) y (2*b*)[2]. La derivación de (4) y (5) ilustra lo que acabo de decir:

---

[1] *Movimiento de clíticos* desplaza delante del verbo los clíticos que aparecen detrás del verbo. Ahora bien, de acuerdo con el análisis que propongo, el *se* impersonal pasaría de la posición en (a) a la posición en (b).

```
        O                          O
       / \                        / \
     SN   SV                    SN   SV
     se   |                          |
          V                          V
         / \                        / \
        Cl   V                     Cl   V
    (a)                        (b) se
```

Por ello la regla a la cual me refiero aquí no es la misma que propuse en el capítulo 4. Esto es, para crear la estructura (b) a partir de (a) se necesita una nueva regla de *Movimiento de clíticos*. En la sección (17.5) hablaré de esta regla.

[2] Un análisis alternativo consistirá en suponer que *se* no aparece en la estructura profunda. En ésta sólo aparecería el símbolo *Pro,* que he usado en capítulos anteriores. *Se* sería entonces insertado al lado del verbo cuando *Pro* se encuentra en la posición de sujeto. Creo que este segundo análisis hace las mismas predicciones que el análisis que he expuesto, y por ello no lo he tomado en cuenta.

4. El rey ordenó que se atacara.

5. El rey ordenó atacar.

La estructura profunda de (4) y (5) es (6):

6. [El rey ordenó [se₁ atacar] a se₂].

Para derivar (4) se aplican *Inserción de que* y *Elisión de se* entre otras transformaciones. Nótese, sin embargo, que *Elisión de se* se aplica sólo al *se* de la principal, se₂, por no ser sujeto. Para derivar (5) se aplican *Extraposición*, luego *Equi*, que elimina el *se* de la subordinada, se₁, y por último se elide el *se* de la principal por no encontrarse en posición de sujeto.

Agregaré que el *se* impersonal es el pronombre indefinido que en los capítulos anteriores he identificado con el símbolo *Pro*.

Para concluir esta discusión sobre el *se* impersonal anotaré que éste es 3.ª persona singular, y de encontrarse en posición de sujeto hace que el verbo vaya en 3.ª persona singular, como en los ejemplos anteriores. Sin embargo, esto no es siempre así. En muchos casos, cuando el verbo es seguido por un objeto directo plural sin *a*, el verbo concuerda con éste y no con *se*. Por ejemplo, (7) y (8) son ambas posibles, por lo menos para algunos hablantes[3]:

7. Se lava carros.

8. Se lavan carros.

El hecho de que el verbo concuerde con el objeto, o con el SN que se encuentre detrás del verbo, no debe sorprender, puesto que éste es un fenómeno bastante común; pues en varios dialectos, cuando el verbo es 'impersonal', el verbo concuerda con el SN que sigue, como se deduce de la observación de que oraciones como (9), que no tiene sujeto, son bastante frecuentes:

9. Hubieron muchos invitados.

El último fenómeno que quisiera discutir aquí es el siguiente: Después de la aplicación de la regla que desplaza *se* al lado del verbo, la posición de sujeto queda libre, por lo que el objeto directo puede pasar a ocupar esta posición, obteniéndose así oraciones como (10), donde el verbo concuerda con el nuevo sujeto:

10. Las ventanas se cerraron.

---

[3] Para una interpretación distinta de estos fenómenos cf. Otero (1972).

Oraciones como (10) se asemejan a las pasivas, tanto semántica como sintácticamente, y la razón de ello es que en su derivación interviene la regla que he llamado *Anteposición del objeto,* es decir, una regla que forma parte de *Pasivización.* Cuando *Anteposición del objeto* se aplica a un SN que no tiene determinante, la oración resulta agramatical, como, por ejemplo, (11), y esto puede explicarse o bien diciendo que *Anteposición del objeto* es inaplicable en este caso, o bien por medio de una condición general propuesta por Suñer (1976), que impide que en español SN 'desnudos' —es decir, constituidos sólo por un N que no sea nombre propio— ocupen la posición de sujeto[4] (ver también capítulo 7, sección 7.5.1.):

11. *Ventanas se cerraron.

17.2. En D'Introno (1973) presenté un análisis bastante detallado de la negación en español. En lo que sigue plantearé los aspectos esenciales de ese análisis.

En varios estudios, a partir del de Klima (1964), se ha propuesto que la estructura profunda de oraciones negativas como (12) contenga un nudo que llamaré Neg, como en (13):

12. Pedro no fue a su casa.

13. [Neg Pedro fue a su casa].

En D'Introno (1973), una oración como (12) se deriva de (13) por medio de una regla, *Posición de Neg,* que copia el símbolo Neg delante del verbo. Luego una regla morfológica convierte Neg en *no.*

Además de las reglas ya mencionadas hay otras que operan en la derivación de oraciones negativas como (14):

14. No quiero nada.

Una de esas reglas, que llamaré *Expansión de Neg,* copia el símbolo Neg delante de los pronombres o adjetivos indefinidos que se

---

[4] La misma condición es operativa en (ii), derivada de (i):

i. Pedro come manzanas.
ii. *Manzanas son comidas por Pedro.

Sin embargo, hay casos donde la condición mencionada no tiene efecto. Por ejemplo, (iii), sugerida por H. Contreras (comunicación personal), es posible:

iii. Niños y mujeres corrían por la calle.

Pero es probable que la condición no sea operativa en (iii) porque el sujeto aquí es un SN con dos SN coordinados, y como tal es inmune a la condición del SN desnudo gracias a otra condición llamada A/A (ver capítulo siguiente).
Otra solución a estos problemas es la que planteé en el capítulo 7.

encuentran en la misma cláusula donde aparece Neg[5]. Otra regla, en este caso morfológica, convierte la secuencia Neg + indefinido en el elemento negativo correspondiente. En consecuencia, la derivación de (14) se hace a partir de la estructura profunda (15):

15. [Neg yo quiero algo].

A (15) se le aplica primero *Posición de Neg,* y se obtiene (16*a*), luego a (16*a*) se le aplica *Expansión de Neg* y se obtiene (16*b*), que será convertida en (14) por las reglas morfológicas[6].

16 *a*)   [Neg yo Neg quiero algo].
     b)   [Neg yo Neg quiero Neg + algo].

Expansión de Neg afecta también al adverbio *siempre*. Por ejemplo, (17) se obtiene de (18) por medio de las reglas antes mencionadas:

17.   Luis no trabaja nunca.

18.   [Neg Luis trabaja siempre].

De los ejemplos que he presentado se deduce que *Posición de Neg* y *Expansión de Neg* son obligatorias, y este hecho podría hacer pensar que estas dos reglas no son sino una sola. Sin embargo, a la luz de ejemplos como (19), esta idea debe abandonarse:

19.   No encuentro algo que se le parezca.

El hecho de que (19) sea posible muestra, por un lado, que *Expansión de Neg* no se aplica en su derivación[7] y, por otro lado, que esta regla debe ser independiente de *Posición de Neg,* que sí se aplica.

---

[5] En el análisis que presento asumo que los pronombres y adjetivos en cuestión son *algo, alguien, algún, alguna,* etc. Sin embargo, esto podría ser erróneo. Por ejemplo, podría pensarse que los pronombres y adjetivos son *todo, todos,* etcétera.
Nótese que *Expansión de Neg* debe ser posterior a *Equi* puesto que se aplica en (i) después de que las dos cláusulas se hayan reducido a una:

i.   Neg yo quiero [yo comer algo].
ii. Yo no quiero comer nada.

[6] Estoy asumiendo que el símbolo Neg se une con el indefinido, pero no con el verbo. También estoy asumiendo que el símbolo Neg al comienzo de la oración es podado o simplemente no es afectado por las reglas morfo-fonológicas.
[7] En latín, francés, italiano e inglés existe *Posición de Neg,* pero no en todas estas lenguas existe *Expansión de Neg.* Por ejemplo, no existe en latín, ni en inglés —aunque sí existe en el inglés negro de Estados Unidos. En francés, por otro lado, no está muy claro si oraciones como 'je n'ai rien vu', donde *pas* no puede aparecer, se obtienen aplicando solamente *Posición de Neg* o aplicando las dos reglas.

(19) muestra también que *Expansión de Neg* no se aplica cuando, por ejemplo, el indefinido es seguido por una relativa[8].

Pero el problema se complica al constatar que (20) también es posible:

20. No encuentro nada que se le parezca.

Ahora bien, uno podría pensar que (19) y (20), que en mi opinión no son sinónimas, tienen estructuras profundas distintas. Pero esto no parece ser así. Si elaboramos estas estructuras profundas de acuerdo con el análisis que he venido desarrollando, nos damos cuenta de que las dos pueden representarse como (21):

21. [Neg yo encuentro algo [algo se parezca]].

Si (21) es la estructura profunda de (19) y (20), entonces *Expansión de Neg* es facultativa en este caso, y no inaplicable como lo sugerí antes[9]. Sin embargo, persiste un problema. Si (19) y (21) no son sinónimas, y si las dos se derivan de una misma estructura profunda, debemos concluir que la aplicación de *Expansión de Neg* altera el significado de la oración. Evidentemente, esta conclusión va en contra de la hipótesis de que las transformaciones no alteran el significado de la oración. En consecuencia, lo dicho acerca de (19-21) es una confirmación de la teoría expuesta en Chomsky (1969), donde se postula que algunos aspectos de la estructura superficial de las oraciones son pertinentes para la interpretación semántica. Entre estos aspectos podría

---

[8] Hay otros casos donde *Expansión de Neg* no se aplica. Por ejemplo, en contextos contrastivos como (i), o en oraciones como (ii):

i. Yo no quiero 'algo', quiero todo.
ii. Yo no trabajo siempre de día, a veces trabajo de noche.

[9] Hay casos donde *Expansión de Neg* es inaplicable, por ejemplo cuando el indefinido se encuentra en un contexto contrastivo, como en la oración (i) de la nota anterior. Para ilustrar lo que acabo de decir, supongamos que alguien afirme (i):

i. Luis trabaja siempre.

Su interlocutor podrá contestar (ii) donde *siempre* es una 'cita' de (i) y contrasta con *a veces:*

ii. Luis no trabaja 'siempre', trabaja 'a veces'.

Ahora bien, en la derivación de (ii), *Expansión de Neg* no puede aplicarse, puesto que (iii) es agramatical, o por lo menos contradictoria:

iii. *Luis no trabaja nunca, trabaja a veces.

Sin embargo, no es raro oír (iii) como dos oraciones distintas, donde la segunda atenúa la afirmación de la primera:

iv. Luis no trabaja nunca. (Bueno), trabaja a veces.

entonces incluirse la presencia de Neg delante de los indefinidos. Es decir, podríamos asumir que la estructura profunda de (19) y (20) es (21) y que la diferencia semántica entre las dos oraciones debe explicarse por medio de reglas semánticas que tomen en cuenta la posición del elemento Neg delante de los indefinidos.

Huelga decir que otra solución a los problemas planteados consistiría en proponer que los indefinidos negativos fueran introducidos directamente en la estructura profunda. En esta solución, que no voy a estudiar en detalle, la dependencia entre los indefinidos negativos y *no*, como, por ejemplo, en *no veo nada*, debería explicarse o por medio de reglas sintagmáticas dependientes del contexto, o por medio de una condición.

Para concluir esta sección quisiera hacer referencia a una regla que elide el elemento *no*. Esta regla se aplica cuando un indefinido negativo, incluyendo *nunca*, se desplaza al comienzo de la oración. Por ejemplo, (22*a*) puede convertirse en (22*b*), que pasa a (22*c*) por aplicación de *Elisión de no:*

22. *a)* No te perdonaré nunca.
    b) Nunca no te perdonaré.
    c) Nunca te perdonaré.

Veamos ahora la derivación de una oración como (23):

23. Nadie sabe la verdad.

De acuerdo con el análisis que he desarrollado, la estructura profunda de (23) será (24):

24. [Neg alguien sabe la verdad].

A (24) se le aplicará *Posición de Neg*, y se obtendrá (25*a*), luego se le aplicará *Expansión de Neg*, obteniéndose (25*b*), y por fin *Elisión de no*, generando así (23):

25. *a)* Neg + alguien Neg sabe la verdad.
    b) Neg Neg + alguien Neg sabe la verdad.

El hecho de que (23) no tenga *no* delante del verbo podría hacer pensar que la derivación de (23) debería ser otra; sin embargo, hay dos evidencias a favor de la derivación propuesta. La primera es que las reglas se aplican a (24) para derivar (23) en el mismo orden en que se aplican en otras oraciones, y si se quisiera proponer otra derivación, este orden debería incorrectamente modificarse. La segunda evidencia es que *no* aparece en algunos casos delante del verbo, en particular en aquellos casos en que *nadie* pasa detrás del verbo. Por ejemplo, si en la oración en cuestión dislocamos *la verdad, nadie* puede pasar detrás del verbo, y en este caso *no* aparece, como se observa en (26):

26. La verdad, no la sabe nadie.

Para terminar diré que la derivación de oraciones como (26) y (22c) muestra que *Elisión de no* es una regla muy tardía, posterior a *Dislocación* e *Inversión de sujeto-verbo*.

17.3. En esta sección voy a presentar, muy esquemáticamente, tres reglas de elisión que operan sobre todo en las cláusulas coordinadas. La primera de estas reglas, *Elisión de N*, es la que permite derivar (28) a partir de (27), elidiendo el N *gatos:*

27. Compré tres gatos blancos y regalé dos gatos negros.

28. Compré tres gatos blancos y regalé dos negros.

Elisión de N afecta dos N idénticos, eliminando el segundo si éstos se encuentran en SN que incluyen otros elementos, por ejemplo, adjetivos, cuantificadores, etc. Además, los dos SN deben distinguirse en algo (en un adjetivo, un cuantificador, etc.), porque, de ser idénticos, la regla que se aplica no es *Elisión de N,* sino *Pronominalización,* como en (29):

29. Luis compró los dos gatos negros y yo me los (= los dos gatos negros) llevé a casa.

Los dos SN afectados por *Elisión de N* generalmente tienen la misma función, pero ésta no es una condición necesaria para la aplicación de la regla, puesto que (30) es gramatical:

30. Luis compró tres gatos negros y yo me escapé con dos blancos porque no tenía plata para comprarlos.

Elisión de N se aplica en cláusulas coordinadas, pero puede aplicarse también en otros casos; por ejemplo, en oraciones como (31), de las cuales hablé al comienzo del capítulo anterior:

31. El libro que tiene 300 páginas es el (libro) de matemáticas.

En los ejemplos que he citado, *Elisión de N* actúa de la izquierda hacia la derecha, pero hay casos donde actúa de la derecha hacia la izquierda, eliminando así el primer N. Por ejemplo, en la estructura correspondiente a (31) puede elidirse el primer N, obteniéndose (32):

32. El [libro] que tiene 300 páginas es el libro de matemáticas.

Elisión de N hacia la izquierda es posible también en cláusulas coordinadas. Por ejemplo, (33*a*) puede convertirse en (33*b*) o en (33*c*):

33. *a)* He leído el primer capítulo y he leído el segundo capítulo.
    b) He leído el primer capítulo y el segundo.
    c) He leído el primero y el segundo capítulo.

Para derivar (33*c*) se aplican *Elisión de N* y *Elisión de V*, regla que presentaré más tarde, pero lo importante es que en este caso se elimina el primer N y no el segundo. Notemos ahora que en oraciones como (27) no puede elidirse el primer N, puesto que (34) es agramatical con el significado de (27):

34. *Compré tres blancos y regalé dos gatos negros.

Si se compara ahora (27) con (33*a*) se nota que la diferencia entre las dos oraciones consiste en la estructura de los SN afectados por la regla. En (27), los SN son del tipo [X N Adj], y en (33*a*), los SN son del tipo [X N]. En otros términos, en (33*a*) el N está al final del SN, mientras que en (27), el N es seguido por un adjetivo del mismo SN. Tomando en cuenta esta diferencia, diré que *Elisión de N* puede actuar hacia la izquierda si los dos SN tienen determinantes (y posibles adjetivos), y si en el primer SN, N es el último elemento de ese SN.

Obsérvese que en las relativas como (32) esta condición se mantiene: N es el último elemento del primer SN, puesto que lo que sigue es una cláusula relativa que no pertenece a este SN, sino que lo domina. Si en el primer SN, N no fuera el último elemento, la elisión hacia la izquierda no sería posible, y esto es correcto porque a partir de (35*a*) podemos obtener (35*b*), pero no (35*c*), que es agramatical con el significado de (35*a*):

35. *a)* Los gatos negros que estás viendo son los gatos de Juan.
    b) Los gatos negros que estás viendo son de Juan.
    c) *Los negros que estás viendo son los gatos de Juan.

A lo que he dicho agregaré que en las cláusulas coordinadas *Elisión de N* es favorecida por la aplicación simultánea de *Elisión de V*, como en (33), puesto que oraciones como (36) resultan poco aceptables:

36. ?? He traducido el primero y voy a leer el segundo capítulo.

En los párrafos anteriores mencioné la regla de *Elisión de V*, que elide el segundo de dos verbos idénticos que aparecen en cláusulas coordinadas, como en (33). Ahora bien, (37) puede convertirse en (38), y esto podría hacer pensar que el principio de igualdad entre los verbos no es una condición necesaria para la aplicación de la regla:

37. Luis compró una manzana y yo compré una pera.

38. Luis compró una manzana y yo una pera.

Sin embargo, el hecho de que (37) se convierta en (38) no demuestra que los dos verbos puedan ser distintos. En efecto, si asumimos que *Elisión de V* se aplica antes de *Concordancia*, entonces los dos verbos son idénticos, los dos no tienen especificación de número y persona cuando la regla se aplica.

La otra regla que quisiera presentar es *Elisión de SV*, pero antes voy a referirme brevemente a una regla de *Inserción de también*. Esta última se aplica en el caso de que las dos cláusulas coordinadas sean idénticas a excepción de un elemento. Por ejemplo, *Inserción de también* se aplica en (39*a*) para dar (39*b*), que pasa a (39*c*) por *Elisión de V* y otras reglas conocidas:

39. *a)* Luis compró un libro y Luis compró un cuaderno.
    b) Luis compró un libro y Luis compró un cuaderno también.
    c) Luis compró un libro y un cuaderno también.

Inserción de también, o de *tampoco* si las dos cláusulas son negativas, no se aplica si hay más de un elemento distinto en las dos cláusulas. Si, por ejemplo, la primera es afirmativa y la segunda es negativa, como en (40*a*), la regla generalmente no tiene lugar, puesto que en la segunda cláusula hay un elemento, Neg, que no está presente en la primera. Por ello muchos hablantes no aceptan (40*b*) ni (40*c*):

40. *a)* Luis compró un libro pero Luis no compró un cuaderno.
    b) *Luis compró un libro pero Luis no compró un cuaderno también.
    c) *Luis compró un libro pero no un cuaderno también.

Volviendo ahora a *Elisión de SV*, ésta se aplica en oraciones como (41*a*) para convertirla en (41*b*) después de la inserción de *también*:

41. *a)* Pedro compró un libro y yo compré un libro.
    b) Pedro compró un libro y yo también.

Elisión de SV, que, como podrá deducirse de la derivación de (41*b*), es posterior a *Concordancia*, opera también en (42*a*) para convertirla en (42*b*), aunque en este caso *también* no haya sido insertado:

42. *a)* Pedro compró un libro pero yo no compré un libro.
    b) Pedro compró un libro pero yo no.

De paso anotaré que (42*b*) muestra que las reglas de elisión que estoy presentando se aplican después de *Posición de Neg,* puesto que (42*b*), por ejemplo, no podría tener el elemento *no* si *Elisión de SV* fuera anterior a *Posición de Neg.*

Para terminar esta sección quisiera hacer notar que las oraciones con comparativos, como, por ejemplo, (43), se obtienen de oraciones que contienen dos cláusulas por medio de una regla de elisión. Por ejemplo, (43) se deriva de una estructura aproximadamente como la de (44):

43. Luis es más alto que Pedro.

44. Luis es más alto que Pedro es alto.

Evidentemente, en la derivación de oraciones como (45) no interviene la regla de elisión antes mencionada, sino una regla de elisión de O, en este caso la cláusula *que Luis comiera:*

45. Luis comió más de lo que tú te podrías imaginar (que Luis comiera).

17.4. En esta sección me referiré a varias reglas de movimiento, muchas de éstas discutidas en Emonds (1976), en su análisis del inglés.

17.4.1. La primera que presentaré es una regla que invierte el orden del N y del Adj de un mismo SN, como, por ejemplo, en (46*a*), que pasa a (46*b*):

46. *a)* Una caja inmensa de libros.
    b) Un inmensa caja de libros.

(46*a*) es el orden básico, puesto que los adjetivos corresponden a relativas pospuestas a los SN[10], así que la regla que daría lugar a (46*b*) debería ser aproximadamente la siguiente:

$$\begin{bmatrix} N - Adj \\ SN \end{bmatrix} - (SP) \rightarrow \begin{bmatrix} Adj - N \\ SN \end{bmatrix} - (SP).$$

La especificación de que el adjetivo deba ser seguido por un SP es quizá necesaria porque 'una inmensa casa' es menos aceptable que

---

[10] Como lo dije en el capítulo 15 (cfr. 15.12), los Adj que van antepuestos a los N tienen valor no-restrictivo; por tanto, la regla que estoy presentando puede aplicarse a un adjetivo derivado de una relativa no-restrictiva.

'una inmensa caja de libros'. Llamaré la regla que acabo de presentar *Inversión de N y Adj*.

Nótese ahora que (47) es sinónima de (46), y, por tanto, debería derivarse de la misma estructura profunda de (46):

    47.   Una caja de libros inmensa.

En efecto, la estructura profunda de (47) es (48), es decir, la misma que la de (46):

    48.   Una caja [la caja es inmensa] de libros.

Para derivar (47), (48) es convertida primero en (49*a*) por *Relativización*, y luego en (49*b*) por una regla que llamaré *Desplazamiento de relativa*[11], anterior a *Reducción de relativa*, que es la que convierte (49*b*) en (47):

    49.   *a*)   Una caja [que es inmensa] de libros.
             b)   Una caja de libros [que es inmensa].

Para poder derivar (46), (47) y (49*b*) de la misma estructura profunda (48) necesitamos, entre otras, las siguientes reglas, ordenadas de acuerdo a su aplicación: *Relativización*, *Desplazamiento de relativa* (facultativa), *Reducción de relativa* (facultativa)[12], *Inversión de N y Adj* (facultativa).

17.4.2. Otra regla de movimiento muy común en sintaxis española es *Inversión de sujeto-verbo*. Como se recordará, esta regla se aplica cuando un elemento postverbal es desplazado al comienzo de la oración, por ejemplo, en las relativas, en las interrogativas y después de *Dislocación* y *Topicalización*. La misma regla opera en exclamativas como (50), cuya derivación es muy similar a la de las interrogativas:

    50.   ¡Qué bello es el mar!

Sin embargo, no es del todo exacto suponer que *Inversión de sujeto-verbo* depende únicamente del movimiento de algún elemento al comienzo de la oración. En efecto, a pesar de que ésta sea una buena generalización que será comprobada por otros ejemplos que daré en

---

[11] *Desplazamiento de relativa* es probablemente la misma regla de *Extraposición de la relativa*, de la cual hablé en el capítulo 15.
[12] *Reducción de relativa* parece ser obligatoria en algunos casos, por ejemplo, cuando a la relativa le sigue un SP nominal. Nótese la diferencia entre (i) y (ii):

    i.   ??Luis me trajo una caja, que era inmensa, de libros.
    ii.   ?Luis me trajo una caja, que era inmensa, para poner mis libros.

las secciones siguientes, el hecho de que (51*a*) pueda convertirse en (51*b*) muestra que la regla es aplicable también cuando no haya habido movimiento:

51. *a*) Pedro llegó.
    b) Llegó Pedro.

Esto es, (51) muestra que la regla puede aplicarse también en el caso en que el SV esté constituido sólo por un V. En consecuencia, podría pensarse que la regla es sensible no tanto al movimiento, sino al número de elementos que siguen a V. Esta idea es quizá correcta, pero su confirmación merecería un estudio más detenido; por el momento me limito a señalarla[13].

17.4.3. Oraciones como (52) son oraciones que contienen una principal y dos cláusulas contrastivas, separadas por una cláusula parentética que reafirma lo que se dice en la primera cláusula subordinada:

52. Todos decían que Pedro quería trabajar, y Pedro quería trabajar, pero no podía.

En oraciones como (52), la cláusula parentética puede ser sometida a una regla de movimiento que pone al comienzo de la cláusula el último elemento; en este caso, el infinitivo *trabajar*. Por ejemplo, (52) se convierte de esta manera en (53)[14]:

---

[13] Nótese que (51*a*) y (51*b*) no tienen el mismo significado: como lo muestra Contreras (1976), si (51*a*) y (51*b*) se pronuncian con una entonación normal y acento principal sobre la segunda palabra, ésta resulta ser el rema y la primera palabra el tema. Contreras explica estos hechos diciendo que hay una regla (semántica) que asigna a nivel de estructura profunda el rasgo [+rema] a un elemento, luego unas reglas de ordenamiento de las palabras se encargarían de poner este elemento al final en oraciones como las que he dado. Un enfoque distinto es el que ofrece Chomsky (1969) y es el que yo adopto: las reglas sintácticas actúan independientemente de factores semánticos, invirtiendo, por ejemplo, el orden del sujeto y el verbo. Luego, a nivel superficial, algunas reglas semánticas se encargarían de determinar cuáles son el rema y el tema de acuerdo a ciertas características sintácticas, al orden y a la pronunciación.

[14] En este ejemplo, como en los que siguen, (54-57), el sujeto de la parentética ha sido elidido. La elisión se hace pronominalizando y aplicando luego *Elisión de sujeto pronominal*. Nótese, sin embargo, lo siguiente: 1) no es necesario pronominalizar en estos casos, posiblemente porque se trata de contextos contrastivos; 2) *Inversión de sujeto-verbo* no se aplica. Por estas razones, (53) puede también realizarse como (i):

i. Todos decían que Pedro quería trabajar, y trabajar Pedro / él quería, pero no podía.

53. Todos decían que Pedro quería trabajar, y trabajar (Pedro) quería, pero no podía.

La misma regla, que llamaré *Anteposición contrastiva*, se aplica en (54a), (55a), (56a) y (57a) para convertirlas en (54b), (55b), (56b) y (57b), respectivamente:

54. *a)* Todos decían que Pedro estaba enfermo, y Pedro estaba enfermo, pero no se le notaba.
   b) Todos decían que Pedro estaba enfermo, y enfermo estaba, pero no se le notaba.

55. *a)* Todos decían que Pedro tenía razón, y Pedro tenía razón, pero tú no le creías.
   b) Todos decían que Pedro tenía razón, y razón tenía, pero tú no le creías.

56. *a)* Todos decían que Pedro quería ir a Caracas, y Pedro quería ir a Caracas, pero no podía.
   b) Todos decían que Pedro quería ir a Caracas, y a Caracas quería ir, pero no podía.

57. *a)* Todos decían que Pedro quería pagar, y creo que Pedro quiso pagar, pero no pudo.
   b) Todos dicen que Pedro quería pagar, y creo que pagar quiso, pero no pudo.

Ahora bien, los ejemplos que he dado muestran que la regla en cuestión puede anteponer a la cláusula parentética varios tipos de elementos, verbo infinitivo, adjetivo, SN y SP, a excepción, por ejemplo, de verbos no-infinitivos. Por otro lado, como lo dije anteriormente, la regla afecta al último elemento de la cláusula parentética. Por estas razones, esta regla no puede ser combinada con *Topicalización,* a pesar de que las dos sean muy similares. Nótese, además, que *Topicalización* no necesita de cláusulas contrastivas para poderse aplicar, puesto que hay casos de oraciones simples con *Topicalización.*

En los ejemplos siguientes también hay anteposición de un verbo infinitivo:

58. *a)* Te dije que quería trabajar, pero no podía.
   b) Trabajar te dije que quería, pero no podía.

59. *a)* Quiero trabajar, pero no puedo
   b) Trabajar quiero, pero no puedo.

Las oraciones (58) y (59) muestran un contexto contrastivo al igual que las oraciones anteriores; por tanto, es posible que la misma regla de *Anteposición contrastiva* esté operando aquí a pesar de que (58) y (59) no sean superficialmente idénticas a las oraciones (52-57). De ser así, esta regla sería aplicable en contextos contrastivos como los siguientes (los índices expresan identidad y Neg es el símbolo de la negación)[15]:

60. *a)* A decir que SN_i V_i X_i, y SN_i V_i X_i, pero Neg Y SN_i V X_i (= 52).
    b) A decir que SN_i V X_i, pero Neg Y SN_i V X_i (= 58).
    c) SN_i V X_i, pero Neg Y SN_i V X_i (= 59).

Nótese ahora que en (60) hay un factor común: lo que aparece en (60c). Así que *Anteposición contrastiva* afectaría la primera parte de la secuencia [SN_i V X_i, pero Neg Y SN_i V X_i] anteponiendo X a SN.

Uno se podría preguntar ahora qué pasa con X de la segunda parte de la secuencia. Este, generalmente, se elide, pero si no se elide puede ser afectado por *Anteposición contrastiva*, que en este caso no se aplicará en la primera parte. Esto sucede, por ejemplo, en la derivación de (61):

61. Pedro afirma que yo quiero trabajar, pero trabajar yo no quiero.

Para concluir esta discusión haré tres observaciones sobre (60). La primera es que *pero* va seguido de *no* u otra negación sólo si la primera cláusula es afirmativa; si ésta es negativa, *pero* va seguido de *sí*. La segunda observación es que además de *decir* en (60*a*) y (60*b*) pueden ir otros verbos, *creer, afirmar,* etc. La tercera observación es que infinitivos precedidos por *pensar* y *decidir,* por ejemplo, no pueden ser antepuestos. Por ejemplo, (62) no es aceptable:

62. *?Todos dicen que Luis pensaba volver, y volver pensaba, pero no lo lograba.

17.4.4. En las oraciones siguientes tienen lugar varios procesos transformacionales de anteposición de adverbios y SP:

---

[15] La variable Y es necesaria para dar cuenta de (54), por ejemplo. En efecto, (54*a*) debe analizarse como (i) donde *se le notaba* es Y:

i. Todos decían que Pedro estaba enfermo, y Pedro estaba enfermo, pero no se le notaba que estaba enfermo.

Para obtener (54*b*) a partir de (i) debe cambiarse el orden en *y Pedro estaba enfermo* y debe elidirse la última cláusula después de *y.*

63. *a)* Nunca he visto yo tanta miseria.
    b) En ningún momento aceptaremos nosotros esta resolución.

64. *a)* ¡Aquí viene Juan!
    b) Allí están los libros.
    c) Hasta nosotros llegaba el perfume de las flores.
    d) Acostado sobre la cama yacía el cuerpo de nuestro amigo.

En (63), lo que se antepone a la oración es un elemento negativo. En las oraciones (64) lo que se mueve al comienzo de la oración es una expresión de lugar, precedida en el caso de (64*d*) por un participio. En ambos casos se aplica *Inversión de sujeto-verbo*. Ahora bien, los procesos transformacionales ejemplificados en (63) y (64) podrían explicarse con una sola regla, la misma regla de *Topicalización,* pero, por el momento, asumiré que en estos ejemplos operan dos reglas: *Anteposición de negativo* en (63) y *Anteposición de complemento de lugar* en (64).

17.4.5. Otra regla de movimiento es la que convierte en parentética una cláusula principal que introduce un discurso directo, desplazándola al final del discurso o a mitad del discurso. Por ejemplo, esta regla, que llamaré *Formación de parentética,* convierte (65*a*) en (65*b*):

65. *a)* Luis dijo: 'tengo hambre pero no quiero comer'.
    b) 'Tengo hambre', dijo Luis, 'pero no quiero comer'.

La misma regla actúa en oraciones donde la subordinada es un discurso indirecto o una cláusula dependiente de los verbos 'cogitandi'. Por ejemplo, *Formación de parentética* convierte (66*a*) en (66*b*):

66. *a)* Yo creo que María haría todo lo posible para ir a la Universidad.
    b) María haría todo lo posible, creo yo, para ir a la Universidad.

Como se deducirá de los ejemplos dados, *Formación de parentética* provoca la aplicación de *Inversión de sujeto-verbo* en la cláusula parentética, puesto que ésta, al desplazarse, pierde su objeto directo oracional. Por ejemplo, en (66*b*), *creer* no va seguido de la subordinada. Otra cuestión que se deduce de los ejemplos dados, en particular de (66), es que *Formación de parentética* es anterior a *Inserción de que,* cuya aplicación queda bloqueada en la derivación de (66), por ejemplo, porque *creer* no va seguido aquí de una subordinada.

17.4.6. Las últimas reglas de movimiento que quisiera mencionar en este capítulo son dos reglas que se aplican en oraciones con el verbo *ser*. La primera, probablemente la misma regla que llamé *Posposición del sujeto* en el capítulo 16 (cfr. 16.1.1), es la que convierte (67*a*) en (67*b*):

67. *a*) Todas las declaraciones que han dado son falsas.
    b) Son falsas todas las declaraciones que han dado.

La segunda es la que, junto a *Inversión de sujeto-verbo,* convierte, por ejemplo, (68*a*) y (69*a*) en (68*b*) y (69*b*), respectivamente:

68. *a*) El autor es Cervantes.
    b) Cervantes es el autor.

69. *a*) El impacto de esta teoría ha sido muy grande.
    b) Muy grande ha sido el impacto de esta teoría.

Cuando esta segunda regla, quizá la misma que en el capítulo anterior llamé *Topicalización del foco,* se aplica sobre un Predicado nominal menos específico que el sujeto, la oración resultante es poco aceptable. Por ejemplo, (70*b*), derivada de (70*a*), es poco aceptable (excepto, quizá, en un estilo particular), puesto que el sujeto es más específico (*el*) que el Predicado (*un*):

70. *a*) El perro es un animal doméstico.
    b) ?? Un animal doméstico es el perro.

17.5. En esta última sección voy a recapitular las reglas propuestas en este capítulo y voy a formular algunas de ellas pero antes voy a señalar una diferencia existente entre el español y el inglés. Emonds (1976) agrupa las transformaciones en tres clases, una de éstas es la de las 'transformaciones radicales' *(root transformations),* es decir, transformaciones que se aplican solamente en último ciclo, esto es, en la cláusula más alta de un indicador sintagmático. En su análisis del inglés, Emonds demuestra que varias reglas de movimiento son de este tipo. Por ejemplo, la transformación que él llama *Subject-Auxiliary Inversion,* y que yo he denominado *Inversión de sujeto-verbo* por razones que aclararé más tarde, se aplica en inglés sólo en la cláusula principal. Por ejemplo, en interrogativas y exclamativas no-subordinadas. En inglés, la regla no se aplica en las relativas, por ejemplo. Sin embargo, como lo he hecho notar en varias ocasiones, en español la regla opera tanto en las cláusulas principales como en las subordinadas; por ejemplo, se aplica en las relativas.

Otras reglas que en inglés limitan su aplicación a una principal —se aplican, pues, en el último ciclo, pero no en ciclos anteriores— son *Topicalización*, *Dislocación* y *Anteposición de complemento de lugar*. Sin embargo, en español, estas reglas pueden actuar también en subordinadas. Nótese, por ejemplo, que las oraciones en (71) son todas gramaticales, aunque las correspondientes en inglés quizá no lo sean:

71. *a)* Luis dijo que queso no quería.
    b) Te dije mil veces que a Pedro lo mató un desconocido.
    c) Me pareció que hasta nosotros llegaba el perfume de las flores.

El hecho de que las reglas antes mencionadas se apliquen en español también en las subordinadas no implica que en esta lengua no haya 'transformaciones radicales'. Un ejemplo de este tipo de transformaciones en español serían *Formación de parentética* y *Formación de exclamativa*. Prueba de ello es que (72*a*) no puede convertirse en (72*b*), y que (73*a*) no tiene una correspondiente como (73*b*):

72. *a)* Pedro cree que Luis dijo: 'Tengo hambre pero no quiero comer'.
    b) *Pedro cree que 'Tengo hambre', dijo Luis 'pero no quiero comer'.

73. *a)* Luis exclamó: 'Qué bello es el amor'.
    b) *Luis exclamó que 'Qué bello es el mar'.

Es decir, en (72*a*) *Luis dijo* no puede moverse porque no es una cláusula principal, y en (73*b*) la exclamativa no puede generarse porque *Formación de exclamativa* puede operar en una oración simple no subordinada o en un discurso directo, que en cuanto tal funciona como una oración no subordinada.

Sin embargo, el hecho de que tanto (72) como (73) incluyan discursos directos podría hacer pensar que hay otras razones por las que las reglas en cuestión no puedan aplicarse. Naturalmente, esta es una posibilidad que deberé dejar abierta hasta una investigación más minuciosa. Por el momento me basta con haber señalado que las 'transformaciones radicales', de existir en español, son de un número más reducido que en inglés. Ahora bien, como las 'transformaciones radicales' propuestas por Emonds son casi todas reglas de movimiento, se deduce que el orden de los elementos en inglés es más estricto que en español, cosa por demás notada en todos los trabajos comparativos.

17.5.1. Ahora quisiera volver al tema principal de esta última sección para formalizar las reglas y hacer algunos comentarios al respecto.

En la sección (17.1) hablé de una regla que desplaza el *se* impersonal al lado del verbo y dije que se trataba de *Movimiento de clíticos*. Pero esto no es cierto, pues *Movimiento de clíticos* actúa en circunstancias distintas[16]. Por tanto, necesitamos una nueva regla que llamaré *Movimiento de se* y que formularé de la manera siguiente:

74. T Movimiento de se:
DE: se   V   X
      1   2   3 $\overset{obl}{\Rightarrow}$
CE: ∅   1+2   3
Observación: 1+2 expresa que: 1 se une a 2 con una unión fraternal (ver capítulo 4 sección (4)); los dos elementos son un solo constituyente dominado por el nudo V.

Las reglas que aparecen en la sección (17.2) son *Posición de Neg*, *Expansión de Neg* y *Elisión de no*, que formularé como (75), (76) y (77), respectivamente:

75. T. Posición de Neg:
DE: Neg   X   V   Y
      1   2   3   4 $\overset{obl}{\Rightarrow}$
CE: 1   Neg   2   3   4
Condición: 1 y 2 forman parte de la misma cláusula.

76. T Expansión de Neg:
DE: Neg   X   Ind   Y
      1   2   3   4 $\overset{obl}{\Rightarrow}$
CE: 1   2   Neg + 3   4
Condiciones: *a*)   Ind es algo, alguien, algún, alguno, etc., o siempre.
              b)   1 y 3 forman parte de la misma cláusula.

---

[16] Ver nota 1 de este capítulo.

Observaciones: a) (76) se aplica de manera reiterada; es decir, tantas veces cuantas son las ocasiones en que su DE es satisfecha.
b) (76) es facultativa cuando Ind es un SN con relativa.
c) En esta regla y la siguiente Neg + Ind quiere expresar que los dos elementos en cuestión forman parte de una misma palabra.

77. T Elisión de no:
DE: X   Neg   +   Ind   Y   no   V   Z
      1   2   3   4   5   6 $\overset{obl}{\Rightarrow}$
CE: 1   2   3   ∅   5   6

A continuación formularé las reglas de elisión propuestas en la sección (17.3), limitando la formulación a los casos de cláusulas coordinadas:

78. T Elisión de N (de izquierda hacia la derecha):
DE: X   N   Y   Conj   W   N   Z
      1   2   3   4   5   6   7 $\overset{fac}{\Rightarrow}$
CE: 1   2   3   4   5   ∅   7
Condiciones: a) 2 = 6 y los dos forman parte de SN con adjetivos.
b) 1 2 3 son dominados por una misma O.
5 6 7 son dominados por una misma O.

79. T Elisión de V:
DE: X   V   Y   Conj   W   V   Z
      1   2   3   4   5   6   7 $\overset{fac}{\Rightarrow}$
CE: 1   2   3   4   5   ∅   7
Condiciones: a) 2 = 6.
b) 1 2 3 son dominados por una misma O.
5 6 7 son dominados por una misma O.

80. T Inserción de también:
DE: O   Conj   O
      1   2   3 $\overset{obl}{\Rightarrow}$
CE: 1   2   3 # también
Condición: 1 y 3 sólo se diferencian por un elemento de la misma categoría y función.

Observaciones: *a*) si 1 y 3 son negativas, se inserta *tampoco* en lugar de *también*.
b) # representa unión tipo Chomsky (ver capítulo 4 sección 4.6).

81. T Elisión de SV:
DE: X   SV   Conj   Y   SV
      1   2   3   4   5 $\overset{fac}{\Rightarrow}$
CE: 1   2   3   4   ∅
Condiciones: *a*) 2 = 5.
b) 1 2 son dominados por una misma O.
b) 4 5 son dominados por una misma O.

Ahora formularé las reglas de movimiento presentadas en la sección (17.4.) a excepción de las que mencioné muy brevemente en (17.4.5).

La primera regla que formularé es *Inversión de sujeto-verbo,* que es distinta de la regla que propone Emonds (1976), porque en español la inversión generalmente se da entre el sujeto y todo el verbo, incluyendo el auxiliar[17], y no entre el sujeto y el auxiliar solo, como sucede en inglés y francés. Prueba de ello son las oraciones siguientes:

82. *a*) ¿Ha visto Usted mi perro?
b) ?? ¿Ha Usted visto mi perro?
c) Avez-vous vu mon chien?
d) Have you seen my dog?

En consecuencia, la formulación que propongo para esta regla es (83), donde sólo se menciona el símbolo V. Quiero, sin embargo, aclarar que la formulación (83) no es precisa porque descarta la posibilidad de aplicar la regla cuando el SV no esté reducido a V.

83. T Inversión de sujeto-verbo:
DE: X   SN   V
      1   2   3 $\overset{fac}{\Rightarrow}$
CE: 1   3   2
Observación: (83) es obligatoria bajo ciertas circunstancias,

---

[17] Por auxiliar aquí, como en todo el trabajo, entiendo el verbo *haber*. El verbo *estar* de (i) lo considero un semi-auxiliar, como *poder, deber,* etc., que he analizado haciendo uso de *Elevación de SV* (capítulo 9):

i. ¿Está Ud. estudiando francés?

por ejemplo, cuando la oración es una exclamativa.

A continuación formularé otras de las reglas presentadas en la sección (17.4).

84. T Inversión de N y Adj:
    DE: X   N   Adj SP   Y
         1   2   3   4   5 $\overset{fac}{\Rightarrow}$
    CE: 1   3   2   4   5

85. T Anteposición contrastiva:
    DE: X   SN V   Y   pero W   SN V   Z
         1   2   3   4   5   6   7   8   9 $\overset{fac}{\Rightarrow}$
    CE: 4#1 2   3   ∅   5   6   7   8   9
    Condiciones: a) 2 = 8.
                 b) 4 = 9.
                 c) si 4 es un verbo, debe estar en infinitivo.
    Observación: (85) es inaplicable si 3 = pensar, decidir.

86. T Anteposición de negativo:
    DE: SN   V   X   Neg + Ind   Y
         1   2   3   4   5 $\overset{fac}{\Rightarrow}$
    CE: 4#1   2   3   ∅   5
    Condición: 1, 2 y 4 forman parte de la misma cláusula.

87. T Anteposición de complemento de lugar:
    DE: SN   V   X   SP   Y
         1   2   3   4   5 $\overset{fac}{\Rightarrow}$
    CE: 4#1   2   3   ∅   5
    Condición: 4 es complemento de lugar.
    Observación: 4 puede ser aquí, allí, etc.

88. T Formación de parentética:
    DE: SN   V   X   Y
         1   2   3   4 $\overset{fac}{\Rightarrow}$
    CE: ∅   ∅   3#1   2   4
    Condición: 2 es un verbo 'dicendi' o 'cogitandi'.

Capítulo 18

Condiciones y transformaciones en la sintaxis del español

Este capítulo contiene dos secciones. En la primera hablaré de algunas condiciones existentes en sintaxis española, en la segunda ofreceré una lista de las transformaciones propuestas en este trabajo.

18.1. En varios trabajos, desde Chomsky (1961), se ha demostrado que las gramáticas transformacionales tienen un poder generativo demasiado 'fuerte'[1]. Si, por ejemplo, un conjunto de reglas sintácticas como el que he desarrollado se implementara como un mecanismo formal para generar las oraciones del español, probablemente el resultado sería el conjunto de oraciones gramaticales de la lengua en cuestión más un conjunto de oraciones agramaticales. En particular, esto sucedería si la aplicación de las reglas atendiera únicamente a las formulaciones de las mismas.

Por estas razones, desde varios años los lingüistas se han abocado a la tarea de implementar mecanismos que redujeran el poder generativo de la gramática. Entre estos mecanismos resaltan las condiciones sobre la aplicación de las reglas. En los capítulos anteriores he hecho referencia varias veces a esas condiciones, aquí quiero volver sobre el tema para ofrecer un enfoque más general.

Una de las condiciones que restringen el poder generativo de las reglas es el mismo principio de aplicación ordenada. En efecto, como lo he hecho notar en varias circunstancias, al asumir que las reglas se aplican según un determinado orden evitamos producir oraciones agramaticales. En la sección (18.2) volveré a plantear esta cuestión y ordenaré la mayoría de las reglas propuestas en este trabajo.

Cabe señalar que un aspecto importante de la aplicación ordenada de las reglas es el principio de ciclicidad, que, aparte de su

---

[1] Entre los muchos trabajos que se dedican a este problema, vale la pena mencionar, al lado de los que cito más adelante, un artículo de Peters y Ritchie (1973) quienes demuestran, desde un punto de vista matemático, que la gramática transformacional tiene un poder generativo demasiado amplio.

justificación empírica, constituye un mecanismo muy eficaz para limitar el poder de las reglas. También es importante señalar que el principio de aplicación ordenada y el principio de ciclicidad son universales, en el sentido de que no son particulares de una lengua, sino que afectan a todas las lenguas naturales y, por ende, forman parte de la teoría gramatical.

Las otras condiciones que se imponen a las reglas pueden dividirse en dos tipos: particulares y generales. Las condiciones particulares son específicas de las reglas de cada lengua y son, por ejemplo, las que aparecen en este trabajo al final de la formulación de algunas transformaciones. Las condiciones generales, por el contrario, forman parte de la teoría gramatical. Entre estas últimas condiciones está, por ejemplo, la que limita la aplicación de ciertas reglas a elementos de una misma cláusula. Claro está, esta condición es universal, pero es en la gramática de cada lengua donde se especifica a qué reglas afecta. Por ejemplo, en español, *Reflexivización* está limitada a una sola cláusula, pero no en japonés (cfr. Kuno, 1973). Otra condición general es la que propone Postal (1971), el 'Cross-over Principle' que mencioné en el capítulo 7 cuando hice notar que en una oración con dos SN correferenciales ninguna transformación puede hacer 'cruzar' esos SN. Esta condición, de ser realmente válida y universal, afectaría todas las reglas de movimiento de las lenguas naturales.

Ross (1967) ha demostrado, además, que existen condiciones generales que afectan determinados tipos de reglas, independientemente de las lenguas donde éstas se den. Entre las condiciones que propone Ross están, por ejemplo, las que impiden que un elemento pueda ser extraído de una relativa, de una factitiva o de una estructura coordinada. Me explico. Si se mira a oraciones como (1), se nota que el relativo y el interrogativo pueden 'cruzar' varios nudos O (__ representa el lugar de donde sale el relativo o el interrogativo que aparece en cursiva):

1. *a)* Éste es el muchacho *que* Luis dijo que Pedro había insultado __.
   b) ¿*A quién* crees tú que Pedro haya insultado __?

Sin embargo, el movimiento del relativo es imposible, por ejemplo, en oraciones como (2):

2. *a)* *Éstos son los zapatos *que* Luis me habló del muchacho que robó __.
   b) *Éstos son los zapatos *que* me molesta el hecho de que el muchacho haya robado __.
   c) *Éstos son los zapatos que el muchacho robó __ y las camisas.

La agramaticalidad de (2*a*) se debe al hecho de que el relativo ha sido extraído de una relativa; (2*b*) es agramatical porque el relativo sale de una factitiva encabezada por *el hecho de que;* (2*c*) no es gramatical porque el relativo ha sido extraído de una construcción coordinada. Si se construyeran oraciones interrogativas con las mismas características estructurales de (2) se notaría que la agramaticalidad persistiría. Por estas razones Ross propone varias condiciones, por ejemplo, la condición del SN complejo, que impiden que *Relativización* y *Anteposición de interrogativo,* entre otras reglas, actúen en estructuras como las de (2).

Como lo señalé en varias ocasiones, Chomsky (1961) ha propuesto otra condición sobre la aplicación de las transformaciones. Inclusive ha sugerido que esa misma condición, A/A^2, es la que puede dar cuenta de los varios fenómenos señalados en el párrafo anterior. En trabajos más recientes, Chomsky (1973 y 1976) ha implementado otros mecanismos para reducir el poder de la gramática. Entre éstos últimos está la 'condición del sujeto especificado', que, como tratan de demostrarlo Quicoli (1976) y D'Introno (1979), es una condición que bloquea reglas transformacionales como *Monta de clíticos.* Pero, en todo caso, lo que me interesa señalar aquí es que las varias condiciones propuestas por Ross y Chomsky son mecanismos universales que restringen el poder de las reglas.

Las restricciones sintácticas que he mencionado no son las únicas que aparecen en los trabajos de lingüística. Lakoff (1970*b* y 1971), por ejemplo, propuso ciertas condiciones 'globales' sobre la derivación de las oraciones, que tendrían la función de bloquear la aplicación de una transformación teniendo en cuenta toda la historia derivacional anterior de la oración. Chomsky (1973 y 1976), sin embargo, ha demostrado que tales condiciones son innecesarias y que, además, no restringen el poder de la gramática, sino que lo aumentan.

Lo dicho hasta ahora tiene que ver con condiciones sobre la aplicación de las transformaciones. En otros estudios se ha tratado de implementar otros mecanismos que limitaran el poder de la gra-

---

[2] Esta condición, A sobre A, dice esencialmente lo siguiente: una transformación T no se puede aplicar a un nudo x_1 si éste es dominado por un nudo idéntico x_2, y en este caso T es aplicable a x_2. Por ejemplo, T no podría aplicarse a SN$_1$ en la estructura (relativa o factitiva) (a), ni en la estructura —coordinada— (b):

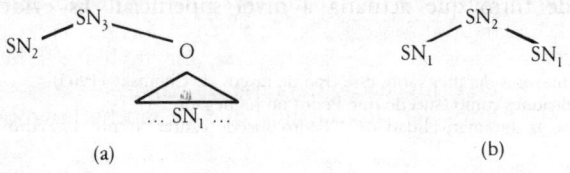

mática; algunos de éstos tienen que ver con la estructura profunda; otros, con la estructura superficial.

Los mecanismos implementados para condicionar las características formales de las estructuras profundas son esencialmente de dos tipos. Unos definen las reglas sintagmáticas posibles en las lenguas naturales (cfr., por ejemplo, Jackendof, 1977); los otros definen los rasgos sintácticos de los elementos léxicos de las lenguas naturales (cfr., por ejemplo, Lakoff, 1970a, y Perlmutter, 1971). En este trabajo no me he detenido sobre estos aspectos, pero en varias ocasiones he hecho referencia a cuáles pueden ser las reglas sintagmáticas tanto del español como de otras lenguas (cfr., por ejemplo, el capítulo 14). También he hablado en varias circunstancias de ciertas particularidades de los elementos léxicos del español, pero sin tratar de formalizarlas. Para dar un ejemplo, en el capítulo 9, al hablar del verbo *empezar a,* dije que éste debía aparecer como verbo principal de una estructura del tipo (3).

3.

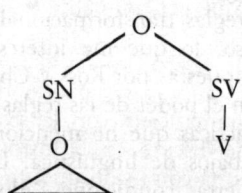

Esta característica de *empezar a* debería entonces especificarse con un rasgo de subcategorización, por ejemplo, [o[SN O] __]³, que debería aparecer en el léxico en la entrada correspondiente a este verbo. También aparecería en la entrada de otros verbos; entre éstos, *suceder*[4]. Pero cabe señalar que *empezar a* exige aplicación de *Elevación de SV*, pero no *suceder*[5]. Por tanto, el léxico debería también incluir un rasgo que especificara que el primer verbo, pero no el segundo, requiere aplicación de la regla en cuestión. Esto, naturalmente, da sólo una idea de cuáles pueden ser los mecanismos para definir con precisión las estructuras profundas e impedir, al mismo tiempo, que la gramática genere oraciones agramaticales.

Veamos ahora en qué consisten las condiciones sobre la estructura superficial. Éstas tienen la función de bloquear una oración después de que la sintaxis la haya producido. Esto es, constituirán una especie de filtro que actuaría a nivel superficial. Es evidente que

---

[3] Para mayores detalles sobre este tipo de rasgos cf. Chomsky (1965).
[4] En oraciones como 'sucede que Pedro no ha llegado'.
[5] Nótese la agramaticalidad de '*Pedro sucede cantar' frente a 'Pedro empieza a cantar'.

un mecanismo de este tipo no parece justificarse; sin embargo, Perlmutter (1971) y Rivero (1971), por ejemplo, han demostrado que no existen mecanismos formales capaces de detener ciertas derivaciones que darían lugar a oraciones agramaticales. Por ejemplo, Perlmutter ha demostrado que no se puede bloquear la derivación de oraciones en español que aparecerían en la estructura superficial con la seuencia de clíticos *se se,* de los cuales el primero sería un impersonal. Por tanto, llega a la conclusión de que la gramática del español necesita una condición superficial que detenga una estructura superficial de este tipo. Rivero, por su parte, demuestra que *Monta de negación* puede dar origen a oraciones con dos *no* en una misma cláusula, y por ello propone una condición que deseche estructuras superficiales con estas características. Por otro lado, Suñer (1976) demuestra, como lo hice notar en el capítulo 17, que el español no puede tener oraciones con un sujeto 'desnudo', y, por consiguiente, propone otra condición que impida que tales oraciones sean definitivamente generadas. Cabe ahora señalar que condiciones superficiales como las que he citado son particulares, propias de una lengua, y que generalmente tienen que ver con secuencias de elementos.

Un ejemplo más de este último tipo de condiciones es el que señalé al hablar de las causativas, cuando dije que éstas podían resultar en oraciones agramaticales con la secuencia *a SN a SN*. Otro ejemplo más es el que discuto en D'Introno (1979). En ese trabajo hago notar que existe una condición que impide que dos SN o dos SP superficialmente idénticos puedan interpretarse como correferenciales. Lo interesante es, sin embargo, que las dos condiciones señaladas en este párrafo son de un carácter más general que las que mencioné en el párrafo anterior. Inclusive en mi trabajo aquí arriba citado sostengo que la condición sobre la no-correferencialidad es universal[6].

En conclusión, lo que he querido plantear en este capítulo es que, además de las reglas y el léxico, toda sintaxis debe contener varios tipos de condiciones, algunas particulares, otras universales, que se aplican sobre las reglas, la estructura profunda o la estructura superficial. Estas condiciones son los mecanismos formales propuestos para reducir el poder de la gramática y hacer que ésta genere únicamente oraciones gramaticales. En sintaxis española existen varias condiciones. Algunas las mencioné en los capítulos anteriores, otras las he señalado en este capítulo. Entre estas condiciones, repito, está el principio de aplicación ordenada de las reglas, del cual forma

---

[6] Edward Keenan, con quien pude hablar acerca de esta condición en un curso que dictó en el Instituto de la LSA a Oswego en 1976, confirmó que entre sus numerosos ejemplos de reflexivos en distintas lenguas no había un caso en que los dos elementos correferenciales fueran superficialmente idénticos.

parte el principio de ciclicidad. En lo que sigue quisiera volver sobre este tema para tratar de ofrecer una lista de reglas. Mi objetivo es simplemente elaborar la lista; por ello, mi exposición se limitará a una justificación del orden en que presento las transformaciones.

18.2. En el capítulo 8 hablé del principio de ciclicidad y propuse subdividir las transformaciones del español en dos grupos: cíclicas y postcíclicas. En esta sección propondré una lista de transformaciones cíclicas y una lista de transformaciones postcíclicas, limitándome a enunciar sólo las transformaciones que he tratado con más detenimiento.

18.2.1. Una de las transformaciones cíclicas es *Pasivo* (esto es, *Pasivización*). En efecto, si en la derivación de (4b), derivada de (4a), *Pasivo* se aplica dos veces, antes y después de *Elevación de sujeto*, esto demuestra que *Pasivo* se aplica en dos ciclos distintos[7]:

4. *a)* Se considera [el juez cerró el caso].
   b) El caso fue considerado cerrado por el juez.

Es decir, si *Pasivo* se aplica en dos ocasiones distintas y su segunda aplicación depende de la de *Elevación de sujeto*. En consecuencia *Pasivo* no puede ser postcíclica porque de ser postcíclica podría aplicarse varias veces, pero siempre al mismo tiempo, y no antes y después de otra regla. Esto se comprende mejor si se tiene en cuenta que las postcíclicas constituyen una lista aplicable una sola vez en la derivación de las oraciones.

De paso quiero hacer notar que la derivación de (4b) revela que *Elevación de sujeto* es anterior a *Pasivo*, esto es, se aplica en el ciclo de la principal antes de *Pasivo*, y, por tanto, también es cíclica.

La derivación de la oración (5b) a partir de (5a) revela que el orden de aplicación es *Pasivo, Equi, Pasivo*:

5. *a)* Se obligó a Luis [un médico examina a Luis].
   b) Luis fue obligado a ser examinado por un médico.

Por tanto, (5b) confirma el carácter cíclico de *Pasivo* y nos permite concluir que *Equi* es anterior a *Pasivo*, pues se aplica en el ciclo de la principal antes de esta regla.

---

[7] (4b) puede también derivarse de la estructura (i):

i. El juez considera [se cerró el caso].

Esta derivación también requiere aplicación de *Pasivo* antes y después de *Elevación de sujeto*, por lo que esta derivación confirma lo que he dicho.

La derivación de (6b) a partir de (6a) revela que *Equi* es anterior a *Pronominalización*, porque si el segundo *Luis* se pronominalizara, *Equi* no podría aplicarse:

6. a) Luis quiere [Luis canta].
   b) Luis quiere cantar.

A la misma conclusión se llega al analizar la derivación de (7b) a partir de (7a):

7. a) Luis obliga a yo [yo saludo a Luis].
   b) Luis me obligó a saludarlo.

La derivación de (8b) a partir de (8a) muestra que *Reflexivización* es anterior a *Pronominalización*, porque si el orden fuera inverso obtendríamos (8c), que es agramatical:

8. a) Luis baña a Luis.
   b) Luis se baña.
   c) *Luis lo baña.

Ahora bien, si *Reflexivización* viene antes de *Pronominalización*, debería aplicarse en la derivación de (7b). En efecto, cuando en (7a) se aplica *Equi*, las dos cláusulas se reducen a una sola, y *Reflexivización* debería tener oportunidad de aplicarse. Pero el hecho de que en la derivación de (7b) no puede actuar *Reflexivización* revela que ésta es anterior tanto a *Pronominalización* como a *Equi*.

La derivación de (9b) muestra, por otro lado, que *Extraposición* es anterior a *Equi*, puesto que el segundo *Pedro* debe encontrarse delante de la subordinada para que *Equi* tenga lugar:

9. a) Luis permitió [Pedro canta] a Pedro.
   b) Luis le permitió a Pedro cantar.

Para obtener (10) deben aplicarse *Elevación de SV* y *Equi:*

10. Luis quiere empezar a cantar.

Sin embargo, como las dos reglas se aplican en ciclos distintos, lo que la derivación de (10) muestra es que *Elevación de SV* es cíclica, pues debe aplicarse en un ciclo anterior al que corresponde a *Equi*, pero no muestra cuál es el orden respectivo de estas reglas. Ahora bien, la derivación de oraciones con *empezar a* no admiten aplicación de *Extraposición;* por tanto, podemos asumir que *Elevación de SV* es anterior a *Extraposición*.

Si analizamos ahora la derivación de (11) notamos que en un

ciclo se aplica *Elevación de objeto,* y en el ciclo superior, *Elevación de SV:*

11. Estos libros parecen ser difíciles de leer.

Por tanto, aunque no podamos definir el orden respectivo de las dos reglas en cuestión, podemos deducir que *Elevación de objeto* es cíclica.

Las transformaciones que dan origen a las causativas son anteriores a *Reflexivización,* como puede deducirse de la derivación de (12*a*), puesto que la regla se aplicará sólo cuando las dos cláusulas hayan sido reducidas a una.

12. *a*)   Luis dejó [el barbero afeita a Luis].
     b)   Luis se dejó afeitar por el barbero.

Otras reglas cíclicas son las que dan origen a las relativas, puesto que se aplican antes de *Pronominalización,* como lo demostré al hablar de este tipo de cláusulas. De acuerdo con esto, las reglas que generan las seudo-hendidas también son cíclicas y anteriores a *Pronominalización,* en vista de que en su derivación intervienen las reglas que forman las relativas.

Las reglas que he citado hasta ahora son cíclicas y anteriores a *Pasivo,* a excepción de *Dislocación* y *Topicalización.* De estas reglas, algunas se aplican en una sola cláusula, otras no. Entre estas últimas está, por ejemplo, *Equi.* Nótese ahora que, aunque el efecto de *Equi* sea el de elidir el sujeto de la subordinada, *Equi* es una regla que afecta dos cláusulas, esto es, debe tomar en cuenta dos cláusulas. Esto es importante, porque las transformaciones cíclicas no pueden regresar a un ciclo ya pasado para afectar únicamente a ese ciclo. Si una regla actuara de esa manera ya no sería una transformación cíclica, sino postcíclica.

18.2.2.   Entre las postcíclicas están las reglas siguientes: *Formación de clíticos, Movimiento de clíticos* y *Elisión del pronombre fuerte.* Éstas son reglas postcíclicas porque en la derivación de (13*b*) a partir de (13*a*) deben regresar —después de la aplicación de *Pronominalización*— al ciclo de la subordinada para afectar únicamente esa cláusula —como se recordará, las tres reglas en cuestión se limitan a una sola cláusula—, lo cual, como acabo de decirlo, va en contra de la definición de regla cíclica:

13. *a*)   Luis dijo [Antonio odiar a Luis].
     b)   Luis dijo que Antonio lo odia.

Por tanto, las tres reglas anteriores son postcíclicas.

Las reglas *Posición de Neg* y *Expansión de Neg* son también cíclicas, puesto que para derivar (14), por ejemplo, la segunda debe aplicarse en el ciclo de la subordinada, dando lugar a *nadie*, que pasa a ser sujeto de la principal cuando *Elevación de SV* se aplica en el ciclo siguiente:

14. Nadie parece comprender lo que dices.

Nótese que en la derivación de (14) la negación forma parte de la subordinada y no de la principal porque (14) es sinónima de (15):

15. Parece que nadie comprenda lo que dices.

Ahora bien, la derivación de (14) muestra que las reglas para la formación de negativos son cíclicas, no revela cuál es el orden entre estas reglas y *Elevación de SV*. Sin embargo, sabemos que *Expansión de Neg* debe ser posterior a *Equi*, por lo que dije en el capítulo anterior (sección 17.2) acerca de oraciones como (16):

16. No quiero comer nada.

En cuanto a *Dislocación* y *Topicalización*, las consideraré cíclicas, aunque no tenga argumentos que me permitan inferir que este supuesto sea correcto. En todo caso son anteriores a reglas postcíclicas, como *Formación de clíticos*, que discutiré más tarde. También es cierto que no se aplican antes de las reglas cíclicas ya mencionadas. Así que, de ser cíclicas, serán posteriores a *Pasivo*.

Inserción de mismo es posterior a *Elisión del pronombre fuerte*; por tanto, es postcíclica.

La derivación de (17c) a partir de (17a) implica la aplicación ordenada de *Pronominalización, Inserción de que, Concordancia* y *Elisión del sujeto pronominal*:

17. a) Pedro cree [Pedro es el ganador].
    b) Pedro cree que él es el ganador.
    c) Pedro cree que es el ganador.

Ahora bien, puesto que *Concordancia* se aplica después de *Pronominalización*, es una regla postcíclica. Nótese, además, que para hacer concordar el verbo *ser* de (17) se debe regresar a la subordinada para hacer concordar el verbo con el sujeto de esa cláusula, y esto, como lo he dicho, no es propio de una regla cíclica. Por estas mismas razones, *Elisión del sujeto pronominal* es postcíclica y posterior a *Concordancia*. En cuanto a *Inserción de que* es una regla que parece afectar una sola cláusula, pero no es así, pues debe tomar en cuenta dos nudos O. Por ello no es necesariamente postcíclica, y podría considerarse la última regla cíclica.

Entre las reglas postcíclicas se incluyen también *Inversión de sujeto-verbo* y *Movimiento de se,* puesto que ambas se aplican después de *Concordancia.* En cuanto a las otras reglas de movimiento propuestas en el capítulo anterior asumiré que son postcíclicas, si bien no tengo argumentos fuertes que me permitan llegar a esta conclusión.

Las reglas de elisión del capítulo anterior son, por su parte, postcíclicas y anteriores a *Concordancia,* como quedó demostrado en ese mismo capítulo.

Para concluir, resumiré en las dos listas (18) y (19) las reglas a las cuales he aludido en esta sección.

18. *Transformaciones cíclicas:*

    1. Elevación de SV.
    2. Elevación de sujeto.
    3. Elevación de objeto.
    4. Formación de causativas.
    5. Reflexivización.
    6. Extraposición.
    7. Equi.
    8. Posición de Neg.
    9. Expansión de Neg.
    10. Relativización.
    11. Formación de seudo-hendidas.
    12. Pronominalización.
    13. Pasivo.
    14. Dislocación.
    15. Topicalización.
    16. Inserción de que.

19. *Transformaciones postcíclicas:*

    1. Concordancia.
    2. Elisión de sujeto pronominal.
    3. Elisión de N.
    4. Elisión de V.
    5. Elisión de SV.
    6. Formación de clíticos.
    7. Movimiento de clíticos.
    8. Movimiento de se.
    9. Elisión del pronombre fuerte.
    10. Inserción de mismo.

11. Inversión de sujeto-verbo.
12. Anteposición contrastiva.
13. Anteposición de negativo.
14. Elisión de no.
15. Anteposición de complemento de lugar.
16. Formación de parentética.

Finalmente quiero señalar que el orden propuesto en (18) y (19) no es definitivo, y podría modificarse con investigaciones posteriores. Por otro lado, si bien he podido demostrar en algunos casos cuál es el orden respectivo entre dos reglas, en otros casos no me ha sido posible por varias razones; una de éstas es que a veces las reglas son incompatibles en el sentido de que la aplicación de una excluye la aplicación de la otra. Para dar un ejemplo, entre las tres reglas de Elevación de (18) no hay manera de establecer un orden respectivo. En todo caso, considero que dentro del marco analítico que he desarrollado, (18) y (19) son una buena aproximación a una lista definitiva de reglas transformacionales del español.

Conclusiones

El análisis sintáctico que he presentado en este trabajo permite llegar a varias conclusiones, algunas generales, otras particulares. Creo que las conclusiones generales son esencialmente dos. La primera es que en esta monografía se demuestra la insuficiencia de los procedimientos analíticos de la gramática estructural para resolver los problemas sintácticos del español. La segunda es que en este estudio se han acumulado bastantes evidencias y argumentos que permiten afirmar que un análisis transformacional del español es empírica y teóricamente adecuado.

Las conclusiones particulares son las que se deducen del análisis realizado en cada capítulo sobre distintos aspectos de la sintaxis española. En efecto, en cada capítulo se llega a la conclusión de que el fenómeno particular tratado en él se puede explicar por medio de reglas transformacionales; lo cual implica que las transformaciones propuestas forman parte de la gramática —y por ende, de la competencia del hablante— del español.

Para resumir esas conclusiones, expondré a continuación los aspectos más relevantes de cada capítulo.

Cada uno de los 17 capítulos que tratan de problemas sintácticos es un análisis de un fenómeno particular, a excepción de los dos últimos capítulos, donde se analizan varias reglas y varias condiciones.

En el capítulo 1 elaboro una definición de gramática estructural que no considero muy exacta, pero en todo caso bastante general, y necesaria para desarrollar mi análisis sintáctico.

En el segundo capítulo, dedicado al estudio de los pronombres personales, demuestro que un análisis estructural de estos elementos se revela inadecuado y esbozo un análisis alternativo que, si bien resuelve los problemas planteados, sale del marco estructural. En consecuencia, en ese mismo capítulo ofrezco un esquema informal de la sintaxis transformacional e introduzco algunas nociones nuevas; por ejemplo, las de estructura profunda y estructura superficial.

Los problemas referentes a los pronombres personales con función de sujeto son tratados en el capítulo 3, donde hablo de las características de la regla que elide el sujeto, *Elisión del sujeto pronominal*, y hago notar que esta regla es facultativa, a diferencia de *Concordancia,* que es obligatoria.

En los dos últimos capítulos mencionados, mi preocupación es esencialmente demostrar, por un lado, la inadecuación de la sintaxis estructural y, por otro lado, la necesidad de elaborar otro tipo de gramática. En el capítulo 4 me dedico a esta última tarea y doy una definición de gramática transformacional, centrando mi atención sobre el componente sintáctico. Al mismo tiempo describo las características formales de las reglas de este componente, explicando las diferencias entre reglas sintagmáticas y reglas transformacionales. Al final del capítulo resumo las características más importantes de las transformaciones, indicando al mismo tiempo que éstas pueden ser de cuatro tipos: movimiento, elisión, inserción y sustitución. Así que en el capítulo 5 quedan definidas la mayoría de las nociones necesarias para un análisis transformacional de la sintaxis española.

En el siguiente capítulo, 5, confirmo la validez de las transformaciones a través de un estudio de los pronombres reflexivos y propongo una regla, *Reflexivización,* que da cuenta de los fenómenos planteados.

En el capítulo 6 estudio otros aspectos de los pronombres personales no-reflexivos y formulo una regla de *Pronominalización* que da cuenta de la relación entre un SN y un pronombre dentro de la misma oración. Luego analizo las similitudes y diferencias entre *Reflexivización* y *Pronominalización,* y concluyo demostrando que las transformaciones deben aplicarse de manera ordenada y que, además, deben obedecer a ciertas condiciones.

Los problemas sintácticos del pasivo son tratados en el capítulo 7, donde explico la relación entre activo y pasivo a través de una regla, *Pasivización,* que convierte una oración activa en una pasiva. En el mismo capítulo planteo problemas que tienen que ver con la relación entre *Pasivización* y las otras reglas propuestas, y trato de resolverlos por medio del principio de aplicación ordenada de las reglas.

En el capítulo 8 estudio la derivación de oraciones con *querer* e infinitivo y demuestro que este tipo de oraciones se obtienen aplicando una regla de elisión del sujeto de la cláusula subordinada. Luego extiendo el análisis a otros verbos y formulo la regla en cuestión, *Equi.* En el mismo capítulo explico otros aspectos de la aplicación ordenada de las reglas e introduzco una nueva noción —principio de ciclicidad— y una subdivisión de las transformaciones en cíclicas y postcíclicas.

Otras oraciones con infinitivo, esta vez con el verbo *empezar a,* son tratadas en el capítulo 9, donde demuestro que estas oraciones se obtienen por aplicación de una regla distinta de *Equi.* Dicha regla, que llamo *Elevación de SV,* se aplica también en oraciones con verbos como *ir a, deber,* etc.

Extraposición es la transformación de movimiento que discuto en el capítulo 10, donde demuestro que esta regla mueve una cláusula subordinada a la derecha de la oración antes de la aplicación de *Equi.*

En los capítulos 11 y 12 trato de otras reglas de movimiento. En el 11 analizo, por un lado, oraciones del tipo 'Estos libros son fáciles de leer' y demuestro que en sus derivaciones interviene una regla que eleva el objeto de la subordinada a la posición de sujeto de la principal, y por otro lado, oraciones del tipo 'Consideran a César el mejor emperador de Roma', y demuestro que éstas se obtienen aplicando una regla que mueve el sujeto de la subordinada a la posición de objeto de la principal. En ambos casos, el análisis desarrollado muestra que las reglas en cuestión están limitadas a ciertos tipos de elementos léxicos y a ciertos tipos de estructuras. Las dos reglas de movimiento que propongo en el capítulo 12, *Dislocación* y *Topicalización,* también afectan SN, pero no alteran la función de estos SN, ya que se trata de reglas que mueven un SN para ponerlo en una posición enfática de tópico.

En el capítulo 13 analizo un último tipo de oraciones con infinitivo, esta vez oraciones con los verbos causativos *dejar* y *hacer.* El análisis que desarrollo demuestra que estas oraciones se derivan de estructuras profundas en las cuales el infinitivo forma parte de una cláusula subordinada, haciendo uso de dos reglas transformacionales. Concluyo el análisis de las oraciones causativas discutiendo algunas condiciones que operan, algunas en la derivación de estas oraciones, otras a nivel de la estructura superficial.

Las oraciones complejas con cláusulas subordinadas no-infinitivas son estudiadas en el capítulo 14, que, a diferencia de los otros, contiene una discusión sobre las características semánticas de las oraciones. Sin embargo, tal discusion se justifica porque las conclusiones a las cuales llego son corroboradas por el análisis sintáctico. Cabe señalar que el análisis que desarrollo en este capítulo no tiene el objetivo de distinguir algunos procesos transformacionales, sino el de justificar tanto las estructuras profundas como la clasificación que propongo para las oraciones en cuestión. Lo más importante de esta clasificación es la distinción entre oraciones factitivas —las que tienen una subordinada encabezada por *el hecho de que*— y oraciones no-factivas.

Las oraciones con cláusulas relativas, por su parte, son analizadas en el capítulo 15, donde distingo tres tipos de relativas —restrictivas atributivas, restrictivas apositivas y no-restrictivas— y describo para cada tipo la derivación en términos transformacionales, formulando al mismo tiempo las reglas correspondientes.

En el capítulo 16 hago un análisis de las seudo-hendidas —y sus derivadas— y de las interrogativas, señalando los varios procesos transformacionales que tienen lugar en la derivación de estos dos tipos de oraciones.

El capítulo 17 está dedicado al estudio de varios fenómenos: el *se* impersonal, las oraciones negativas y algunas transformaciones de elisión y de movimiento. Los procesos transformacionales analizados en ese capítulo han sido tratados de una manera un tanto esquemática, puesto que los había estudiado en trabajos anteriores.

El último capítulo, 18, contiene un resumen de varias condiciones necesarias en sintaxis española para restringir el poder generativo de las reglas. Entre éstas incluyo el principio de aplicación ordenada y el principio de ciclicidad. Al final del capítulo ofrezco una lista ordenada de las transformaciones que he estudiado con más detenimiento, justificando al mismo tiempo el orden propuesto.

Después de haber señalado las conclusiones más importantes de este trabajo, quisiera decir algo acerca de la metodología que he seguido y acerca de las limitaciones de mi análisis.

En la introducción dije que mi propósito no era el de plantear cuestiones teóricas a priori, sino de llegar a éstas a posteriori, después de una investigación de varios fenómenos. De hecho así ha sido. Generalmente he planteado un problema sintáctico, he ofrecido varias soluciones y luego he escogido la más adecuada aportando argumentos que validaran tal selección. Posteriormente he medido las consecuencias teóricas de la solución adoptada y he planteado la necesidad de incorporar a la gramática nuevas reglas, nuevas nociones y nuevos procedimientos formales. De esta forma he elaborado una sintaxis transformacional del español que es acorde con los principios teóricos de *Aspectos* (1965) y de otros trabajos más recientes.

Por estas características diría que el orden de presentación de los fenómenos sintácticos es irreversible, en el sentido de que la comprensión y explicación de un fenómeno depende en gran medida de los planteamientos hechos anteriormente al tratar de otros fenómenos. Esto, quizá, le dé al trabajo un carácter un tanto rígido, pero es, en mi opinión, uno de sus aspectos más positivos.

Sin embargo, debo reconocer que mi análisis adolece de algunas fallas y limitaciones. Por ejemplo, a veces me he extendido excesivamente en algunos temas y no he desarrollado otros. Pero esto es comprensible si se tienen en cuenta dos cosas: los objetivos que me propuse al iniciar el trabajo, y la extensión y complejidad de la sintaxis. En todo caso, considero que mi análisis, aunque no definitivo, es una buena aproximación a la solución de los fenómenos sintácticos del español. No descarto, pues, la posibilidad de que estudios posteriores más específicos conduzcan a una modificación, o a una reformulación de mi análisis. Inclusive, así lo espero.

Referencias bibliográficas

AISSEN, Judith (1974), *The Syntax of Causative Constructions*, tesis de P. h. D. no publicada, Harvard University.
AKMAJIAN, Adrian (1970), «On deriving Cleft Sentences from Pseudo Cleft Sentences», *Linguistic Inquiry*, 1, 2, págs. 149-168.
— y HENY Frank (1975), *An Introduction to the Principles of Transformational Syntax*, Cambridge, Massachusetts, M. I. T. Press.
BELLO, Andrés (1972), *Gramática*, Caracas, Ministerio de Educación.
BENTIVOGLIO, Paola (1978), «Formación de clíticos: análisis sobre el habla culta de Caracas», en López Morales, Humberto (ed.), *Corrientes actuales en la dialectología del Caribe hispánico*, Universidad de Puerto Rico, Editorial Universitaria.
— y D'INTRONO, Francesco (1977), «Análisis sociolingüístico del dequeísmo en el español de Caracas», ponencia presentada al 2.º Simposio de Dialectología del Caribe Hispánico, Santo Domingo, República Dominicana.
BLOOMFIELD, Leonard (1933), *Language*, Nueva York, Holt Rinehart y Winston.
BORDELOIS, Ivonne (1974), *The Grammar of Spanish Causative Complements*, tesis de P. h. D. no publicada, M. I. T.
BRESNAN, Joan (1972), *Theory of Complementation in English Syntax*, tesis de P. h. D. no publicada, M. I. T.
CAMPOS, Edito (1978a), «Observaciones sobre los posesivos», *Letras*, 34, páginas 32-40, Caracas, Instituto Universitario Pedagógico de Caracas.
— (1978b), *La nominalización en español*, tesis de master, no publicada, Instituto Universitario Pedagógico de Caracas.
COMRIE, Bernard (1976), «The Syntax of Causative Constructions: Cross-Language Similarities and Divergences», en Shibatani, Masayoshi (ed.), *The Grammar of Causative Constructions*, Syntax and Semantics, vol. 6, Nueva York, Academic Press.
CONTRERAS, Heles (1974), «Indeterminate-Subject sentences in Spanish», reproducido por Indiana University Linguistics Club.
— (1971), «Los fundamentos de la gramática transformacional», en H. Contreras (compilador), *Los fundamentos de la gramática transformacional*, México, Siglo XXI.
— (1976), *A theory of word order with special reference to Spanish*, Amsterdam, North Holland (traducción al español en Cátedra, Madrid, 1978).
— y ROJAS Nelson (1972), «Some Remarks on Spanish Clitics», *Linguistic Inquiry*, 3, 3, pág. 387.
CULICOVER, P. W. (1977), «Some Observations concerning Pseudo-Clefts», *Linguistic Analysis*, 3, 4, págs. 346-375.
CHOMSKY, Noam (1957), *Syntactic Structures*, La Haya, Mouton (traducción al español en Siglo XXI, México, 1974).

- (1964), *Current issues in linguistic theory*, La Haya, Mouton.
- (1965), *Aspects of the theory of Syntax*, Cambridge, Massachusetts, M. I. T. Press (traducción al español en Aguilar, Madrid, 1970).
- (1969), *Deep Structure, Surface Structure and Semantic Interpretation*, distribuido por la Indiana University Linguistics Club. Publicado en D. Steinberg y L. Jacobovits (eds.), *Semantics*, Cambridge, Cambridge University Press, 1971.
- (1970), «Remarks on Nominalization», en Jacobs R. y P. Rosenbaum (ed.), *Readings in English Transformational Grammar*, Waltham, Mass., Ginn and Company.
- (1973), «Conditions on Transformations», en S. Anderson y P. Kiparsky, *A Festschrift for Morris Halle*, Nueva York, Holt, Rinehart y Winston.
- (1976), «Conditions on rules of Grammar», *Linguistic Analysis*, 2, 4, páginas 303-354.
- y HALLE, Morris (1968), *The Sound Pattern of English*, Nueva York, Harper and Row.

D'INTRONO, Francesco (1973), *Apuntes de gramática transformacional española*, Mérida, Venezuela, Universidad de los Andes.
- (1975), «Relação semântica entre verbo de espaço e preposição em espanhol», en Pinheiro Lucía et al., *Analises lingüísticas*, Petrópolis, Brasil, Vozes.
- (1978), «Alternancia lo/le en el español de Venezuela: análisis transformacional», en López Morales, Humberto (ed.), *Corrientes actuales en la Dialectología del Caribe hispánico*, Universidad de Puerto Rico, Editorial Universitaria.
- (1979), «Spanish Reflexives and the Specified Subject Constraint», en Lantolf, James (ed.), *Colloquium on Spanish and Luso-Brazilian Linguistics*, Washington D. C., Georgetown University Press.

EMONDS, Joseph E. (1978), *A Transformational Approach to English Syntax*, Nueva York, Academic Press.

GUITART, Jorge (1978), «Sobre el uso del Subjuntivo en hablas del Caribe: Teoría y Datos», ponencia presentada al V Congreso de ALFAL, Caracas, Venezuela.

HOCKETT, Charles (1958), *A course in modern linguistics*, Nueva York, Macmillan.

JACKENDOFF, Ray (1977), *$\bar{X}$ Syntax: A Study of Phrase Structure*, Cambridge, Massachusetts, M. I. T. Press.

KAYNE, Richard (1975), *French Syntax: The Transformational Cycle*, Cambridge, Massachusetts, M. I. T. Press.

KATZ, Jerrold y FODOR, Jerry (1964), «The Structure of a Semantic Theory», en Fodor, Jerry y Jerrold Katz (ed.), *The Structure of Language. Readings in the Philosophy of Language*, Englewood Cliffs, New Jersey, Prentice Hall.

KEENAN, Edward (1972), «On Semantically Based Grammar», *Linguistic Inquiry*, 3, 4, págs. 413-462.
- y COMRIE, Bernard (1976), «Noun Phrase Accessibility and Universal Grammar», *Linguistic Inquiry*, 8, 1, págs. 63-99.

KIPARSKY, Paul y KIPARSKY, Carol (1971), Fact», en D. Steinberg y L. Jacobovits (eds.), *Semantics*, Massachusetts, Cambridge University Press.

KLIMA, Edward S. (1964), «Negation in English», en J. Fodor y J. Katz (eds.),

The Structure of Language. Readings in Philosophy of Language, Englewood Cliffs, New Jersey, Prentice Hall.
KUNO, Susumu (1973), *The Structure of the Japanese Language*, Cambridge, Massachusetts, M. I. T. Press.
— (1974), «The Position of Relative Clauses and Conjunctions», *Linguistic Inquiry*, 4, 1, págs. 117-136.
LAKOFF, George (1970a), *Irregularity in Syntax*, Nueva York, Holt, Rinehart y Winston.
— (1970b), «Global Rules», *Language*, 46, 3, págs. 627-639.
— (1971), «On Generative Semantics», en D. Steinberg y L. Jacobovits (eds.), *Semantics*, Cambridge, Massachusetts, Cambridge University Press.
LANGACKER, Ronald (1969), «On Pronominalization and the Chain of Command», en D. Reibel y S. Schane, *Modern Studies in English. Readings in Transformational Grammar*, Englewood Clifs, New Jersey, Prentice-Hall.
LANGENDONCK, Willy van (1976), «Definiteness, Gerenicness and Markedness», mimeografiado, Katholieke Universiteit Leuven, Bélgica.
LÓPEZ MORALES, Humberto (1974), *Introducción a la gramática generativa*, Barcelona, Anagrama.
LUJÁN, Marta (1972), «On the So-called Neuter Article in Spanish», en J. Casagrande y B. Saciuk (eds.), *Generative Studies in Romance Languages*, Rowley, Massachusetts, Newbury House.
— (1977), «Direct Object Nouns and the Preposition *a* in Spanish», mimeografiado, University of Texas at Austin.
— (1978), «La semántica de los modos en la complementación verbal», ponencia presentada al V Congreso de ALFAL, Caracas, Venezuela.
OTERO, Carlos-Peregrín (1972), «Acceptable ungrammatical Sentences in Spanish», *Linguistic Inquiry*, 3, 2, págs. 232-242.
PERLMUTTER, David (1970), «The Two Verbs Begin», en R. A. Jacobs y P. S. Rosenbaum (eds.), *Readings in English Transformational Grammar*, Waltham, Massachusetts, Ginn and Company.
— (1971), *Deep and Surface Structure Constraints in Syntax*, Nueva York, Holt, Rinehart y Winston.
— (1972), «Evidence for Shadow Pronouns in French Relativization», en P. Parenteau, J. Levi y G. Phares (eds.), *The Chicago Witch-hunt. Papers from the Relative Clause Festival*, Chicago, Chicago Linguistic Society.
PETERS, S. y RITCHIE, R. W. (1973), «On the Generative Power of Transformational Grammars», *Information Sciences*, 6, págs. 49-83.
POSTAL, Paul (1971), *Cross-Over Phenomena*, Nueva York, Holt, Rinehart y Winston.
POTTIER, Bernard (1969), *Grammaire de l'espagnol*, París, Presses Universitaires de France.
QUICOLI, Carlos (1976), «Conditions on Clitic Movement in Portuguese», *Linguistic Analysis*, 2, 3, págs. 199-244.
RIVERO, María-Luisa (1971), «Una restricción de la estructura superficial sobre la negación en español», en H. Contreras (compilador), *Los fundamentos de la gramática transformacional*, México, Siglo XXI.
ROSS, John Robert (1967), *Constraints on Variables in Syntax*, tesis de P. h. D., reproducida por la Indiana University Linguistics Club, Bloomington, Indiana.
— (1973), «The Penthouse Principle and the Order of Constituents», en C. Corum, T. C. Smith - Stark y A. Weiser (eds.), *You Take the High*

Node and I'll Take the Low Node. Papers from the Comparative Syntax Festival, Chicago, Chicago Linguistic Society.

SÁNCHEZ DE ZAVALA, Víctor (compilador) (1976), *Estudios de Gramática Generativa,* Barcelona, Labor.

SUÑER, Margarita (1974), «Where does impersonal *se* come from?», en R. J. Campbell, M. G. Goldin y M. C. Wang (eds.), *Linguistic Studies in Romance Languages,* Washington D. C., Georgetown University Press.

— (1975), «The Free-Ride Principle and the So-called Impersonal *se*», en W. G. Millán, John J. Staczek y Juan C. Zamora (eds.), *1974 Colloquium on Spanish and Portuguese Linguistics,* Washington D. C., Georgetown University Press.

— (1976), «The Spanish Naked Noun Constraint», ponencia presentada al Colloqium on Hispanic and Luso-Brasilian Linguistics, Oswego, Nueva York.

TERRELL, Tracy (1976), «Assertion and presupposition in Spanish», en M. Luján y F. Hensey (eds.), *Current Studies in Romance Linguistics,* Washington D. C., Georgetown University Press.

Índice de transformaciones

Anteposición contrastiva, 274, 275, 282, 293.
Anteposición de complemento de lugar, 276, 278, 282, 293.
Anteposición de interrogativo, 256, 258, 262, 285.
Anteposición de objeto, 24, 264.
Anteposición de negativo, 276, 282, 293.
Cambio de forma pronominal, 45-47.
Concordancia, 47, 60, 68, 75, 85, 97-100, 110, 119, 178, 241, 270, 271, 291, 292, 294.
Copia de SN, 182, 245, 258, 292.
Desplazamiento de relativa, 272.
Dislocación: véase *Dislocación izquierda*.
Dislocación derecha, 167-169.
Dislocación izquierda, 149, 152, 160, 162, 165-167, 169, 196, 210, 236, 268, 278, 290-292, 296.
Elevación de objeto, 136, 137, 140, 184, 290, 292.
Elevación de sujeto, 141, 145, 184, 185, 189, 208, 288, 292.
Elevación de SV, 121, 125, 128-130, 133, 174-176, 184, 185, 206, 208, 286, 289-291.
Elevación de V, 178, 180, 181.
Elisión de a, 90, 95.
Elisión de artículo, 223-225, 228, 229.
Elisión de SN equivalentes, 98, 100, 102, 111-113, 117, 118, 120, 123, 124, 126, 134, 174, 176, 179, 180, 184, 189-191, 263, 288-290, 292, 295.
Elisión del pronombre fuerte, 43, 50, 56-58, 68, 75, 76, 290-292.
Elisión del sujeto pronominal, 33, 35, 41, 44, 49, 50, 75-77, 79, 110, 119, 152, 160, 163, 253, 291, 292, 294.
Elisión de N, 226, 229, 236, 259, 260, 268, 269, 280, 292.
Elisión de N genérico, 160-163, 169.
Elisión de no, 267, 279, 280, 293.
Elisión de se, 262, 263.
Elisión de SV, 270, 271, 281, 292.
Elisión de V, 269, 270, 280, 292.
Equi: véase *Elisión de los SN equivalentes*.
Expansión de Neg, 264-267, 279, 281, 292.
Extraposición, 131, 133, 134, 207, 236, 263, 289, 290, 292, 295.
Extraposición de la relativa, 236, 249.
Formación de causativas: véase *Elevación de V y Movimiento de sujeto*.
Formación de clíticos, 31, 45, 48, 50, 51, 56, 57, 68, 75, 93, 99, 109, 110, 134, 149, 162, 167, 233, 250, 262, 290-292.
Formación de clíticos a partir de SN no pronominal, 48, 164.
Formación de exclamativa, 278.
Formación de foco, 182, 255, 256, 258, 292.
Formación de parentética, 277, 278, 282, 293.
Formación de relativo, 204, 210, 223, 229-233, 237, 258-260, 272, 292.
Formación de seudo-hendida: véase *Formación de foco* y *Copia de SN*.
Inserción de mismo, 56-58, 61, 78, 82, 291, 292.
Inserción de que, 68, 69, 76, 97, 100, 110, 118, 119, 152, 178, 190, 205, 223, 224, 229-231, 263, 276, 291, 292.
Inserción de ser, 140.
Inserción de también, 270, 280.

Inversión de N y Adj, 271, 272, 282.
Inversión de OD y OI, 173, 187.
Inversión de sujeto-verbo, 149, 236, 239, 256, 257, 268, 272, 276, 277, 281, 292, 293.
Interrogación, 256-260.
Monta de clíticos, 31, 112, 174, 285.
Monta de negación, 208, 209, 251, 288.
Movimiento de clíticos, 30, 31, 45, 51, 56, 57, 60, 68, 75, 162, 232, 290, 292.
Movimiento de O, 228.
Movimiento de se, 279, 292.
Movimiento de sujeto, 178, 180, 182-190, 236, 292.
Nominalización, 209.
Pasivización, 78, 85, 87, 90, 92-94, 98-100, 110, 113, 114, 117-119, 123-125, 127, 130, 288, 290-292, 295.
Pasivo; véase *Pasivización*.

Posición de Neg, 264, 265, 267, 271, 279, 291, 292.
Posposición de sujeto, 140, 249, 277.
Pronominalización, 68-76, 79-81, 100, 110, 149, 152, 153, 159, 162-165, 168-170, 172, 230-233, 268, 289-292, 295.
Pronominalización derecha: véase *Pronominalización*.
Pronominalización izquierda, 80.
Reducción de relativa 238, 272.
Reflexivización, 55, 58, 61, 62, 64, 70-79, 88, 93, 98, 99, 118, 127, 142, 172, 173, 232, 233, 261, 262, 284, 289, 290, 292.
Relativización: véase *Formación de relativo*.
Seudo-hendida: véase *Copia de Sn* y *Formación de foco*.
Topicalización, 160,-162, 164-169, 236, 274, 290-292, 296.
Topicalización del foco, 249, 277.

Índice de materias

afirmación:
　verbos y oraciones que expresan, 103, 106, 198, 205;
ambigüedad, 67, 68;
　lexical, 67, 68;
　sintáctica, 68;
aplicación:
　cíclica de las transformaciones, 118 (véase también *principio de ciclicidad*);
　de las reglas, 28;
　ordenada de las reglas, 28, 74, 75, 81, 100, 116-118, 283, 284, 287, 288;
cambio estructural, 41, 42;
categoría, 21, 36-39 (véase también *clase*);
　gramatical, 22, 35;
clase, 18, 19, 22 (véase también *categoría*);
comando, 71, 72;
comentario, 146-150, 155, 158, 159;
complementizador, 145, 203, 204;
concordancia, 32, 33, 263;
　entre sujeto y verbo, 32;
　entre sujeto y adjetivo, 32;
　entre pronombre reflexivo y sintagma nominal, 57;
condiciones, 283-289;
　de A/A, 285;
　del sintagma nominal complejo, 208, 284;
　generales, 283, 284;
　particulares, 284, 285;
　sobre la derivación, 183-185, 285;
　sobre la estructura derivada, 113, 114, 124, 125, 182;
　sobre la estructura profunda, 112-114, 122-130, 211, 212, 286;
　sobre la estructura superficial, 186, 187, 264, 286, 287;
　sobre las reglas (véase *sobre las transformaciones*);
　sobre las transformaciones, 49, 71-75, 77, 78, 80, 81, 87-90, 93, 94, 123, 124, 144, 151, 159, 185, 284, 285;
　Universales, 283, 284, 287;
construcciones:
　autoincrustadas, 132, 237, 238;
　ramificadas, 132, 237, 238;
contexto, 18-21, 22-26;
convención de poda, 112, 173, 182;
correferencialidad, 52, 53, 61, 62, 64, 69, 70, 93, 101, 102, 109, 153, 160;
　partitiva, 115;
creencia:
　verbos que expresan, 197, 205;
derivaciones, 36-38, 48, 49, 56, 58-60, 64-66, 68-70, 75, 84, 98, 117, 120, 121, 141, 147, 148, 162, 167, 174, 180, 222-224, 226, 244;
descripción estructural, 42, 48;
deseo:
　verbos que expresan, 196, 204;
diagrama arbóreo (véase *marcador sintagmático*);
distribución, 18, 19, 122, 217;
dominación, 39;
　directa, 39;
　exhaustiva, 39;
elementos significativos, 19, 20;
entonación:
　declarativa, 147, 148, 151, 154, 165;
　interrogativa, 147, 148, 151, 166;
estructura:
　derivada, 50, 51, 111;
　profunda, 26-30, 33, 34, 39, 41, 42, 45, 48, 53, 56, 60, 64-68,

75, 84-86, 98, 100-102, 120, 121, 147-149, 151, 160, 162, 169, 171, 174, 188, 203, 212, 227, 230, 231, 241-244, 257;
sictáctica, 14, 35, 36;
superficial, 26-28, 35, 42, 48-50, 57, 60, 66, 68, 75, 79, 101, 147-149, 226, 227, 252, 253, 266, 267;
factitivas:
 verbos y oraciones, 196, 201, 202, 207-210;
función, 23-25, 39, 50, 60, 76, 77, 178, 188, 189, 247;
gramática, 13, 14, 17, 25, 26, 30;
 de la oración, 170;
 del discurso, 170;
 estructural, 14, 17-21, 26, 32, 37, 39;
 generativa (véase *transformacional*);
 generativo-transformacional (véase *transformacional*);
 reescritural (véase sintagmática);
 sintagmática, 39, 53, 54;
 transformacional, 14, 16, 20, 26, 33, 35-41, 57, 60, 67, 84, 86;
historia derivacional (véase *derivación*);
información:
 nueva (véase *rema*);
 vieja (véase *tema*);
interpretación:
 fonolóigica, 35, 46, 49, 227;
 semántica, 35, 48, 49, 53, 57-60, 62-68, 71, 79, 84, 96, 104, 138, 227, 266, 267;
lenguaje, 17;
lengua natural, 13, 19;
léxico, 59, 90, 101, 115, 116, 130;
marcador sintagmático, 38, 39, 42, 59, 97;
modalidad:
 verbos que expresan, 103;
negación, 264-268;
orden:
 de aplicación de las reglas (véase *aplicación ordenada de las reglas*);
 verbos que expresan, 107, 108, 199, 205, 206;
pasivo, 84-95;

pied-piping, 234, 235, 259;
poder generativo, 283, 284;
posesivo, 81, 82, 238;
presuposición, 27, 28, 193-203;
 informativa, 193, 194;
 lógica, 193, 201-23;
principios:
 de aplicación ordenada de las reglas *(véase aplicación ordenada de las reglas)*;
 de ciclicidad, 118, 283, 284, 288 (véase también *aplicación cíclica de las transformaciones*);
 del cross-over, 94, 284;
 del pent-house, 114;
 de poda (véase *convención de poda*);
 de post-ciclicidad, 119;
 de recuperabilidad, 49;
 funcional de aplicación de las transformaciones, 77, 151;
procedimiento:
 de clasificación, 17, 19, 20;
 de descubrimiento, 17;
 de evaluación, 88;
 de justificación, 88;
 de segmentación, 18-20;
 de sustitución, 19-20;
pronombre:
 indefinido *Pro,* 135;
 indefinido *se,* 59, 261-264;
 interrogativo, 256;
 personal clítico, 30, 44, 155, 173, 251;
 personal débil (véase *personal clítico*);
 personal fuerte, 30, 44, 251;
 reflexivo, 52-66;
regla:
 cíclica, 118, 119, 128, 152, 166, 288-292;
 de inserción, 59;
 facultativa, 28, 30, 76, 77, 84, 86, 103, 107, 108, 133, 152, 160, 255, 258;
 fonética, 49, 151;
 fonológica (véase *fonética*);
 independiente del contexto, 41;
 morfo-fonológica, 45-47, 49, 229;
 morfológica (véase *morfo-fonológica*);
 obligatoria, 28, 30, 75-77, 86, 102-

104, 107, 133, 151, 160, 255, 258;
post-cíclica, 119, 288-292;
pre-cíclica, 119;
reescritural, 37, 39-41, 44, 48, 86, 97 (véase también *sintagmática*);
signtagmática, 35, 39, 40, 55, 56 (véase también *reescritural*);
transformacional, 35, 41-46, 48, 49, 56, 76, 77, 86;
relación:
paradigmática, 17
sintagmática, 17;
relativa:
cláusula, 211-239, 243, 245, 246, 254, 255;
no-restrictiva, 214-220, 222, 227, 238;
restrictiva apositiva, 214-222, 225-228, 234, 238, 248, 253;
restrictiva atributiva, 214-222, 226, 230, 238;
rema, 193-200, 202, 218, 240, 241, 243, 245, 248;
restricción seleccional, 100-102, 115, 126, 127, 136, 137, 180, 181;
sinonimia, 27, 84;
sintagma nominal:
específica, 155-157, 159-161, 212, 213, 217, 218;
genérico, 155-158, 161, 162, 166;
monovalente, 212-213;
plurivalente, 212-213, 217, 118;
sintaxis, 13-15, 20 (véase también *Teoría sintáctica*);
estructural, 14, 15, 21;
transformacional, 21;
sistema, 17;
subcategorización, 115, 192, 286;
teoría, 13-15;
chomskyana, 13;
generativo-transformacional, 14-16;
gramatical (véase *lingüística*);
fonológica, 13;
lingüística, 13-15, 21, 86, 93;
semántica, 13;
sintáctica, 13 (véase también *sintaxis*);
tema, 193, 194, 196, 199, 202, 240, 241, 243, 248;
tópico, 91, 92, 146-168;
transformación (véase *regla transformacional*);
cíclica (véase *regla cíclica*);
post-cíclica (véase *regla post-cíclica*);
unión:
fraternal, 51;
tipo Chomsky, 51, 129, 150, 151, 178;
valor de verdad, 27, 28, 193-203;